OEUVRES COMPLÈTES
D'ALEXANDRE DUMAS

PARIS. — IMP. SIMON RAÇON ET Cᵉ, 1. RUE D'ERFURTH.

ANGE PITOU

PAR

ALEXANDRE DUMAS

PARIS
MICHEL LÉVY FRÈRES, LIBRAIRES-ÉDITEURS,
RUE VIVIENNE, 2 BIS
—
1854

ANGE PITOU.

I.

OU LE LECTEUR FERA CONNAISSANCE AVEC LE HÉROS DE CETTE HISTOIRE ET AVEC LE PAYS OU IL A VU LE JOUR.

A la frontière de la Picardie et du Soissonnais, sur cette portion du territoire national qui faisait partie sous le nom d'Ile-de-France du vieux patrimoine de nos rois, au milieu d'un immense croissant que forme en s'allongeant au nord et au midi une forêt de cinquante mille arpens, s'élève perdue dans l'ombre d'un immense parc planté par François Ier et Henri II, la petite ville de Villers-Cotterets, célèbre pour avoir donné naissance à Charles-Albert Demoustier, lequel, à l'époque où commence cette histoire, y écrivait à la satisfaction des jolies femmes du temps, qui se les arrachaient au fur et à mesure qu'elles voyaient le jour, ses *Lettres à Émilie sur la Mythologie*.

Ajoutons, pour compléter la réputation poétique de cette

petite ville, à laquelle ses détracteurs s'obstinent, malgré son château royal et ses deux mille quatre cents habitans, à donner le nom de bourg, ajoutons, disons-nous, pour compléter sa réputation poétique, qu'elle est située à deux lieues de Laferté-Milon, où naquit Racine, et à huit lieues du Château-Thierry, où naquit La Fontaine.

Consignons de plus que la mère de l'auteur de *Britannicus* et d'*Athalie* était de Villers-Cotterets.

Revenons à son château royal et à ses deux mille quatre cents habitans.

Ce château royal, commencé par François Ier, dont il garde les salamandres, et achevé par Henri II, dont il porte le chiffre enlacé à celui de Catherine de Médicis et encerclé par les trois croissans de Diane de Poitiers, après avoir abrité les amours du roi chevalier avec madame d'Étampes, et celles de Louis-Philippe d'Orléans avec la belle madame de Montesson, était à peu près inhabité depuis la mort de ce dernier prince, son fils Philippe d'Orléans, nommé depuis Égalité, l'ayant fait descendre du rang de résidence princière à celui de simple rendez-vous de chasse.

On sait que le château et la forêt de Villers-Cotterets faisaient partie des apanages donnés par Louis XIV à son frère, Monsieur, lorsque le second fils d'Anne d'Autriche épousa la sœur du roi Charles II, madame Henriette d'Angleterre.

Quant aux deux mille quatre cents habitans dont nous avons promis à nos lecteurs de leur dire un mot, c'étaient, comme dans toutes les localités où se trouvent réunis deux mille quatre cents individus, — UNE RÉUNION :

1º De quelques nobles qui passaient leur été dans les châteaux environnans et leur hiver à Paris, et qui pour singer le prince n'avaient qu'un pied à terre à la ville.

2º De bon nombre de bourgeois qu'on voyait, quelque temps qu'il fît, sortir de leur maison un parapluie à la main pour aller faire après dîner leur promenade quotidienne, promenade régulièrement bornée à un large fossé séparant le parc de la forêt, situé à un quart de lieue de la ville, et qu'on appelait sans doute, à cause de l'exclamation que sa vue tirait des poitrines asthmatiques satisfaites d'avoir, sans être trop essoufflées, parcouru un si long chemin, le Haha!

3º D'une majorité d'artisans travaillant toute la semaine et ne se permettant que le dimanche la promenade dont leurs compatriotes, plus favorisés qu'eux par la fortune, jouissaient tous les jours.

4º Et enfin de quelques misérables prolétaires pour lesquels la semaine n'avait pas même de dimanche, et qui, après avoir travaillé six jours à la solde soit des nobles, soit des bourgeois, soit même des artisans, se répandaient le septième dans la futaie pour y glaner le bois mort ou brisé, que l'orage, ce moissonneur des forêts pour qui les chênes sont des épis, jetait épars sur le sol sombre et humide des hautes futaies, magnifique apanage du prince.

Si Villers-Cotterets (*Villerii ad Cotiam-Retiæ*) avait eu le malheur d'être une ville assez importante dans l'histoire pour que les archéologues s'en occupassent et suivissent ses passages successifs du village au bourg et du bourg à la ville, dernier passage qu'on lui conteste ; comme nous l'avons dit, ils eussent bien certainement consigné ce fait que ce village avait commencé par être un double rang de maisons bâties aux deux côtés de la route de Paris à Soissons; puis ils eussent ajouté que peu à peu sa situation à la lisière d'une belle forêt ayant amené un surcroît d'habitans, d'autres rues se joignirent à la première, divergentes comme les rayons d'une étoile, et tendant vers les autres petits pays avec lesquels il était important de conserver des communications, et convergentes vers un point qui devient tout naturellement le centre, c'est-à-dire ce que l'on appelle en province **LA PLACE**, place autour de laquelle se bâtirent les plus belles maisons du village devenu bourg, et au centre de laquelle s'élève une fontaine décorée aujourd'hui d'un quadruple cadran ; enfin ils eussent fixé la date certaine où, près de la modeste église, premier besoin des peuples, pointèrent les premières assises de ce vaste château, dernier caprice d'un roi ; château qui, après avoir été, comme nous l'avons déjà dit, tour à tour résidence royale et résidence princière, est devenu de nos jours un triste et hideux dépôt de mendicité relevant de la préfecture de la Seine.

Mais à l'époque où commence cette histoire, les choses royales, quoique déjà bien chancelantes, n'en étaient point encore tombées, cependant, au point où elles sont tombées aujourd'hui, le château n'était déjà plus habité par un prince, il est vrai, mais il n'était pas encore habité par des mendians ; il était tout bonnement vide, n'ayant pour tout locataire que les commensaux indispensables à son entretien, parmi lesquels on remarquait le concierge, le paumier et le chapelain ; aussi toutes les fenêtres de l'immense édifice donnant, les unes sur le parc, les autres sur une seconde place qu'on appelait aristocratiquement la place du Château, étaient-elles fermées, ce qui ajoutait encore à la tristesse et à la solitude de cette place, à l'une des extrémités de laquelle s'élevait une petite maison dont le lecteur nous permettra, je l'espère, de lui dire quelques mots.

C'était une petite maison dont on ne voyait, pour ainsi dire, que le dos. Mais, comme chez certaines personnes, ce dos avait le privilége d'être la partie la plus avantageuse de son individualité. En effet, la façade qui s'ouvrait sur la rue de Soissons, une des principales de la ville, par une porte gauchement cintrée, et maussadement close dix-huit heures sur vingt-quatre, se présentait gaie et riante du côté opposé ; c'est que du côté opposé régnait un jardin, au-dessus des murs duquel on voyait pointer la cime des cerisiers, des pommiers et des pruniers, tandis que de chaque côté d'une petite porte, donnant sortie sur la place et entrée au jardin, s'élevaient deux acacias séculaires qui, au printemps, semblaient allonger leurs bras au-dessus du mur, pour joncher, dans toute la circonférence de leur feuillage, le sol de leurs fleurs parfumées.

Cette maison était celle du chapelain du château, lequel, en même temps qu'il desservait l'église seigneuriale, où malgré l'absence du maître on disait la messe tous les dimanches, tenait encore une petite pension à laquelle, par une faveur toute spéciale, étaient attachées deux bourses; l'une pour le collége du Plessis, l'autre pour le séminaire de Soissons. Il va sans dire que c'était la famille d'Orléans qui faisait les frais de ces deux bourses, fondées, celle du séminaire par le fils du régent, celle du collége par le père du prince, et que ces deux bourses étaient l'objet de l'ambition des parens, et faisaient le désespoir des élèves pour lesquels elles étaient une source de compositions extraordinaires, compositions qui avaient lieu les jeudis de chaque semaine.

Or, un jeudi du mois de juillet 1789, jour assez maussade, assombri qu'il était par un orage qui courait de l'ouest à l'est, et sous le vent duquel les deux magnifiques acacias, dont nous avons déjà parlé, perdant déjà la virginité de leur robe printanière, laissaient échapper quelques petites feuilles jaunies par les premières chaleurs de l'été ; après un silence assez long interrompu seulement par le froissement de ces feuilles qui s'entrechoquaient en tournoyant sur le sol battu de la place, et par le chant d'un friquet qui poursuivait les mouches rasant la terre, onze heures sonnèrent au clocher pointu et ardoisé de la Ville.

Aussitôt, un hourrah pareil à celui que pousserait un régiment de houlans tout entier, accompagné d'un retentissement semblable à celui que l'avalanche fait entendre en bondissant de rochers en rochers, retentit : la porte placée entre les deux acacias s'ouvrit ou plutôt s'effondra, et donna passage à un torrent d'enfans qui se répandit sur la place, où presque aussitôt cinq ou six groupes joyeux et bruyans se formèrent, les uns autour d'un cercle destiné à retenir les toupies prisonnières, les autres devant un jeu de marelle tracé à la craie blanche, les autres enfin en face de plusieurs trous creusés régulièrement et dans lesquels la balle en s'arrêtant faisait gagner ou perdre ceux par lesquels la balle avait été poussée.

En même temps que les écoliers joueurs, décorés par les voisins dont les rares fenêtres donnaient sur cette place du nom de mauvais sujets, et qui étaient généralement vêtus de culottes trouées aux genoux et de vestes percées aux coudes, s'arrêtaient sur la place, on voyait ceux qu'on appelait les écoliers raisonnables, ceux qui, au dire des commères, devaient faire la joie et l'orgueil de leurs parens, se détacher de la masse, et par diverses routes, d'un pas dont la lenteur dénonçait le regret, regagner, leur panier à la main, la maison paternelle où les attendait la tartine de beurre ou de confiture destinée à faire compensation aux jeux auxquels ils venaient de renoncer. Ceux-là étaient de leur côté vêtus généralement de vestes en assez bon état, et de culottes à peu près irréprochables ; ce qui les rendait, avec leur sagesse tant vantée, des objets de dérision ou même de haine pour leurs compagnons moins bien vêtus et surtout moins bien disciplinés qu'eux.

Outre ces deux classes que nous avons indiquées sous le nom d'écoliers joueurs et d'écoliers raisonnables, il en existait une troisième que nous désignerons sous le nom d'écoliers paresseux, laquelle ne sortait presque jamais avec les autres, soit pour jouer sur la place du château, soit pour rentrer dans la maison paternelle, attendu que cette classe infortunée demeurait presque constamment en retenue ; ce qui veut dire que, tandis que leurs compagnons, après avoir fait leurs versions et leurs thèmes, jouaient à la toupie ou mangeaient des tartines, ils restaient cloués à leurs bancs ou devant leurs pupitres pour faire, pendant les récréations, les thèmes et les versions qu'ils n'avaient pas fait pendant la classe, quand toutefois la gravité de leur faute n'ajoutait pas à la retenue la punition suprême du fouet, des férules ou du martinet.

Si bien que si l'on eût suivi pour rentrer dans la classe le chemin que les écoliers venaient de suivre en sens inverse pour en sortir, on eût, après avoir longé une ruelle qui passait prudemment près du jardin fruitier, et qui ensuite donnait dans une grande cour servant aux récréations intérieures ; on eût, disons-nous, en entrant dans cette cour, pu entendre une voix forte et pesamment accentuée retentir en haut d'un escalier, tandis qu'un écolier, que notre impartialité d'historien nous force à ranger dans la troisième classe, c'est-à-dire dans la classe des paresseux, descendait précipitamment les marches en faisant le mouvement d'épaules que les ânes emploient pour jeter bas leurs cavaliers, et les écoliers qui viennent de recevoir un coup de martinet pour secouer la douleur.

— Ah ! mécréant ! ah ! petit excommunié ! disait la voix ;

ah! serpenteau! retire-toi, va-t'en ; *Vade, vade!* Souviens-toi que j'ai été patient trois ans, mais qu'il y a des drôles qui lasseraient la patience du Père éternel lui-même. Aujourd'hui c'est fini, et bien fini. Prends tes écureuils, prends tes grenouilles, prends tes lézards, prends tes vers à soie, prends tes hannetons, et va-t-en chez ta tante, va-t-en chez ton oncle, si tu en as un, au diable, où tu voudras, enfin, pourvu que je ne te revoie pas! *vade, vade.*

— Oh! mon bon monsieur Fortier, pardonnez-moi, répondait dans l'escalier toujours une autre voix suppliante ; est-ce donc la peine de vous mettre dans une pareille colère pour un pauvre petit barbarisme et quelques solécismes, comme vous appelez cela!

— Trois barbarismes et sept solécismes dans un thème de vingt-cinq lignes! répondit en se renflant encore la voix courroucée.

— C'était comme cela aujourd'hui, monsieur l'abbé. J'en conviens, le jeudi est mon jour de malheur à moi; mais si demain, par hasard, mon thème était bon, est-ce que vous ne me pardonneriez pas ma mauvaise chance d'aujourd'hui ? Dites, monsieur l'abbé.

— Voilà trois ans que, tous les jours de composition, tu me répètes la même chose, fainéant! et l'examen est fixé au 1er novembre, et moi qui, à la prière de ta tante Angélique, ai eu la faiblesse de te porter comme candidat à la bourse vacante en ce moment au séminaire de Soissons, j'aurai la honte de voir refuser mon élève et d'entendre proclamer partout : Ange Pitou est un âne, *Angelus Pitovius asinus est.*

Hâtons-nous de dire, afin que tout d'abord le bienveillant lecteur lui porte tout l'intérêt qu'il mérite, qu'Ange Pitou, dont l'abbé Fortier venait de latiniser si pittoresquement le nom, est le héros de cette histoire.

— O mon bon monsieur Fortier! ô mon cher maître! répondait l'écolier au désespoir.

— Moi, ton maître! s'écria l'abbé profondément humilié de l'appellation. Dieu merci! je ne suis pas plus ton maître que tu n'es mon élève; je te renie, je ne te connais pas ; je voudrais ne t'avoir jamais vu ; je te défends de me nommer et même de me saluer. *Retro!* malheureux, *retro!*

— Monsieur l'abbé, insista le malheureux Pitou, qui paraissait avoir un grave intérêt à ne pas se brouiller avec son maître ; monsieur l'abbé, ne me retirez pas votre intérêt, je vous en supplie, pour un pauvre thème estropié.

— Ah ! s'écria l'abbé poussé hors de lui par cette dernière prière, et descendant les quatre premières marches, tandis que, par un mouvement égal, Ange Pitou descendait les quatre dernières, et commençait à apparaître dans la cour ; ah ! tu fais de la logique, quand tu ne peux pas faire un thème ; tu calcules les forces de ma patience, quand tu ne sais pas distinguer le nominatif du régime !

— Monsieur l'abbé, vous avez été si bon envers moi, répliqua le faiseur de barbarismes, que vous n'aurez qu'un mot à dire à monseigneur l'évêque qui nous examine.

— Moi, malheureux, mentir à ma conscience !

— Si c'est pour faire une bonne action, monsieur l'abbé, le bon Dieu vous pardonnera.

— Jamais ! jamais !

— Et puis, qui sait? les examinateurs ne seront peut-être pas plus sévères envers moi qu'ils ne l'ont été en faveur de Sébastien Gilbert, mon frère de lait, quand, l'année passée, il a concouru pour la bourse de Paris. C'en était cependant un faiseur de barbarismes, celui-là, Dieu merci ! quoiqu'il n'avait que treize ans, et que moi j'en avais dix-sept.

— Ah ! par exemple, voilà qui est stupide, dit l'abbé en descendant le reste des marches de l'escalier et en apparaissant à son tour, son martinet à la main, tandis que Pitou maintenait prudemment entre lui et son professeur la distance première. Oui, je dis stupide, ajouta-t-il en se croisant les bras et en regardant avec indignation son écolier. Voilà donc le prix de mes leçons de dialectique ! Triple animal ! et c'est ainsi que tu te souviens de cet axiome : *Noti minora, loqui majora volens.* Mais c'est justement parce que Gilbert était plus jeune que toi qu'on a été plus indulgent envers un enfant de quatorze ans qu'on ne le sera envers un grand imbécile de dix-huit ans.

— Oui, et aussi parce qu'il est fils de monsieur Honoré

Gilbert, qui a dix-huit mille livres de rentes en bonnes terres, rien que sur la plaine de Pilleleux, répondit piteusement le logicien.

L'abbé Fortier regarda Pitou en allongeant les lèvres et en fronçant le sourcil.

— Ceci est moins bête, grommela-t-il après un moment de silence et d'inspection... Cependant, ceci n'est que spécieux et non fondé. *Species, non autem corpus.*

— Oh ! si j'étais le fils d'un homme ayant dix mille livres de rentes ! répéta Ange Pitou, qui avait cru s'apercevoir que sa réponse avait fait quelque impression sur son professeur.

— Oui, mais tu ne l'es pas. En revanche, tu es ignare, comme le drôle dont parle *Juvénal ;* — citation profane, — l'abbé se signa, — mais non moins juste. *Arcadius juvenis.* Je parie que tu ne sais pas même ce que veut dire *Arcadius?*

— Parbleu, Arcadien, répondit Ange Pitou en se redressant avec la majesté de l'orgueil.

— Et puis après !

— Après quoi ?

— L'Arcadie était le pays des roussins, et, chez les anciens comme chez nous, *asinus* était le synonyme de *stultus.*

— Je n'ai pas voulu comprendre la chose ainsi, dit Pitou, attendu qu'il était loin de ma pensée que l'austère esprit de mon digne professeur pût s'abaisser jusqu'à la satire.

L'abbé Fortier le regarda une seconde fois avec une attention non moins profonde qu'à la première.

— Sur ma parole ! murmura-t-il un peu radouci par le coup d'encensoir de son disciple, il y a des momens où l'on jurerait que le drôle est moins sot qu'il n'en a l'air.

— Allons, monsieur l'abbé, dit Pitou qui avait, sinon entendu les paroles du professeur, mais surpris sur sa physionomie l'expression du retour à la miséricorde, pardonnez-moi, vous verrez quel beau thème je ferai demain.

— Eh bien ! j'y consens, dit l'abbé en passant en signe de trêve son martinet dans sa ceinture, et en s'approchant de Pitou, qui, moyennant cette démonstration pacifique, consentit à demeurer à sa place.

1.

— Oh ! merci, merci ! s'écria l'écolier.

— Attends donc, et ne remercie pas si vite ; oui, je te pardonne, mais à une condition.

Pitou baissa la tête, et, comme il était à la discrétion du digne abbé, il attendit avec résignation.

— C'est que tu répondras sans faute à une question que je te ferai.

— En latin ? demanda Pitou avec inquiétude.

— *Latinè*, répondit le professeur.

Pitou poussa un profond soupir.

Puis il y eut un moment d'intervalle, pendant lequel les cris joyeux des écoliers qui jouaient sur la place du château parvinrent jusqu'aux oreilles d'Ange Pitou.

Il poussa un second soupir plus profond que le premier

— *Quid virtus? quid religio?* demanda l'abbé.

Ces mots, prononcés avec l'aplomb du pédagogue, retentirent aux oreilles du pauvre Pitou comme la fanfare de l'Ange du jugement dernier. Un nuage passa sur ses yeux, et un tel effort se fit dans son intellect, qu'il comprit un instant la possibilité de devenir fou.

Cependant, en vertu de ce travail cérébral qui, si violent qu'il était, n'amenait aucun résultat, la réponse demandée se faisait indéfiniment attendre. On entendit alors le bruit prolongé d'une prise de tabac que humait lentement le terrible interrogateur.

Pitou vit bien qu'il fallait en finir.

— *Nescio*, dit-il, espérant qu'il se ferait pardonner son ignorance en avouant cette ignorance en latin.

— Tu ne sais pas ce que c'est que la vertu ! s'écria l'abbé suffoquant de colère ; tu ne sais pas ce que c'est que la religion !

— Je le sais bien en français, répliqua Ange, mais je ne le sais pas en latin.

— Alors, va-t'en en Arcadie, *juvenis* ! tout est fini entre nous, cancre !

Pitou était si accablé qu'il ne fit pas un pas pour fuir, quoique l'abbé Fortier eût tiré son martinet de sa ceinture avec autant de dignité qu'au moment du combat un général d'armée eût tiré son épée du fourreau.

— Mais que deviendrai-je ? demanda le pauvre enfant en laissant pendre à ses côtés ses deux bras inertes ; que deviendrai-je si je perds l'espoir d'entrer au séminaire?

— Deviens ce que tu pourras, cela m'est, pardieu! bien égal.

Le bon abbé était si courroucé qu'il jurait presque.

— Mais vous ne savez donc pas que ma tante me croit déjà abbé.

— Eh bien! elle saura que tu n'es pas même bon à faire un sacristain.

— Mais, monsieur Fortier...

— Je te dis de partir; *limina linguæ*.

— Allons! dit Pitou comme un homme qui prend une résolution douloureuse, mais enfin qui la prend.

— Voulez-vous me laisser prendre mon pupitre? demanda Pitou espérant que pendant ce moment de répit qui lui serait donné le cœur de l'abbé Fortier reviendrait à des sentimens plus miséricordieux.

— Je le crois bien, dit celui-ci. Ton pupitre et tout ce qu'il renferme.

Pitou remonta piteusement l'escalier, car la classe était au premier. Il entra dans la chambre où, réunis autour d'une grande table, faisaient semblant de travailler une quarantaine d'écoliers, souleva avec précaution la couverture de son pupitre, pour voir si tous les hôtes qu'il contenait étaient bien au complet, et l'enlevant avec un soin qui prouvait toute sa sollicitude pour ses élèves, il reprit d'un pas lent et mesuré le chemin du corridor.

Au haut de l'escalier était l'abbé Fortier, le bras tendu, montrant l'escalier du bout de son martinet.

Il fallait passer sous les fourches caudines ; Ange Pitou se fit aussi humble et aussi petit qu'il se put faire. Ce qui n'empêcha point qu'il ne reçut au passage une dernière sanglée de l'instrument auquel l'abbé Fortier avait dû ses meilleurs élèves, et dont l'emploi, quoique plus fréquent et plus prolongé sur Ange Pitou que sur aucun autre, avait eu, comme on le voit, un si médiocre résultat.

Tandis qu'Ange Pitou, en essuyant une dernière larme, s'achemine son pupitre sur la tête vers le Pleux, quartier de la ville où demeure sa tante, disons quelques mots de son physique et de ses antécédens.

II.

OU IL EST PROUVÉ QU'UNE TANTE N'EST PAS TOUJOURS UNE MÈRE.

Louis-Ange Pitou, comme il l'avait dit lui-même dans son dialogue avec l'abbé Fortier, avait, à l'époque où s'ouvre cette histoire, dix-sept ans et demi. C'était un long et mince garçon, aux cheveux jaunes, aux joues rouges, aux yeux bleu-faïence. La fleur de la jeunesse fraîche et innocente s'élargissait sur sa large bouche, dont les grosses lèvres découvraient, en se fendant outre mesure, deux rangées parfaitement complètes de dents formidables — pour ceux dont elles étaient destinées à partager le dîner. Au bout de ses longs bras osseux pendaient, solidement attachées, des mains larges comme des battoirs; des jambes passablement arquées, des genoux gros comme des têtes d'enfant qui faisaient éclater son étroite culotte noire, des pieds immenses et cependant à l'aise dans des souliers de veau rougis par l'usage : tel était, avec une espèce de souquenille de serge brune tenant le milieu entre la vareuse et la blouse, le signalement exact et impartial de l'ex-disciple de l'abbé Fortier.

Il nous reste à esquisser le moral.

Ange Pitou était resté orphelin à l'âge de douze ans, époque à laquelle il avait eu le malheur de perdre sa mère dont il était le fils unique. Cela veut dire que depuis la mort de son père, qui avait eu lieu avant qu'il n'atteignît l'âge de connaissance, Ange Pitou, adoré de la pauvre femme, avait à peu près fait ce qu'il avait voulu, ce qui avait fort développé son éducation physique, mais tout à fait laissé en arrière son éducation morale. Né dans un charmant village, nommé Haramont, situé à une lieue de la ville, au milieu des bois, ses premières courses avaient été pour explorer la forêt natale, et la première application de son intelligence de faire la guerre aux animaux qui l'habitaient. Il résulta de cette application dirigée vers un seul but, qu'à dix ans Ange Pitou était un braconnier fort distingué et un oiseleur de premier ordre, et cela presque sans travail et surtout sans leçons, par la seule force de cet instinct donné par la nature à l'homme né au milieu des bois, et qui semble une portion de celui qu'elle a donné aux animaux. Aussi, pas une passée de lièvres ou de lapins ne lui était inconnue. A trois lieues à la ronde pas une marette (1) n'avait échappé à son investigation, et partout on trouvait les traces de sa serpe sur les arbres propres à a pipée. Il résultait de ces différens exercices sans cesse répétés, que Pitou était devenu, à quelques uns d'entr'eux, d'une force extraordinaire.

Grâce à ses longs bras et à ses gros genoux, qui lui permettaient d'embrasser les baliveaux les plus respectables, il montait aux arbres pour dénicher les nids les plus élevés, avec une agilité et une certitude qui lui attiraient l'admiration de ses compagnons, et qui, sous une latitude plus rapprochée de l'équateur, lui eût valu l'estime des singes, dans cette chasse de la pipée, chasse si attrayante même pour les grandes personnes, et où le chasseur attire les oiseaux sur un arbre garni de gluaux, en imitant le cri du geai ou de la chouette, individus qui jouissent chez la gent emplumée de la haine générale de l'espèce; si bien que chaque pinson, chaque mésange, chaque tarin, accourt dans l'espoir d'arracher une plume à son ennemi, et pour la plupart du temps y laisser les siennes. Les compagnons de Pitou se servaient soit d'une véritable chouette, soit d'un geai naturel, soit enfin d'une herbe particulière à l'aide de laquelle ils parvenaient, tant bien que mal, à simuler le cri de l'un ou de l'autre de ces animaux. Mais Pitou négligeait toutes ces préparations, méprisait tous ces subterfuges. C'était avec ses propres ressources qu'il com-

(1) Petite mare où les oiseaux vont boire.

battait, c'était avec ses moyens naturels qu'il tendait le piége. C'était enfin sa bouche seule qui modulait les sons criards et détestés qui appelaient non-seulement les autres oiseaux, mais encore ceux de la même espèce, qui se laissaient tromper, nous ne dirons pas à ce chant, mais à ce cri, tant il était parfaitement imité. Quant à la chasse à la marette, c'était pour Pitou le pont aux ânes, et il l'eût certes méprisée comme objet d'art, si elle eût été moins productive comme objet de rapport. Cela n'empêchait pas, malgré le mépris qu'il faisait lui-même de cette chasse si facile, que pas un des plus experts ne savait comme Pitou couvrir de fougère une mare trop grande pour être complétement tendue, c'est le mot technique ; que nul ne savait comme Pitou donner l'inclinaison convenable à ses gluaux, de manière à ce que les oiseaux les plus rusés ne pussent boire ni par dessus ni par dessous ; enfin, que nul n'avait cette sûreté de main et cette justesse de coup d'œil qui doit présider au mélange en portions inégales et savantes de la poix-résine, de l'huile et de la glu, pour faire que cette glu ne devienne ni trop fluide ni trop cassante.

Or, comme l'estime qu'on fait des qualités des hommes change selon le théâtre où ils produisent ces qualités et selon les spectateurs devant lesquels ils les produisent, Pitou, dans son village d'Haramont, au milieu de ces paysans, c'est-à-dire d'hommes habitués à demander au moins la moitié de leurs ressources à la nature, et, comme tous les paysans, ayant la haine instinctive de la civilisation, Pitou, disons-nous, jouissait d'une considération qui ne permettait pas à sa pauvre mère de supposer qu'il marchât dans une fausse voie, et que l'éducation la plus parfaite qu'on pût donner à grands frais à un homme ne fût point celle que son fils, privilégié sous ce rapport, se donnait gratis à lui-même.

Mais quand la bonne femme tomba malade, quand elle sentit la mort venir, quand elle comprit qu'elle allait laisser son enfant seul et isolé dans le monde, elle se prit à douter, et elle chercha un appui au futur orphelin. Elle se souvint alors que dix ans auparavant un jeune homme était venu frapper à sa porte au milieu de la nuit, lui apportant un enfant nouveau-né, pour lequel il lui avait non-seulement laissé comptant une somme assez ronde, mais encore pour lequel une autre somme plus ronde encore avait été déposée chez un notaire de Villers-Cotterets. De ce jeune homme mystérieux, d'abord elle n'avait rien su sinon qu'il s'appelait Gilbert. Mais il y avait trois ans à peu près elle l'avait vu reparaître : c'était alors un homme de vingt-sept ans, à la tournure un peu raide, à la parole dogmatique, à l'abord un peu froid. Mais cette première couche de glace s'était fondue quand il avait revu son enfant, et comme il l'avait trouvé beau, fort et souriant, élevé comme il l'avait demandé lui-même, en tête à tête avec la nature, il avait serré la main de la bonne femme et lui avait dit ces seules paroles :

— Dans le besoin comptez sur moi.

Puis il avait pris l'enfant, s'était informé du chemin d'Ermenonville, avait fait avec son fils un pèlerinage au tombeau de Rousseau, et était revenu à Villers-Cotterets. Là, séduit sans doute par l'air sain qu'on y respirait, par le bien que le notaire lui avait dit de la pension de l'abbé Fortier, il avait laissé le petit Gilbert chez le digne homme, dont, au premier abord, il avait apprécié l'aspect philosophique; car, à cette époque, la philosophie avait une si grande puissance, qu'elle s'était glissée même chez les hommes d'église.

Après quoi, il était reparti pour Paris laissant son adresse à l'abbé Fortier.

La mère de Pitou connaissait tous ces détails. Au moment de mourir, ces mots : « — Dans le besoin, comptez sur moi, » lui revinrent à l'esprit. Ce fut une illumination. Sans doute la Providence avait conduit tout cela pour que le pauvre Pitou retrouvât plus qu'il ne perdait peut-être. Elle fit venir le curé, ne sachant pas écrire; le curé écrivit, et le même jour la lettre fut portée à l'abbé Fortier, qui s'empressa d'y ajouter l'adresse et de la mettre à la poste.

Il était temps, le surlendemain elle mourut.

Pitou était trop jeune pour sentir toute l'étendue de la perte qu'il venait de faire : il pleura sa mère, non pas qu'il comprît la séparation éternelle de la tombe, mais parce qu'il voyait sa mère froide, pâle, défigurée ; puis il devinait instinctivement, le pauvre enfant, que l'ange gardien du foyer venait de s'envoler ; que la maison, veuve de sa mère, devenait déserte et inhabitable ; il ne comprenait plus non-seulement son existence future, mais encore sa vie du lendemain : aussi, quand il eut conduit sa mère au cimetière, quand la terre eut retenti sur le cercueil, quand elle se fut arrondie, formant une éminence fraîche et friable, il s'assit sur la fosse, et à toutes les invitations qu'on lui fit de sortir du cimetière, il répondit en secouant la tête et en disant qu'il n'avait jamais quitté sa mère Madeleine, et qu'il voulait rester où elle restait.

Il demeura tout le reste de la journée et toute la nuit sur sa fosse.

Ce fut là que le digne docteur, — avons-nous dit que le futur protecteur de Pitou était médecin? — ce fut là que le digne docteur le trouva lorsque, comprenant toute l'étendue du devoir qui lui était imposé par la promesse qu'il avait faite, il arriva lui-même pour la remplir quarante-huit heures à peine après le départ de la lettre.

Ange était bien jeune quand il avait vu le docteur pour la première fois. Mais, on le sait, la jeunesse a de profondes impressions qui laissent des réminiscences éternelles, puis le passage du mystérieux jeune homme avait imprimé sa trace dans la maison. Il y avait laissé ce jeune enfant que nous avons dit, et avec lui le bien-être : toutes les fois qu'Ange avait entendu prononcer le nom de Gilbert par sa mère, c'était avec un sentiment qui ressemblait à l'adoration ; puis enfin, lorsqu'il avait reparu dans la maison, homme fait et avec ce nouveau titre de docteur, lorsqu'il avait joint aux bienfaits du passé la promesse de l'avenir, Pitou avait jugé, à la reconnaissance de sa mère, qu'il devait être reconnaissant lui-même, et le pauvre garçon, sans trop savoir ce qu'il disait, avait balbutié les mots de souvenir éternel, de grâce profonde, qu'il avait entendu dire à sa mère.

Donc, aussitôt qu'il aperçut le docteur à travers la porte à claires-voies du cimetière, dès qu'il le vit s'avancer au milieu des tombes gazonneuses et des croix brisées, il le reconnut, se leva, et alla au-devant de lui ; car il comprit qu'à celui-là qui venait à l'appel de sa mère, il ne pouvait dire non comme aux autres; il ne fit donc d'autre résistance, que de retourner la tête en arrière quand Gilbert le prit par la main et l'entraîna pleurant hors de l'enceinte mortuaire. Un cabriolet élégant était à la porte, il y fit monter le pauvre enfant, et, laissant momentanément la maison sous la sauvegarde de la bonne foi publique et de l'intérêt que le malheur inspire, il conduisit son petit protégé à la ville, et descendit avec lui à la meilleure auberge, qui, à cette époque, était celle du *Dauphin*. A peine y était-il installé, qu'il envoya chercher un tailleur, lequel, prévenu à l'avance, arriva avec des habits tout faits. Il choisit précautionnellement à Pitou des habits trop longs de deux ou trois pouces, superfluité qui, à la façon dont poussait notre héros, promettait de ne pas être de longue durée, et s'achemina avec lui vers ce quartier de la ville que nous avons déjà indiqué et qui se nommait le Pleux.

A mesure qu'il avançait vers ce quartier, Pitou ralentissait le pas; car il était évident qu'on le conduisait chez sa tante Angélique, et, malgré le peu de fois que le pauvre orphelin avait vu sa marraine, — car c'était la tante Angélique qui avait doué Pitou de son poétique nom de baptême, — il avait conservé de cette respectable parente un formidable souvenir.

En effet, la tante Angélique n'avait rien de bien attrayant pour un enfant habitué comme Pitou à tous les soins de la sollicitude maternelle : la tante Angélique était à cette époque une vieille fille de cinquante-cinq à cinquante-huit ans, abrutie par l'abus des plus minutieuses pratiques de la religion, et chez laquelle une piété malentendue avait resserré à contre-sens tous les sentimens doux, miséricordieux et humains, pour cultiver en leur place une dose naturelle d'intelligence avide, qui ne faisait que s'augmenter chaque jour dans le commerce assidu des béguines de la ville. Elle ne vivait pas précisément d'aumônes, mais outre la vente du lin qu'elle filait au rouet, et la location des chaises de l'église qui lui avait été accordée par le chapitre, elle recevait de temps en temps, des âmes pieuses qui se laissaient prendre à ses simagrées de religion, de petites sommes que, de monnaie de billon, elle convertissait d'abord en monnaie blanche, et de monnaie blanche en louis, lesquels disparaissaient non seulement sans que personne les vît disparaître, mais encore sans que nul soupçonnât leur existence, et allaient s'enfouir un à un dans le coussin du fauteuil sur lequel elle travaillait, et une fois dans cette cachette, ils retrouvaient à tâtons une certaine quantité de leurs confrères, recueillis un à un comme eux, et comme eux destinés à être désormais séquestrés de la circulation jusqu'au jour inconnu où la mort de la vieille fille les mettrait aux mains de son héritier.

C'était donc vers la demeure de cette vénérable parente que s'acheminait le docteur Gilbert, traînant par la main le grand Pitou.

Nous disons le grand Pitou, parce qu'à partir du premier trimestre après sa naissance, Pitou avait toujours été trop grand pour son âge.

Mademoiselle Rose-Angélique Pitou, au moment où sa porte s'ouvrait pour donner passage à son neveu et au docteur, était dans un accès d'humeur joyeuse. Tandis que l'on chantait la messe des morts sur le corps de sa belle-sœur dans l'église d'Haramont, il y avait eu noces et baptêmes dans l'église de Villers-Cotterets, de sorte que la recette des chaises avait, dans une seule journée, monté à six livres. Mademoiselle Angélique avait donc converti ses sous en un gros écu, lequel, à son tour, joint à trois autres mis en réserve à des époques différentes, avait donné un louis d'or. Ce louis venait justement d'aller rejoindre les autres louis, et le jour où avait lieu une pareille réunion était tout naturellement un jour de fête pour mademoiselle Angélique.

Ce fut juste au moment où, après avoir rouvert sa porte fermée pendant l'opération, la tante Angélique venait de faire une dernière fois le tour de son fauteuil pour s'assurer que rien au dehors ne décelait le trésor caché au dedans, que le docteur et Pitou entrèrent.

La scène aurait pu être attendrissante, mais aux yeux

d'un homme aussi juste observateur que l'était le docteur Gilbert, elle ne fut que grotesque. En apercevant son neveu, la vieille béguine dit quelques mots de sa pauvre chère sœur qu'elle aimait tant, et eut l'air d'essuyer une larme. De son côté, le docteur, qui voulait voir au plus profond du cœur de la vieille fille avant de prendre un parti à son égard, le docteur eut l'air de faire à mademoiselle Angélique un sermon sur le devoir des tantes envers les neveux. Mais à mesure que le discours se développait et que les paroles onctueuses tombaient des lèvres du docteur, l'œil aride de la vieille fille buvait l'imperceptible larme qui l'avait mouillé, tous ses traits reprenaient la sécheresse du parchemin dont ils semblaient recouverts, elle leva la main gauche à la hauteur de son menton pointu, et de la main droite elle se mit à calculer sur ses doigts secs le nombre approximatif de sous que la location des chaises lui rapportait par année ; de sorte que le hasard ayant fait que le calcul se trouvât terminé en même temps que le discours, elle put répondre à l'instant même que, quel que fût l'amour qu'elle portait à sa pauvre sœur, et le degré d'intérêt qu'elle ressentît pour son cher neveu, la médiocrité de ses recettes ne lui permettait, malgré son double titre de tante et de marraine, aucun surcroît de dépense.

Au reste, le docteur s'était attendu à ce refus ; ce refus ne le surprit donc pas ; c'était un grand partisan des idées nouvelles, et, comme le premier volume de l'ouvrage de Lavater venait de paraître, il avait déjà fait l'application de la doctrine physiognomonique du philosophe de Zurich au mince et jaune facies de mademoiselle Angélique.

Cet examen lui avait donné pour résultat que les petits yeux ardens de la vieille fille, son nez long et ses lèvres minces, présentaient la réunion en une seule personne de la cupidité, de l'égoïsme et de l'hypocrisie.

La réponse, comme nous l'avons dit, ne lui causa aucune espèce d'étonnement. Cependant il voulut voir, en sa qualité d'observateur, jusqu'à quel point la dévote pousserait le développement de ces trois vilains défauts.

— Mais, dit-il, mademoiselle, Ange Pitou est un pauvre enfant orphelin, le fils de votre frère.

— Dame ! écoutez donc, monsieur Gilbert, dit la vieille fille, c'est une augmentation de six sous par jour au moins, et encore au bas prix : car ce drôle-là doit manger au moins une livre de pain par jour.

Pitou fit la grimace : il en mangeait d'habitude une livre et demie rien qu'à son déjeuner.

— Sans compter le savon pour son blanchissage, reprit mademoiselle Angélique, et je me souviens qu'il salit horriblement.

En effet, Pitou salissait beaucoup, et c'est concevable si l'on veut bien se rappeler la vie qu'il menait ; mais, il faut lui rendre cette justice, il déchirait encore plus qu'il ne salissait.

— Ah ! dit le docteur, fi ! mademoiselle Angélique, vous qui pratiquez si bien la charité chrétienne, faire de pareils calculs à l'endroit d'un neveu et d'un filleul !

— Sans compter l'entretien des habits, s'écria avec explosion la vieille dévote, qui se rappelait avoir vu sa sœur Madeleine coudre bon nombre de parémens aux vestes et de genouillères aux culottes de son neveu.

— Ainsi, fit le docteur, vous refusez de prendre votre neveu chez vous ; — l'orphelin, repoussé du seuil de sa tante, sera forcé d'aller demander l'aumône au seuil des maisons étrangères.

Mademoiselle Angélique, toute cupide qu'elle était, sentit l'odieux qui rejaillerait tout naturellement sur elle, si, par on refus de le recevoir, son neveu était forcé de recourir à une pareille extrémité.

— Non, dit-elle, je m'en charge.

— Ah ! fit le docteur, heureux de trouver un bon sentiment dans ce cœur qu'il croyait desséché.

— Oui, continua la vieille fille, je le recommanderai aux Augustins de Bourg-Fontaine, et il entrera chez eux comme frère-servant.

Le docteur, nous l'avons déjà dit, était philosophe. On sait la valeur du mot philosophe à cette époque.

Il résolut donc, à l'instant même, d'arracher un néophyte aux Augustins, et cela avec tout le zèle que les Augustins, de leur côté, eussent pu mettre à enlever un adepte aux philosophes.

— Eh bien ! reprit-il en portant la main à sa poche profonde, puisque vous êtes dans une position si difficile, ma chère demoiselle Angélique, que vous soyez obligée, faute de ressources personnelles, de recommander votre neveu à la charité d'autrui, je chercherai quelqu'un qui puisse plus efficacement que vous appliquer à l'entretien du pauvre orphelin la somme que je lui destinais. — Il faut que je retourne en Amérique. Je mettrai avant mon départ votre neveu Pitou en apprentissage chez quelque menuisier ou quelque charron. Lui-même, d'ailleurs, choisira sa vocation. Pendant mon absence, il grandira, et, à mon retour, eh bien ! il sera déjà savant dans le métier, et je verrai ce que l'on peut faire pour lui. Allons, mon pauvre enfant, embrasse ta tante, continua le docteur, et allons-nous-en.

Le docteur n'avait point achevé, que Pitou se précipitait vers la vénérable demoiselle, ses deux longs bras étendus ; il était fort pressé, en effet, d'embrasser sa tante, à la condition que le baiser serait, entre elle et lui, le signal d'une séparation éternelle.

Mais à ce mot — LA SOMME — au geste du docteur introduisant sa main dans sa poche, au son argentin que cette main avait incontinent fait rendre à une masse de gros écus dont on pouvait calculer la quotité à la tension de l'habit, la vieille fille avait senti remonter jusqu'à son cœur la chaleur de la cupidité.

— Ah ! dit-elle, mon cher monsieur Gilbert, vous savez bien une chose.

— Laquelle ? demanda le docteur.

— Eh ! bon Dieu ! c'est que personne au monde ne l'aimera autant que moi, ce pauvre enfant !

Et, entrelaçant ses bras maigres aux bras étendus de Pitou, elle déposa sur chacune de ses joues un aigre baiser qui fit frissonner celui-ci de la pointe des pieds à la racine des cheveux.

— Oh! certainement, dit le docteur, je sais bien cela. Et je doutais si peu de votre amitié pour lui, que je vous l'amenais directement comme à son soutien naturel. Mais ce que vous venez de me dire, chère demoiselle, m'a convaincu à la fois de votre bonne volonté et de votre impuissance, et vous êtes trop pauvre vous-même, je le vois bien, pour aider plus pauvre que vous.

— Eh! mon bon monsieur Gilbert, dit la vieille dévote, le bon Dieu n'est-il pas au ciel, et du ciel ne nourrit-il pas toutes ses créatures?

— C'est vrai, dit Gilbert, mais s'il donne la pâture aux oiseaux, il ne met pas les orphelins en apprentissage. Or, voilà ce qu'il faut faire pour Ange Pitou, et ce qui, vu vos faibles moyens, vous coûtera trop cher, sans doute.

— Mais cependant, si vous donnez cette somme, monsieur le docteur?

— Quelle somme?

— La somme dont vous avez parlé, la somme qui est là dans votre poche, ajouta la dévote en allongeant son doigt crochu vers la basque de l'habit marron.

— Je la donnerai assurément, chère demoiselle Angélique, dit le docteur; mais je vous préviens que ce sera à une condition.

— Laquelle?

— Celle que l'enfant aura un état.

— Il en aura un, je vous le promets, foi d'Angélique Pitou! monsieur le docteur, dit la dévote les yeux rivés sur la poche dont elle suivait le balancement.

— Vous me le promettez?

— Je vous le promets.

— Sérieusement, n'est-ce pas?

— En vérité du bon Dieu! mon cher monsieur Gilbert, j'en fais serment.

Et demoiselle Angélique étendit horizontalement sa main décharnée.

— Eh bien! soit, dit le docteur en tirant de sa poche un sac à la panse tout à fait rebondie; je suis prêt à donner l'argent, comme vous voyez; de votre côté êtes-vous prête à me répondre de l'enfant?

— Sur la vraie croix ! monsieur Gilbert.

— Ne jurons pas tant, chère demoiselle, et signons un peu plus.

— Je signerai, monsieur Gilbert, je signerai.

— Devant notaire ?

— Devant notaire.

— Alors, allons chez le papa Niguet.

Le papa Niguet, auquel, grâce à une longue connaissance, le docteur donnait ce titre amical, était, comme le savent déjà ceux de nos lecteurs qui sont familiers avec notre livre de *Joseph Balsamo*, le notaire le plus en réputation de l'endroit.

Mademoiselle Angélique, dont maître Niguet était aussi le notaire, n'eut rien à dire contre le choix fait par le docteur. Elle le suivit donc dans l'étude annoncée. Là le tabellion enregistra la promesse faite par demoiselle Rose-Angélique Pitou, de prendre à sa charge et de faire arriver à l'exercice d'une profession honorable Louis-Ange Pitou, son neveu, moyennant quoi elle toucherait annuellement la somme de deux cents livres. Le marché était passé pour cinq ans ; le docteur déposa huit cents livres chez le notaire, deux cents livres devant être payées d'avance.

Le lendemain, le docteur quitta Villers-Cotterets, après avoir réglé quelques comptes avec un de ses fermiers sur lequel nous reviendrons plus tard. Et mademoiselle Pitou, fondant comme un vautour sur les susdites deux cents livres payables d'avance, enfermait huit beaux louis d'or dans son fauteuil.

Quant aux huit livres restant, elles attendirent, dans une petite soucoupe de faïence qui avait, depuis trente ou quarante ans, vu passer des nuées de monnaies de bien des espèces, que la récolte de deux ou trois dimanches complétât la somme de vingt-quatre livres, chiffre auquel, ainsi que nous l'avons expliqué, la susdite somme subissait la métamorphose dorée, et passait de l'assiette dans le fauteuil.

III.

ANGE PITOU CHEZ SA TANTE.

Nous avons vu le peu de sympathie qu'Ange Pitou avait pour un séjour trop prolongé chez sa bonne tante Angélique : le pauvre enfant, doué d'un instinct égal, et peut-être même supérieur à celui des animaux auxquels il avait l'habitude de faire la guerre, avait deviné d'avance tout ce que ce séjour lui gardait, nous ne dirons pas de déceptions, — nous avons vu qu'il ne s'était pas un seul instant fait illusion, — mais de chagrins, de tribulations et de dégoûts.

D'abord, une fois le docteur Gilbert parti, et, il faut le dire, ce n'était pas cela qui avait indisposé Pitou contre sa tante, il n'avait pas été question un seul instant de mettre Pitou en apprentissage. Le bon notaire avait bien touché un mot de cette convention formelle, mais mademoiselle Angélique avait répondu que son neveu était bien jeune, et surtout d'une santé bien délicate, pour être soumis à des travaux qui peut-être dépasseraient ses forces. Le notaire, à cette observation, avait admiré le bon cœur de mademoiselle Pitou, et avait remis l'apprentissage à l'année prochaine. Il n'y avait point de temps perdu encore, l'enfant venant d'atteindre sa douzième année.

Une fois chez sa tante, et tandis que celle-ci ruminait pour savoir quel était le meilleur parti qu'elle pourrait tirer de son neveu, Pitou, qui se retrouvait dans sa forêt, ou à peu près, avait déjà pris toutes ses dispositions topographiques pour mener à Villers-Cotterets la même vie qu'à Haramont.

En effet, une tournée circulaire lui avait appris que les meilleures marettes étaient celles du chemin de Dampleux, du chemin de Compiègne, et du chemin de Vivières, et que le canton le plus giboyeux était celui de la Bruyère-aux-Loups.

Pitou, cette reconnaissance faite, avait pris ses dispositions en conséquence.

La chose la plus facile à se procurer, en ce qu'elle ne nécessitait aucune mise de fonds, c'était de la glu et des gluaux : l'écorce du houx, broyée avec un pilon et lavée à grande eau, procurait la glu ; quant aux gluaux, ils poussaient par milliers sur les bouleaux des environs. Pitou se confectionna donc, sans en rien dire à personne, un millier de gluaux et un pot de glu de première qualité, et un beau matin, après avoir pris la veille au compte de sa tante un pain de quatre livres chez le boulanger, il partit à l'aube, demeura toute la journée dehors, et rentra le soir à la nuit fermée.

Pitou n'avait pas pris une pareille résolution sans en calculer les résultats. Il avait prévu une tempête. Sans avoir la sagesse de Socrate, il connaissait l'humeur de sa tante Angélique tout aussi bien que l'illustre maître d'Alcibiade connaissait celle de sa femme Xantippe.

Pitou ne s'était pas trompé dans sa prévoyance ; mais il comptait faire face à l'orage en présentant à la vieille dévote le produit de sa journée. Seulement il n'avait pu deviner la place où la foudre le frapperait.

La foudre le frappa en entrant.

Mademoiselle Angélique s'était embusquée derrière la porte, pour ne pas manquer son neveu au passage ; de sorte qu'au moment où il hasardait le pied dans la chambre, il reçut vers l'occiput une taloche à laquelle, sans avoir besoin d'autre renseignement, il reconnut parfaitement la main sèche de la vieille dévote.

Heureusement, Pitou avait la tête dure, et, quoique le coup l'eût à peine ébranlé, il fit semblant, pour attendrir sa tante, dont la colère s'était augmentée du mal qu'elle s'était fait aux doigts en frappant sans mesure, d'aller tomber, en trébuchant, à l'autre bout de la chambre ; puis, arrivé là, comme sa tante revenait sur lui, sa quenouille à a main, il se hâta de tirer de sa poche le talisman sur lequel il avait compté pour se faire pardonner sa fugue.

C'étaient deux douzaines d'oiseaux, parmi lesquels

une douzaine de rouge-gorges et une demi-douzaine de grives.

Mademoiselle Angélique ouvrit de grands yeux ébahis, continua de gronder pour la forme, mais tout en grondant, sa main s'empara de la chasse de son neveu, et faisant trois pas vers la lampe :

— Qu'est-ce que cela ? dit-elle.

— Vous le voyez bien, ma bonne petite tante Angélique, dit Pitou, ce sont des oiseaux.

— Bons à manger ? demanda vivement la vieille fille, qui, en sa qualité de dévote, était naturellement gourmande.

— Bons à manger ! répéta Pitou. Excusez ! des rouge-gorges et des grives : je crois bien !

— Et où as-tu volé ces animaux, petit malheureux ?

— Je ne les ai pas volés, je les ai pris.

— Comment ?

— A la marette, donc !

— Qu'est-ce que cela, la marette ?

Pitou regarda sa tante d'un air étonné : il ne pouvait pas comprendre qu'il existât au monde une éducation assez négligée pour ne pas savoir ce que c'était que la marette.

— La marette ? dit-il. Parbleu ! c'est la marette.

— Oui ; mais moi, monsieur le drôle, je ne sais pas ce que c'est que la marette.

Comme Pitou était plein de miséricorde pour toutes les ignorances :

— La marette, dit-il, c'est une petite mare : il y en a comme cela une trentaine dans la forêt ; on met des gluaux tout autour, et quand les oiseaux viennent pour boire, comme ils ne connaissent pas cela, les imbéciles ! ils se prennent.

— A quoi ?

— A la glu.

— Ah ! ah ! dit la tante Angélique, je comprends ; mais qui t'a donné de l'argent ?

— De l'argent ! dit Pitou étonné que l'on ait pu croire qu'il eût jamais possédé un denier ; de l'argent, tante Angélique ?

— Oui.
— Personne.
— Mais avec quoi as-tu acheté de la glu, alors?
— Je l'ai faite moi-même, la glu.
— Et les gluaux?
— Aussi, donc.
— Ainsi, ces oiseaux...
— Eh bien! tante?
— Ils ne te coûtent rien?
— La peine de me baisser et de les prendre.
— Et peut-on y aller souvent, à la marette?
— On peut y aller tous les jours.
— Bon.
— Seulement, il ne faut pas...
— Il ne faut pas... quoi?
— Y aller tous les jours.
— Et la raison?
— Tiens! parce que cela ruine.
— Cela ruine qui?
— La marette, donc. Vous comprenez, tante Angélique, les oiseaux que l'on a pris...
— Eh bien!
— Eh bien! ils n'y sont plus.
— C'est juste, dit la tante.

Pour la première fois depuis qu'il était auprès d'elle, la tante Angélique donnait raison à son neveu, aussi cette approbation inouïe ravit-elle Pitou.

— Mais, dit-il, les jours où l'on ne va pas à la marette, on va ailleurs. Les jours où l'on ne prend pas des oiseaux, l'on prend autre chose.

— Et que prend-on?
— Tiens! on prend des lapins.
— Des lapins?
— Oui. On mange la viande et l'on vend la peau. Cela vaut deux sous, une peau de lapin.

La tante Angélique regarda son neveu avec des yeux émerveillés; elle n'avait jamais vu en lui un si grand économiste. Pitou venait de se révéler.

— Mais c'est moi qui vendrai les peaux de lapin?

— Sans doute, répondit Pitou, comme faisait maman Madeleine.

Il n'était jamais venu à l'idée de l'enfant que du produit de sa chasse il pût réclamer autre chose que sa part de consommation.

— Et quand iras-tu prendre des lapins? demanda mademoiselle Angélique.

— Ah dame! quand j'aurai des collets, répondit Pitou.

— Eh bien! fais-en, des collets.

Pitou secoua la tête.

— Tu as bien fait de la glu et des gluaux.

— Ah! je sais faire de la glu et des gluaux, c'est vrai; mais je ne sais pas faire du fil de laiton : cela s'achète tout fait chez les épiciers.

— Et combien cela coûte-t-il?

— Oh! avec quatre sous, dit Pitou en calculant sur ses doigts, j'en ferai bien deux douzaines.

— Et avec deux douzaines, combien peux-tu prendre de lapins?

— C'est selon comme ça donne, — quatre, cinq, six peut-être, — et puis ça sert plusieurs fois, les collets, quand le garde ne les trouve pas.

— Tiens, voilà quatre sous, dit la tante Angélique, va acheter du fil de laiton chez monsieur Dambrun, et va demain à la chasse aux lapins.

— J'irai demain les poser, dit Pitou, mais ce n'est qu'après-demain matin que je saurai s'il y en a de pris.

— Eh bien! soit; va toujours.

Le fil de laiton était moins cher à la ville qu'à la campagne, attendu que les marchands d'Haramont se fournissent à Villers-Cotterets. Pitou eut donc vingt-quatre collets pour trois sous. Il rapporta un sou à sa tante.

Cette probité inattendue dans son neveu toucha presque la vieille fille. Elle eut un instant l'idée, l'intention de gratifier son neveu de ce sou qui n'avait pas eu son emploi. Malheureusement pour Pitou, c'était un sou élargi à coups de marteau, et qui, au crépuscule, pouvait passer pour deux sous. Mademoiselle Angélique songea qu'il ne fallait pas se dessaisir d'une pièce de monnaie qui pouvait rapporter cent pour cent, et elle remit le sou dans sa poche.

Pitou avait remarqué le mouvement, mais ne l'avait pas analysé. Il ne lui serait jamais venu à l'idée que sa tante pût lui donner un sou.

Il se mit à fabriquer ses collets.

Le lendemain, il demanda un sac à mademoiselle Angélique.

— Pourquoi faire? demanda la vieille fille.

— Parce que j'en ai besoin, répondit Pitou. Pitou était plein de mystères.

Mademoiselle Angélique lui donna le sac demandé, mit au fond la provision de pain et de fromage qui devait servir au déjeuner et au dîner de son neveu, lequel partit au plus tôt pour la Bruyère-aux-Loups.

De son côté, la tante Angélique commença par plumer les douze rouge-gorges qu'elle destina à son déjeuner et à son dîner. Elle porta deux grives à l'abbé Fortier, et alla vendre les quatre autres à l'aubergiste de la Boule-d'Or, qui les lui paya trois sous la pièce, et qui lui promit de lui prendre au même prix toutes celles qu'elle lui apporterait.

La tante Angélique rentra rayonnante. La bénédiction du ciel était entrée dans sa maison avec Pitou.

— Ah! dit-elle en mangeant ses rouge-gorges, qui étaient gras comme des ortolans et fins comme des becfigues, on a bien raison de dire qu'un bienfait n'est jamais perdu.

Le soir, Ange rentra; il portait son sac magnifiquement arrondi. Cette fois la tante Angélique ne l'attendit pas derrière la porte, mais sur le seuil; et, au lieu d'être reçu avec une taloche, l'enfant fut accueilli avec une grimace qui ressemblait presque à un sourire.

— Me voilà! dit Pitou en entrant dans la chambre avec cet aplomb qui dénonce la conscience d'une journée bien remplie.

— Toi et ton sac, dit la tante Angélique.

— Moi et mon sac, reprit Pitou.

— Et qu'y a-t-il dans ton sac? demanda la tante Angélique, en allongeant la main avec curiosité.

— Il y a de la faîne, dit Pitou (1).

— De la faîne !

— Sans doute ; vous comprenez bien, tante Angélique, que si le père La Jeunesse, le garde de la Bruyère-aux-Loups, m'avait vu rôder sur son canton sans mon sac, il m'aurait dit : Qu'est-ce que tu viens faire ici, petit vagabond? Sans compter qu'il se serait douté de quelque chose. Tandis qu'avec mon sac, s'il me demande ce que je viens faire : — Tiens ! que je lui réponds, je viens à la faîne ; c'est donc défendu de venir à la faîne ? — Non. — Eh bien ! si ce n'est pas défendu, vous n'avez rien à dire. En effet, s'il dit quelque chose, le père La Jeunesse, il aura tort.

— Alors, tu as passé ta journée à ramasser de la faîne au lieu de tendre tes collets, paresseux ! s'écria la tante Angélique, qui, au milieu de toutes ces finesses de son neveu, croyait voir les lapins lui échapper.

— Au contraire, j'ai tendu mes collets en ramassant la faîne, de sorte qu'il m'a vu à la besogne.

— Et il ne t'a rien dit ?

— Si fait. Il m'a dit : Tu feras mes complimens à ta tante Pitou. Hein ! c'est un brave homme le père La Jeunesse ?

— Mais les lapins ? reprit la tante Angélique, à qui rien ne pouvait faire perdre son idée principale.

— Les lapins ? la lune se lève à minuit, j'irai voir à une heure s'ils sont pris.

— Où cela ?

— Dans le bois.

— Comment, tu iras à une heure du matin dans les bois ?

— Et oui.

— Sans avoir peur ?

— Peur de quoi ?

(1) La faîne, pour ceux de nos lecteurs qui seraient moins familiers que nous avec le code forestier, est le fruit du hêtre. Ce fruit, dont on fait d'assez bonne huile, est, pour les pauvres gens, une espèce de manne qui pendant deux mois de l'année, leur tombe du ciel.

La tante Angélique fut aussi émerveillée du courage de Pitou qu'elle avait été étonnée de ses spéculations.

Le fait est que Pitou, simple comme un enfant de la nature, ne connaissait aucun de ces dangers factices qui épouvantent les enfans des villes.

Aussi, à minuit, partit-il, longeant le mur du cimetière sans se détourner. L'enfant innocent qui n'avait jamais offensé, du moins dans ses idées d'indépendance, ni Dieu ni les hommes, n'avait pas plus peur des morts que des vivans.

Il redoutait une seule personne ; cette personne, c'était le père La Jeunesse ; aussi eut-il la précaution de faire un détour pour passer près de sa maison. Comme portes et volets étaient fermés, et que tout était éteint à l'intérieur, Pitou, pour s'assurer que le garde était bien chez lui et non à la garderie, se mit à imiter l'aboiement du chien avec tant de perfection, que Ronflot, le basset du père La Jeunesse, se trompa à la provocation, et y répondit en donnant à son tour de la voix à pleine gorge, et en venant humer l'air au-dessous de la porte.

De ce moment, Pitou était tranquille. Dès lors que Ronflot était à la maison, le père La Jeunesse y était aussi. Ronflot et le père La Jeunesse étaient inséparables, et du moment que l'on apercevait l'un, on pouvait être sûr que l'on ne tarderait pas à voir paraître l'autre.

Pitou, parfaitement rassuré, s'achemina donc vers la Bruyère-aux-Loups. Les collets avaient fait leur œuvre ; deux lapins étaient pris et étranglés.

Pitou les mit dans la large poche de cet habit trop long qui, au bout d'un an, devait être devenu trop court, et rentra chez sa tante.

La vieille fille s'était couchée ; mais la cupidité l'avait tenue éveillée ; comme Perrette, elle avait fait le compte de ce que pouvaient lui rapporter quatre peaux de lapins par semaine, et ce compte l'avait menée si loin, qu'elle n'avait pu fermer l'œil ; aussi, fût-ce avec un tremblement nerveux qu'elle demanda à l'enfant ce qu'il rapportait.

— La paire. Ah ! dame ! tante Angélique, ce n'est pas ma faute si je n'ai pas pu en rapporter davantage ; mais il paraît qu'ils sont malins les lapins du père La Jeunesse.

Les espérances de la tante Angélique étaient comblées et même au-delà. Elle prit, frissonnante de joie, les deux malheureuses bêtes, examina leur peau restée intacte, et alla les enfermer dans le garde-manger, qui de la vie n'avait vu provisions pareilles à celles qu'il renfermait depuis qu'il était passé par l'esprit de Pitou de le garnir.

Puis, d'une voix assez douce, elle invita Pitou à se coucher, ce que l'enfant fatigué fit à l'instant même sans demander à souper, ce qui acheva de le mettre au mieux dans l'esprit de sa tante.

Le surlendemain, Pitou renouvela sa tentative, et cette fois encore, fut plus heureux que la première. Il prit trois lapins.

Deux prirent le chemin de l'auberge de la Boule-d'Or, et le troisième celui du presbytère. La tante Angélique soignait fort l'abbé Fortier, qui la recommandait de son côté aux bonnes âmes de sa paroisse.

Les choses allèrent ainsi pendant trois ou quatre mois. La tante Angélique était enchantée, et Pitou trouvait la situation supportable. En effet, moins l'amour de sa mère qui planait sur son existence, Pitou menait à peu près la même vie à Villers-Cotterets qu'à Haramont. Mais une circonstance inattendue, et à laquelle cependant on devait s'attendre, vint briser le pot au lait de la tante et interrompre les expéditions du neveu.

On avait reçu une lettre du docteur Gilbert datée de New-York. En mettant le pied sur la terre d'Amérique, le philosophe voyageur n'avait pas oublié son petit protégé. Il écrivait à maître Niguet pour savoir si ses instructions avaient été suivies, pour réclamer l'exécution du traité si elles ne l'avaient pas été, ou sa rupture si on ne voulait pas les suivre.

Le cas était grave. La responsabilité du tabellion était en jeu ; il se présenta chez la tante Pitou, et, la lettre du docteur à la main, la mit en demeure d'exécuter sa promesse.

Il n'y avait pas à reculer, toute allégation de mauvaise santé était démentie par le physique de Pitou. Pitou était grand et maigre, mais les baliveaux de la forêt étaient grands et maigres aussi, ce qui ne les empêchait pas de se porter à merveille.

Mademoiselle Angélique demanda huit jours pour préparer son esprit sur le choix de l'état qu'elle voulait faire embrasser à son neveu.

Pitou était tout aussi triste que sa tante. L'état qu'il exerçait lui paraissait excellent, et il n'en désirait pas d'autre.

Pendant ces huit jours il ne fut question ni de marette ni de braconnage; d'ailleurs on était en hiver, et en hiver les oiseaux boivent partout, puis il venait de tomber de la neige, et par la neige Pitou n'osait aller tendre ses collets. La neige garde l'empreinte des semelles, et Pitou possédait une paire de pieds qui donnait les plus grandes chances au père La Jeunesse de savoir dans les vingt-quatre heures quel était l'adroit larron qui avait dépleuplé sa garderie.

Pendant ces huit jours, les griffes de la vieille fille repoussèrent. Pitou avait retrouvé sa tante Angélique d'autrefois, celle qui lui faisait si grand peur, et à qui l'intérêt, ce mobile puissant de toute sa vie, avait un instant fait faire patte de velours.

À mesure qu'on avançait vers le terme, l'humeur de la vieille fille devenait de plus en plus revêche. C'était au point que, vers le cinquième jour, Pitou désirait que sa tante se décidât incontinent pour un état quelconque, peu lui importait quel fût cet état, pourvu que ce ne fût plus celui de souffre-douleur qu'il occupait près de la vieille fille.

Tout à coup il poussa une idée sublime dans cette tête si cruellement agitée. Cette idée lui rendit le calme que, depuis six jours, elle avait perdu.

Cette idée consistait à prier l'abbé Fortier de recevoir dans sa classe, sans rétribution aucune, le pauvre Pitou, et de lui faire obtenir la bourse fondée au séminaire par S. A. le duc d'Orléans. C'était un apprentissage qui ne coûtait rien à la tante Angélique, et M. Fortier, sans compter les grives, les merles et les lapins, dont la vieille dévote le comblait depuis six mois, devait bien quelque chose de plus qu'à un autre au neveu de la loueuse de chaises de son église. Ainsi conservé sous cloche, Ange rapportait au présent et promettait pour l'avenir.

En effet, Ange fut reçu chez l'abbé Fortier sans rétribution aucune. C'était un brave homme que cet abbé, pas intéressé le moins du monde, donnant sa science aux pauvres d'esprit, son argent aux pauvres de corps; mais intraitable sur un seul point : les solécismes le mettaient hors de lui, les barbarismes le rendaient furieux. Dans ce cas là il ne connaissait ni ami, ni ennemi, ni pauvre, ni riche, ni élève payant, ni écolier gratuit ; il frappait avec une impartialité agraire et avec un stoïcisme lacédémonien, et comme il avait le bras fort, il frappait ferme. C'était connu des parens, c'était à eux de mettre ou de ne pas mettre leurs enfans chez l'abbé Fortier, ou s'ils les y mettaient de les abandonner entièrement à sa merci : car, à toutes les réclamations maternelles, l'abbé répondait par cette devise, qu'il avait fait graver sur la palette de sa férule et sur le manche de son martinet : — Qui aime bien châtie bien.

Ange Pitou, sur la recommandation de sa tante, fut donc reçu parmi les élèves de l'abbé Fortier. La vieille dévote, toute fière de cette réception, beaucoup moins agréable à Pitou dont elle interrompait la vie nomade et indépendante, se présenta chez Mᵉ Niguet, et lui annonça que non seulement elle venait de se conformer aux intentions du docteur Gilbert, mais même de les dépasser. En effet, le docteur avait exigé pour Ange Pitou un état honorable. Elle lui donnait bien plus que cela, puisqu'elle lui donnait une éducation distinguée ; et où cela lui donnait-elle cette éducation ? dans cette même pension où Sébastien Gilbert, pour lequel il payait cinquante livres, recevait la sienne.

A la vérité, Ange recevait son éducation gratis, mais il n'y avait aucune nécessité à faire cette confidence au docteur Gilbert, et, la lui fît-on, on connaissait l'impartialité et le désintéressement de l'abbé Fortier. Comme son sublime maître, il ouvrait les bras en disant : « Laissez venir les enfans jusqu'à moi. » Seulement, les deux mains qui terminaient ces deux bras paternels étaient armées, l'une d'un rudiment, l'autre d'une poignée de verges ; de sorte que, pour la plupart du temps, tout au contraire de Jésus, qui recevait les enfans en pleurs et les renvoyait consolés, l'abbé Fortier voyait venir à lui les pauvres enfans effrayés et les renvoyait pleurans.

Le nouvel écolier fit son entrée dans la classe, un vieux bahut sous le bras, un encrier de corne à la main, et deux ou trois trognons de plume passés derrière son oreille. Le bahut était destiné à remplacer, tant bien que mal, le pupitre. L'encrier était un cadeau de l'épicier, et mademoiselle Angélique avait glané les trognons de plume en allant faire la veille sa visite à maître Niguet.

Ange Pitou fut accueilli avec cette douce fraternité qui naît chez les enfans et qui se perpétue chez les hommes, c'est-à-dire avec des huées. Toute la classe se passa à railler sa personne. Il y eut deux écoliers en retenue à cause de ses cheveux jaunes, et deux autres à cause de ces merveilleux genoux dont nous avons déjà touché un mot. Ces deux derniers avaient dit que les jambes de Pitou ressemblaient à des cordes à puits auxquelles on a fait un nœud. Le mot avait eu du succès, avait fait le tour de la table, avait excité l'hilarité générale, et par conséquent la susceptibilité de l'abbé Fortier.

Ainsi, de compte fait, en sortant à midi, c'est-à-dire après quatre heures de classe, Pitou, sans avoir adressé un mot à personne, sans avoir fait autre chose que bâiller derrière son bahut, Pitou avait six ennemis dans la classe, et six ennemis d'autant plus acharnés qu'il n'avait aucun tort envers eux. Aussi firent-ils sur le poêle, qui, dans la classe, représente l'autel de la patrie, le serment solennel, les uns de lui arracher ses cheveux jaunes, les autres de lui pocher ses yeux bleu-faïence, les derniers de lui redresser ses genoux cagneux.

Pitou ignorait complétement ces dispositions hostiles. En sortant, il demanda à un de ses voisins pourquoi six de leurs camarades restaient pendant qu'ils sortaient, eux.

Le voisin regarda Pitou de travers ; l'appela méchant rapporteur, et s'éloigna sans vouloir lier conversation avec lui.

Pitou se demanda comment, n'ayant pas dit un seul mot pendant toute la classe, il pouvait être un méchant rapporteur. Mais, pendant la durée de cette même classe, il avait entendu dire, soit par les élèves, soit par l'abbé Fortier, tant de choses qu'il n'avait pas comprises, qu'il rangea l'accusation du voisin au nombre des choses trop élevées pour son esprit.

Voyant revenir Pitou à midi, la tante Angélique, ardente à une éducation pour laquelle elle était censée faire de si grands sacrifices, lui demanda ce qu'il avait appris.

Pitou répondit qu'il avait appris à se taire. La réponse était digne d'un Pythagoricien. Seulement, un Pythagoricien l'eût faite par signes.

Le nouvel écolier rentra à la classe du soir sans trop de répugnance. La classe du matin avait été employée par les écoliers à examiner le physique de Pitou ; la classe du soir fut employée par le professeur à examiner le moral. Examen fait, l'abbé Fortier demeura convaincu que Pitou avait toutes sortes de dispositions à devenir un Robinson Crusoé, mais bien peu de chances de devenir un Fontenelle ou un Bossuet.

Pendant toute la durée de cette classe, beaucoup plus fatigante que celle du matin pour le futur séminariste, les écoliers punis à cause de lui lui montrèrent le poing à plusieurs reprises. Dans tous les pays, civilisés ou non, cette démonstration passe pour un signe de menace. Pitou se tint donc sur ses gardes.

Notre héros ne s'était pas trompé : en sortant, ou plutôt dès qu'on fut sorti des dépendances de la maison collégiale, il fut signifié à Pitou, par les six écoliers mis en retenue, qu'il allait avoir à leur payer ces deux heures de détention arbitraire en frais, intérêts et capital.

Pitou comprit qu'il s'agissait d'un duel au pugilat. — Quoiqu'il fût loin d'avoir étudié le sixième livre de l'Énéide, où le jeune Darès et le vieil Entelle se livrent à cet exercice aux grands applaudissemens des Troyens fugitifs, — il connaissait ce genre de récréation, qui n'était pas tout à fait étranger aux paysans de son village. Il déclara donc qu'il était prêt à entrer en lice contre celui de ses adversaires qui voudrait commencer, et à tenir tête successivement à ses six ennemis. Cette déclaration commença de mériter une assez grande considération au dernier venu.

Les conditions furent arrêtées comme les avait posées Pitou. Un cercle se fit autour de la lice, et les champions, après avoir mis bas, l'un sa veste, l'autre son habit, s'avancèrent l'un contre l'autre.

Nous avons parlé des mains de Pitou. Ces mains, qui n'étaient pas agréables à voir, étaient moins agréables à sentir. Pitou faisait voltiger au bout de chaque bras un poing gros comme une tête d'enfant, et, quoique la boxe n'eût point encore été introduite en France, et que, par conséquent, Pitou n'eût reçu aucun principe élémentaire de cet art, il parvint à appliquer sur l'œil de son premier adversaire un coup de poing si hermétiquement ajusté que l'œil atteint s'entoura aussitôt d'un cercle de bistre aussi géométriquement dessiné que si le plus habile mathématicien en eût pris la mesure avec son compas.

Le second se présenta. — Si Pitou avait contre lui la fatigue d'un second combat, son adversaire, de son côté, était visiblement moins fort que le premier antagoniste. Le combat fut donc moins long. Le poing formidable s'abattit sur le nez, et les deux narines déposèrent à l'instant même de la validité du coup en laissant échapper un double robinet de sang.

Le troisième en fut quitte pour une dent cassée ; c'était le moins détérioré de tous. Les autres se déclarèrent satisfaits.

Pitou fendit la foule, qui s'ouvrit devant lui avec le respect dû à un triomphateur, et se retira sain et sauf dans foyers, ou plutôt dans ceux de sa tante.

Le lendemain, quand les trois écoliers arrivèrent, l'un avec son œil poché, l'autre avec son nez en compote, le troisième avec ses lèvres enflées, une enquête fut faite par l'abbé Fortier. Mais les collégiens ont aussi leur bon côté. Pas un des estropiés ne fut indiscret, et ce fut par voie indirecte, c'est-à-dire par un témoin de la rixe, entièrement étranger au collége, que l'abbé Fortier apprit le lendemain que c'était Pitou qui avait fait sur le visage de ses élèves le dégât qui la veille avait excité sa sollicitude.

En effet, l'abbé Fortier répondait aux parens non-seulement du moral, mais encore du physique de ses écoliers. L'abbé Fortier avait reçu la triple plainte des trois familles. Il fallait une réparation. Pitou eut trois jours de retenue : un jour pour l'œil, un jour pour le nez, un jour pour la dent.

Ces trois jours de retenue suggérèrent à mademoiselle Angélique une ingénieuse idée. C'était de supprimer à Pitou son dîner chaque fois que l'abbé Fortier supprimerait sa sortie. Cette détermination devait nécessairement tourner au profit de l'éducation de Pitou, puisqu'il y regarderait à deux fois avant de commettre des fautes qui entraîneraient une double punition.

Seulement, Pitou ne comprit jamais bien pourquoi il avait été appelé rapporteur, n'ayant point parlé, et comment il avait été puni pour avoir battu ceux qui l'avaient voulu battre ; mais si l'on comprenait tout dans le monde, ce serait perdre un des principaux charmes de la vie : celui du mystère et de l'imprévu.

Pitou fit ses trois jours de retenue, et, pendant ces trois jours de retenue, se contenta de déjeuner et de souper.

Se contenta n'est pas le mot, car Pitou n'était pas content le moins du monde ; mais notre langue est si pauvre, et l'Académie si sévère, qu'il faut bien se *contenter* de ce que nous avons.

Seulement, cette punition subie par Pitou sans qu'il dénonçât le moins du monde l'agression à laquelle il n'avait fait que répondre, lui valut la considération générale. Il est vrai que les trois majestueux coups de poing qu'on lui avait vu appliquer étaient peut-être pour quelque chose dans cette considération.

A partir de ce jour-là, la vie de Pitou fut à peu près celle des autres écoliers, à cette différence près que les autres écoliers subissaient les chances variables de la composition, tandis que Pitou restait obstinément dans les cinq ou six derniers, et amassait presque toujours une somme de retenues double de ses autres condisciples.

Mais, il faut le dire, une chose qui était dans la nature

de Pitou, qui ressortait de l'éducation première qu'il avait reçue, ou plutôt qu'il n'avait pas reçue, une chose qu'il fallait compter pour un tiers au moins dans les nombreuses retenues qu'il subissait, c'était son inclination naturelle pour les animaux.

Le fameux bahut que sa tante Angélique avait décoré du nom de pupitre était devenu, grâce à son ampleur et aux nombreux compartimens dont Pitou avait orné son intérieur, une espèce d'arche de Noé contenant une paire de toutes sortes de bêtes grimpantes, rampantes ou volantes. Il y avait des lézards, des couleuvres, des formica-léo, des scarabées et des grenouilles, lesquelles bêtes devenaient d'autant plus chères à Pitou qu'il subissait à cause d'elles des punitions plus ou moins sévères.

C'était dans ses promenades de la semaine que Pitou récoltait pour sa ménagerie. Il avait désiré des salamandres, qui sont fort populaires à Villers-Cotterets, étant les armes de François Ier, et François Ier les ayant fait sculpter sur toutes les cheminées ; il était parvenu à s'en procurer ; seulement une chose l'avait fortement préoccupé, et il avait fini par mettre cette chose au nombre de celles qui dépassaient son intelligence : c'est qu'il avait constamment trouvé dans l'eau ces reptiles que les poëtes prétendent vivre dans le feu. Cette circonstance avait donné à Pitou, qui était un esprit exact, un profond mépris pour les poëtes.

Pitou, propriétaire de deux salamandres, s'était mis à la recherche du caméléon ; mais, cette fois, toutes les recherches de Pitou avaient été vaines, et aucun résultat n'avait couronné ses peines. Pitou finit par conclure de ces tentatives infructueuses que le caméléon n'existait pas, ou du moins qu'il existait sous une autre latitude.

Ce point arrêté, Pitou ne s'entêta pas à la recherche du caméléon.

Les deux autres tiers des retenues de Pitou étaient causées par ces damnés solécismes et par ces barbarismes maudits, qui poussaient dans les thèmes de Pitou comme l'ivraie dans les champs de blé.

Quant aux jeudis et aux dimanches, jours de congé, ils avaient continué d'être employés à la marette et au braconnage ; seulement, comme Pitou grandissait toujours, qu'il avait cinq pieds quatre pouces et seize ans d'âge, il survint une circonstance qui détourna quelque peu Pitou de ses occupations favorites.

Sur le chemin de la Bruyère-aux-Loups est situé le village de Pisseleu, le même peut-être qui a donné son nom à la belle Anne d'Heilly, maîtresse de François Ier.

Dans ce village s'élevait la ferme du père Billot, et sur le seuil de cette ferme se tenait, par hasard, presque toutes les fois que Pitou passait et repassait, une jolie fille de dix-sept à dix-huit ans, fraîche, égrillarde, joviale, qu'on appelait, de son nom de baptême, Catherine, mais plus souvent encore du nom de son père, la Billote.

Pitou commença par saluer la Billote, puis, peu à peu il s'enhardit et la salua en souriant ; puis enfin, un beau jour, après avoir salué, après avoir souri, il s'arrêta et hasarda en rougissant cette phrase, qu'il regardait comme une bien grande hardiesse :

— Bonjour, mademoiselle Catherine.

Catherine était bonne fille ; elle accueillit Pitou en vieille connaissance. C'était une vieille connaissance, en effet, car depuis deux ou trois ans elle le voyait passer et repasser devant la ferme au moins une fois par semaine. Seulement Catherine voyait Pitou, et Pitou ne voyait pas Catherine. C'est que lorsque Pitou passait, Catherine avait seize ans, Pitou n'en avait que quatorze. Nous avons vu ce qui était arrivé lorsque Pitou avait eu seize ans à son tour.

Peu à peu Catherine en était arrivée à apprécier les talens de Pitou, car Pitou lui faisait part de ses talens en lui offrant ses oiseaux les plus beaux et ses lapins les plus gras. Il en résulta que Catherine fit des complimens à Pitou, et que Pitou, qui était d'autant plus sensible aux complimens qu'il lui arrivait rarement d'en recevoir, se laissa aller aux charmes de la nouveauté, et, au lieu de continuer, comme par le passé, son chemin jusqu'à la Bruyère-aux-Loups s'arrêtait à mi-route, et, au lieu d'occuper sa journée à ramasser de la faîne et à tendre des collets, perdait son temps à rôder autour de la ferme du père Billot, dans l'espérance de voir un instant Catherine.

Il en résulta une diminution sensible dans le produit des peaux de lapins, et une disette presque complète de rouge-gorges et de grives.

La tante Angélique se plaignit. Pitou fit réponse que les lapins devenaient méfians, et que les oiseaux, qui avaient reconnu le piége, buvaient maintenant dans le creux des feuilles et des troncs d'arbres.

Une chose consolait la tante Angéliqué de cette intelligence des lapins et de cette finesse des oiseaux qu'elle attribuait aux progrès de la philosophie, c'est que son neveu obtiendrait la bourse, entrerait au séminaire, y passerait trois ans, sortirait du séminaire abbé. Or, être gouvernante d'un abbé était l'éternelle ambition de mademoiselle Angélique.

Cette ambition ne pouvait donc manquer de se réaliser, car Ange Pitou, une fois abbé, ne pouvait faire autrement que de prendre sa tante pour gouvernante, surtout après tout ce que sa tante avait fait pour lui.

La seule chose qui troublait les rêves dorés de la pauvre fille, c'était, lorsque parlant de cette espérance à l'abbé Fortier, celui-ci répondait en hochant la tête :

— Ma chère demoiselle Pitou, pour devenir abbé, il faudrait que votre neveu se livrât moins à l'histoire naturelle, et beaucoup plus au *De viris illustribus* ou au *Selectæ è profanis scriptoribus*.

— Ce qui veut dire ? demandait mademoiselle Angélique.

— Qu'il fait beaucoup trop de barbarismes et infiniment trop de solécismes, répondait l'abbé Fortier.

Réponse qui laissait mademoiselle Angélique dans le vague le plus affligeant.

IV.

DE L'INFLUENCE QUE PEUVENT AVOIR SUR LA VIE D'UN HOMME UN BARBARISME ET SEPT SOLÉCISMES.

Ces détails étaient indispensables au lecteur, quelque degré d'intelligence que nous lui supposions, pour qu'il pût bien comprendre toute l'horreur de la position dans laquelle se trouva Pitou, une fois hors de l'école.

Un de ses bras pendant, l'autre maintenant son bahut en équilibre sur sa tête, l'oreille encore vibrante des interjections furieuses de l'abbé Fortier, il s'acheminait vers le Pleux dans un recueillement qui n'était rien autre chose que la stupeur portée au plus haut degré.

Enfin, une idée se fit jour dans son esprit, et trois mots, qui renfermaient toute sa pensée, s'échappèrent de ses lèvres ;

— Jésus ! ma tante !

En effet, qu'allait dire mademoiselle Angélique Pitou de ce renversement de toutes ses espérances !

Cependant Ange ne connaissait les projets de la vieille fille qu'à la manière dont les chiens fidèles et intelligens connaissent les projets de leur maître ; c'est-à-dire par l'inspection de la physionomie. C'est un guide précieux que l'instinct ; jamais il ne trompe. Tandis que le raisonnement, tout au contraire, peut être faussé par l'imagination.

Ce qui ressortait des réflexions d'Ange Pitou, et ce qui avait fait jaillir de ses lèvres la lamentable exclamation que nous avons rapportée, c'est qu'Ange Pitou comprenait quel mécontentement ce serait pour la vieille fille, quand elle apprendrait la fatale nouvelle. Or, il connaissait, par expérience, le résultat d'un mécontentement de mademoiselle Angélique. Seulement, cette fois, la cause du mécontentement s'élevant à une puissance incalculée, les résultats devaient atteindre un chiffre incalculable.

Voilà sous quel effrayante impression Pitou entra dans le Pleux. Il avait mis près d'un quart d'heure à faire le chemin qui menait de la grand'porte de l'abbé Fortier à l'entrée de cette rue, et cependant il n'y avait guère qu'un parcours de trois cents pas.

En ce moment l'horloge de l'église sonna une heure.

Il s'aperçut alors que son entretien suprême avec l'abbé, et la lenteur avec laquelle il avait franchi la distance, l'avaient retardé de soixante minutes, et que par conséquent, depuis trente, était écoulé le délai de rigueur au-delà duquel on ne dînait plus chez la tante Angélique.

Nous l'avons dit, tel était le frein salutaire que la vieille fille avait mis à la fois aux tristes retenues ou aux ardeurs folâtres de son neveu; c'est ainsi que, bon an mal an, elle économisait une soixantaine de dîners sur le pauvre Pitou.

Mais cette fois, ce qui inquiétait l'écolier en retard, ce n'était pas le maigre dîner de la tante; si maigre qu'eût été le déjeuner, Pitou avait le cœur trop gros pour s'apercevoir qu'il avait l'estomac vide.

Il y a un affreux supplice, bien connu de l'écolier, si cancre qu'il soit, c'est le séjour illégitime, dans quelque coin reculé, après une expulsion collégiale ; c'est le congé définitif et forcé dont il est contraint de profiter, tandis que ses condisciples passent, le carton et les livres sous le bras, pour aller au travail quotidien. Ce collége si haï prend ces jours-là une forme désirable. L'écolier s'occupe sérieusement de cette grande affaire des thèmes et des versions dont il ne s'est jamais occupé et qui se traite là-bas en son absence. Il y a beaucoup de rapports entre cet élève renvoyé par son professeur et celui de l'excommunié à cause de son impiété, qui n'a plus le droit de rentrer dans l'Église, et qui brûle du désir d'entendre une messe.

C'est pourquoi, à mesure qu'il s'approchait de la maison de sa tante, le séjour dans cette maison paraissait épouvantable au pauvre Pitou. C'est pourquoi, pour la première fois de sa vie, il se figurait que l'école était un Paradis terrestre dont l'abbé Fortier, ange exterminateur, venait de le chasser avec son martinet en guise d'épée flamboyante.

Cependant, si lentement qu'il marchât, et quoique de dix

pas en dix pas Pitou fît des stations, stations qui devenaient plus longues à mesure qu'il approchait, il n'en fallut pas moins arriver au seuil de cette maison tant redoutée. Pitou atteignit donc ce seuil en traînant ses souliers et en frottant machinalement sa main sur la couture de sa culotte.

— Ah! je suis bien malade, allez, tante Angélique, dit pour prévenir toute raillerie ou tout reproche, et peut-être aussi pour essayer de se faire plaindre, le pauvre enfant.

— Bon, dit mademoiselle Angélique, je connais cette maladie-là, et on la guérirait facilement en remontant l'aiguille de la pendule d'une heure et demie.

— Oh! mon Dieu non! dit amèrement Pitou, car je n'ai pas faim.

La tante Angélique fut surprise et presque inquiète; une maladie inquiète également les bonnes mères et les marâtres : les bonnes mères pour le danger que cause la maladie ; les marâtres pour le tort qu'elle fait à la bourse.

— Eh bien! qu'y a-t-il, voyons, parle? demanda la vieille fille.

A ces paroles, prononcées cependant sans une sympathie bien tendre, Ange Pitou se mit à fondre en pleurs, et, il faut l'avouer, la grimace qu'il fit en passant de la plainte aux larmes fut des plus laides et des plus désagréables grimaces qui se puisse voir.

— Oh! ma bonne tante! il m'est arrivé un bien grand malheur, dit-il.

— Et lequel? demanda la vieille fille.

— Monsieur l'abbé m'a renvoyé! s'écria Ange Pitou en éclatant en d'énormes sanglots.

— Renvoyé? répéta mademoiselle Angélique, comme si elle n'eût pas bien compris.

— Oui, ma tante.

— Et d'où t'a-t-il renvoyé?

— De l'école.

Et les sanglots de Pitou redoublèrent.

— De l'école?

— Oui, ma tante.

— Pour tout à fait?

— Oui, ma tante.

— Ainsi, plus d'examens, plus de concours, plus de bourse, plus de séminaire ?

Les sanglots de Pitou se changèrent en hurlemens. Mademoiselle Angélique le regarda comme si elle eût voulu lire jusqu'au fond du cœur de son neveu les causes de son renvoi.

— Gageons que vous avez encore fait l'école buissonnière, dit-elle ; gageons que vous avez encore été rôder du côté de la ferme du père Billot. Fi ! un futur abbé !

Ange secoua la tête.

— Vous mentez ! s'écria la vieille fille, dont la colère s'augmentait à mesure qu'elle acquérait la certitude que la position était grave ; vous mentez ! Dimanche encore, on vous a vu dans l'allée des Soupirs avec la Billote.

C'était mademoiselle Angélique qui mentait ; mais en tout temps les dévots se sont cru autorisés à mentir, en vertu de cet axiome jésuitique : « Il est permis de plaider le faux pour savoir le vrai. »

— On ne m'a pas vu dans l'allée des Soupirs, dit Ange : c'est impossible ; nous nous promenions du côté de l'Orangerie.

— Ah ! malheureux ! vous voyez bien que vous étiez avec elle.

— Mais, ma tante, reprit Ange rougissant, il ne s'agit point ici de mademoiselle Billot.

— Oui, appelle-la mademoiselle, pour cacher ton jeu impur ! Mais j'avertirai son confesseur, à cette mijaurée !

— Mais, ma tante, je vous jure que mademoiselle Billo n'est pas une mijaurée.

— Ah ! vous la défendez quand c'est vous qui avez besoin d'excuse. Bien, vous vous entendez ! de mieux en mieux. Où allons-nous, mon Dieu !... Des enfans de seize ans !

— Ma tante, bien au contraire que nous nous entendions avec Catherine, c'est Catherine qui me chasse toujours.

— Ah ! vous voyez bien que vous vous coupez ! Voilà que vous l'appelez Catherine tout court, maintenant ! Oui, elle vous chasse, hypocrite... quand on la regarde.

— Tiens, se dit Pitou, soudainement illuminé ; tiens, c'es vrai, je n'y avais jamais pensé.

3.

— Ah ! tu vois, dit la vieille fille, profitant de la naïve exclamation de son neveu pour le convaincre de connivence avec la Billote ; mais laisse faire, je m'en vais raccommoder tout cela, moi. Monsieur Fortier est son confesseur ; je vais le prier de te faire emprisonner, et de te mettre au pain et à l'eau pendant quinze jours ; et quand à mademoiselle Catherine, s'il lui faut du couvent pour modérer sa passion pour toi, eh bien ! elle en tâtera. Nous l'enverrons à Saint-Remy.

La vieille fille prononça sa dernière parole avec une autorité et une conviction de sa puissance qui fit frémir Pitou.

— Ma bonne tante, lui dit-il en joignant les mains, vous vous trompez, je vous jure, si vous croyez que mademoiselle Billot est pour quelque chose dans mon malheur.

— L'impureté est la mère de tous les vices, interrompit sentencieusement mademoiselle Angélique.

— Ma tante, je vous répète que monsieur l'abbé ne m'a pas renvoyé parce que je suis un impur ; il m'a renvoyé parce que je fais trop de barbarismes, mêlés aux solécismes qui m'échappent aussi de temps en temps, et m'ôtent, à ce qu'il dit, toute chance pour obtenir la bourse du séminaire.

— Toute chance, dis-tu ? Alors tu n'auras pas cette bourse ; alors tu ne seras pas abbé ; alors je ne serai pas ta gouvernante ?

— Mon Dieu ! non ! ma tante.

— Et que deviendras-tu alors ? demanda la vieille fille toute effarouchée.

— Je ne sais pas. Pitou leva lamentablement les yeux aux ciel. Ce qu'il plaira à la Providence ! ajouta-t-il.

— A la Providence ? Ah ! je vois ce que c'est, s'écria mademoiselle Angélique ; on lui aura monté la tête, on lui aura parlé d'idées nouvelles, on lui aura inculqué des principes de philosophie.

— Ça ne peut pas être cela, ma tante, puisqu'on ne peut entrer en philosophie qu'après avoir fait sa rhétorique, et que je n'ai jamais pu dépasser ma troisième.

— Plaisante, plaisante. Ce n'est pas de cette philosophie-là que je parle, moi. Je parle de la philosophie des philosophes, malheureux! je parle de la philosophie de monsieur Arouet; je parle de la philosophie de monsieur Jean-Jacques; de la philosophie de monsieur Diderot, qui a fait la *Religieuse*.

Mademoiselle Angélique se signa.

— La *Religieuse*, demanda Pitou, qu'est-ce que c'est que cela, ma tante?

— Tu l'as lue, malheureux?

— Ma tante, je vous jure que non!

— Voilà pourquoi tu ne veux pas de l'Église.

— Ma tante, vous vous trompez; c'est l'Église qui ne veut pas de moi.

— Mais c'est décidément un serpent que cet enfant-là. Je crois qu'il réplique.

— Non, ma tante, je réponds, voilà tout.

— Oh! il est perdu! s'écria mademoiselle Angélique avec tous les signes du plus profond abattement, et en se laissant aller sur son fauteuil favori.

En effet : Il est perdu! ne signifiait pas autre chose que : Je suis perdue!

Le danger était imminent. La tante Angélique prit une résolution suprême: elle se leva, comme si un ressort l'eût mise sur ses jambes, et courut chez l'abbé Fortier pour lui demander des explications, et surtout pour tenter vis-à-vis de lui un dernier effort.

Pitou suivit des yeux sa tante jusque sur le seuil de la porte ; puis, lorsqu'elle eut disparu, il s'approcha à son tour jusque sur ce seuil, et la vit s'acheminer, avec une vitesse dont il n'avait aucune idée, vers la rue de Soissons. Dès lors, il n'eut plus de doute sur les intentions de mademoiselle Angélique, et fut convaincu qu'elle se rendait chez son professeur.

C'était tout au moins un quart d'heure de tranquillité. Pitou songea à utiliser... ce quart d'heure que la Providence lui accordait. Il ramassa les restes du dîner de sa tante pour nourrir ses lézards, attrapa deux ou trois mouches pour ses fourmis et ses grenouilles ; puis, ouvrant successivement la huche et l'armoire, il s'occupa de se nourrir lui-même, car avec la solitude l'appétit lui était revenu.

Toutes ces dispositions prises, il revint guetter sur la porte, afin de n'être point surpris par le retour de sa seconde mère.

Mademoiselle Angélique s'intitulait la seconde mère de Pitou.

Tandis qu'il guettait, une belle jeune fille passa au bout du Pleux, suivant la ruelle qui conduit de l'extrémité de la rue de Soissons à celle de la rue de Lormet. Elle était montée sur la croupe d'un cheval chargé de deux paniers ; l'un rempli de poulets, l'autre de pigeons ; c'était Catherine. En apercevant Pitou sur le seuil de sa tante, elle s'arrêta.

Pitou rougit selon son habitude, puis demeura la bouche béante, regardant, c'est-à-dire admirant, car mademoiselle Billot était pour lui la dernière expression de la beauté humaine.

La jeune fille lança un coup d'œil dans la rue, salua Pitou d'un petit signe de tête et continua son chemin.

Pitou répondit en tressaillant d'aise.

Cette petite scène dura tout juste assez de temps pour que le grand écolier, tout entier à sa contemplation, et continuant de regarder la place où avait été mademoiselle Catherine, n'aperçût point sa tante qui revenait de chez l'abbé Fortier, et qui tout à coup lui saisit la main en pâlissant de colère.

Ange, réveillé en sursaut au milieu de son beau rêve par cette commotion électrique que lui causait toujours le toucher de mademoiselle Angélique, se retourna, reporta les yeux du visage courroucé de sa tante Angélique à sa propre main, et se vit avec terreur nanti d'une énorme moitié de tartine sur laquelle apparaissaient trop généreusement appliquées deux couches de beurre frais et de fromage blanc superposées.

Mademoiselle Angélique poussa un cri de fureur, et Pitou un gémissement d'effroi. Angélique leva sa main crochue, Pitou baissa la tête ; Angélique s'empara d'un manche à balai trop voisin ; Pitou laissa tomber sa tartine et prit sa course sans autre explication.

Ces deux cœurs venaient de s'entendre, et avaient compris qu'il ne pouvait plus rien exister entr'eux.

Mademoiselle Angélique rentra et ferma la porte à double tour. Pitou, que le bruit grinçant de la serrure effrayait comme une suite de la tempête, redoubla de vivacité.

Il résulta de cette scène un effet que mademoiselle Angélique était bien loin de prévoir, et auquel, bien certainement, Pitou ne s'attendait pas davantage.

V.

UN FERMIER PHILOSOPHE.

Pitou courait commé si tous les diables d'enfer eussent été à ses trousses, et en un instant il fut hors de la ville.

En tournant le coin du cimetière, il faillit donner du nez dans le derrière d'un cheval.

— Eh! bon Dieu! dit une douce voix bien connue de Pitou, où courez-vous donc ainsi, monsieur Ange? Vous avez manqué faire prendre le mors-aux-dents à Cadet, de la peur que vous nous avez faite.

— Ah! mademoiselle Catherine, s'écria Pitou, répondant à sa propre pensée et non à l'interrogation de la jeune fille. Ah! mademoiselle Catherine, quel malheur, mon Dieu! quel malheur!

— Jésus! vous m'effrayez, dit la jeune fille arrêtant son cheval au milieu du chemin. Qu'y a-t-il donc, monsieur Ange?

— Il y a, répondit Pitou, comme s'il allait révéler un mystère d'iniquités, il y a que je ne serai pas abbé, mademoiselle Catherine.

Mais, au lieu de gesticuler dans le sens qu'attendait Pitou, mademoiselle Billot partit d'un grand éclat de rire.

— Vous ne serez pas abbé? dit-elle.

— Non, répondit Pitou consterné; il paraît que c'est impossible.

— Eh bien! alors, vous serez soldat, dit Catherine.

— Soldat?

— Sans doute. Il ne faut pas se désespérer pour si peu de chose, mon Dieu! J'avais d'abord cru que vous veniez m'annoncer la mort subite de mademoiselle votre tante.

— Ah! dit Pitou avec sentiment, c'est exactement la même chose pour moi que si elle était morte, puisqu'elle me chasse.

— Pardon, dit la Billot en riant; il vous manque cette satisfaction de la pouvoir pleurer.

Et Catherine se mit à rire de plus belle, ce qui scandalisa de nouveau Pitou.

— Mais n'avez-vous donc pas entendu qu'elle me chasse! reprit l'écolier désespéré.

— Eh bien! tant mieux! dit-elle.

— Vous êtes bien heureuse de rire comme cela, mademoiselle Billot, et ça prouve que vous avez un bien agréable caractère, puisque les chagrins des autres ne vous font pas une plus grande impression.

— Et qui vous dit donc que, s'il vous arrivait un chagrin véritable, je ne vous plaindrais pas, monsieur Ange?

— Vous me plaindriez s'il m'arrivait un chagrin véritable? Mais vous ne savez donc pas que je n'ai plus de ressources!

— Tant mieux encore! fit Catherine.

Pitou n'y était plus le moins du monde.

— Et manger! dit-il; il faut manger, pourtant, mademoiselle; surtout moi, qui ai toujours faim.

— Vous ne voulez donc pas travailler, monsieur Pitou?

— Travailler! et à quoi? Monsieur Fortier et ma tante Angélique m'ont répété plus de cent fois que je n'étais bon à rien. Ah! si l'on m'avait mis en apprentissage chez un menuisier ou chez un charron, au lieu de vouloir faire de moi un abbé! Décidément, tenez, mademoiselle Catherine, fit Pitou avec un geste de désespoir; décidément il y a une malédiction sur moi.

— Hélas! dit la jeune fille avec compassion, car elle savait comme tout le monde l'histoire lamentable de Pitou; il y a du vrai dans ce que vous dites là, mon cher monsieur Ange; mais... pourquoi ne faites-vous pas une chose?

— Laquelle, dit Pitou en se cramponnant à la proposition à venir de mademoiselle Billot, comme un noyé se cramponne à une branche de saule. Laquelle, dites?

— Vous aviez un protecteur, ce me semble.

— Monsieur le docteur Gilbert.

— Vous étiez le camarade de classe de son fils, puisqu'il a été élevé comme vous chez l'abbé Fortier.

— Je le crois bien, et même je l'ai empêché plus d'une fois d'être rossé.

— Eh bien! pourquoi ne vous adressez-vous pas à son père? il ne vous abandonnera point.

— Dame! je le ferais certainement si je savais ce qu'il est devenu; mais peut-être votre père le sait-il, mademoiselle Billot, puisque le docteur Gilbert est son propriétaire.

— Je sais qu'il lui faisait passer une partie des fermages en Amérique, et qu'il plaçait l'autre chez un notaire de Paris.

— Ah! dit en soupirant Pitou; en Amérique, c'est bien loin.

— Vous iriez en Amérique, vous? dit la jeune fille, presque effrayée de la résolution de Pitou.

— Moi, mademoiselle Catherine? Jamais! jamais! Non. Si je savais où et quoi manger, je me trouverais très bien en France.

— Très bien! répéta mademoiselle Billot.

Pitou baissa les yeux. La jeune fille garda le silence. Ce silence dura quelque temps. Pitou était plongé dans des rêveries qui eussent bien surpris l'abbé Fortier, homme logique.

Ces rêveries, parties d'un point obscur, s'étaient éclaircies; puis étaient devenues confuses, quoique brillantes comme des éclairs dont l'origine est cachée, dont la source est perdue.

Cependant Cadet s'était remis en marche au pas, et Pitou marchait près de Cadet, une main appuyée sur un des paniers. Quant à mademoiselle Catherine, rêveuse de son côté comme Pitou l'était du sien, elle laissait flotter les rênes sans craindre que son coursier s'emportât. D'ailleurs, il n'y avait pas de monstre sur le chemin, et Cadet était d'une race qui n'avait aucun rapport avec les chevaux d'Hippolyte.

Pitou s'arrêta machinalement quand le cheval s'arrêta. On était arrivé à la ferme.

—Tiens, c'est toi, Pitou! s'écria un homme d'une encolure puissante, campé assez fièrement devant une mare, où il faisait boire son cheval.

— Eh ! mon Dieu ! oui monsieur Billot, c'est moi-même.

— Encore un malheur arrivé à ce pauvre Pitou, dit la jeune fille en sautant à bas de son cheval, sans s'inquiéter si son jupon, en se relevant, montrait la couleur de ses jarretières ; sa tante le chasse.

— Et qu'a-t-il donc fait encore à la vieille bigote ? dit le fermier.

— Il paraît que je ne suis pas assez fort en grec dit Pitou.

Il se vantait, le fat ! c'était en latin qu'il aurait dû dire.

— Pas assez fort en grec, dit l'homme aux larges épaules, et pourquoi veux-tu être fort en grec ?

— Pour expliquer Théocrite et lire l'*Iliade.*

— Et à quoi cela te servirait-il d'expliquer Théocrite et de lire l'*Iliade ?*

— Cela me servirait à être abbé.

— Bah ! dit monsieur Billot, est-ce que je sais le grec ? est-ce que je sais le latin ? est-ce que je sais le français ? est-ce que je sais écrire ? est-ce que je sais lire ! Ça m'empêche-t-il de semer, de récolter et d'engranger ?

— Oui, mais vous, monsieur Billot, vous n'êtes pas abbé, vous êtes cultivateur, *agricola*, comme dit Virgile. *O fortunatos nimium...*

— Eh bien ! crois-tu donc, qu'un cultivateur ne soit pas l'égal d'un calotin, dis donc, mauvais enfant de chœur! surtout quand ce cultivateur a soixante arpens de terre au soleil et un millier de louis à l'ombre.

— On m'a toujours dit que d'être abbé c'était ce qu'il y avait de mieux au monde ; il est vrai, ajouta Pitou en souriant de son sourire le plus agréable, que je n'ai pas toujours écouté ce qu'on me disait.

— Et tu as eu raison, — garçon. Tu vois que je fais des

vers comme un autre, quand je m'en mêle, moi. Il me semble qu'il y a en toi de l'étoffe pour faire mieux qu'un abbé, et que c'est un bonheur que tu ne prennes pas cet état-là, surtout dans ce moment-ci. Vois-tu, en ma qualité de fermier, je me connais au temps, et le temps est mauvais pour les abbés.

— Bah ! fit Pitou.

— Oui, il y aura de l'orage, dit le fermier. Ainsi donc, crois-moi. Tu es honnête, tu es savant...

Pitou salua, fort honoré d'avoir été appelé savant pour la première fois de sa vie.

— Tu peux donc gagner ta vie sans cela, continua le fermier.

Mademoiselle Billot, tout en mettant à bas les poulets et les pigeons, écoutait avec intérêt le dialogue établi entre Pitou et son père.

— Gagner ma vie, reprit Pitou, cela me paraît bien difficile.

— Que sais-tu faire ?

— Dame ! je sais tendre des gluaux et poser des collets. J'imite assez bien le chant des oiseaux, n'est-ce pas mademoiselle Catherine?

— Oh ! pour cela, c'est vrai, il chante comme un pinson.

— Oui, mais tout cela n'est point un état, reprit le père Billot.

— C'est bien ce que je dis, parbleu !

— Tu jures, c'est déjà bon.

— Comment, j'ai juré, dit Pitou ; je vous demande bien pardon, monsieur Billot.

— Oh ! il n'y a pas de quoi, dit le fermier ; ça m'arrive quelquefois aussi, à moi. Eh ! tonnerre de Dieu ! continua-t-il en se retournant vers son cheval, te tiendras-tu un peu tranquille, toi ! ces diables de Percherons, il faut toujours qu'ils gazouillent et qu'ils se trémoussent. Voyons, reprit-il encore en revenant à Pitou, es-tu paresseux ?

— Je ne sais pas ; je n'ai jamais fait que du latin et du grec, et...

— Et quoi ?

— Et je dois dire que je n'y mordais pas beaucoup.

— Tant mieux, dit Billot, ça prouve que tu n'es pas encore si bête que je croyais.

Pitou ouvrait des yeux d'une effrayante dimension ; c'était la première fois qu'il entendait professer cet ordre d'idées, subversif de toutes les théories qu'il avait entendu poser jusque là.

— Je demande, dit Billot, si tu es paresseux à la fatigue?

— Oh! à la fatigue, c'est autre chose, dit Pitou; non, non, non, je ferais bien dix lieues sans être fatigué?

— Bon, c'est déjà quelque chose, reprit Billot, en te faisant maigrir encore de quelques livres, tu pourras devenir coureur.

— Maigrir, dit Pitou en regardant sa taille mince, ses longs bras osseux et ses longues jambes en échalas, il me semblait, monsieur Billot, que j'étais assez maigre comme cela.

— En vérité, mon ami, dit le fermier en éclatant de rire, tu es un trésor.

C'était encore la première fois que Pitou était estimé à un si haut prix. Aussi marchait-il de surprises en surprises.

— Ecoute-moi, dit le fermier ; je demande si tu es paresseux au travail.

— A quel travail?

— Au travail en général.

— Je ne sais pas, moi; je n'ai jamais travaillé.

La jeune fille se mit à rire mais cette fois le père Billot prit la chose au sérieux.

— Ces coquins de prêtres! dit-il en étendant son gros poing vers la ville; voilà pourtant comment ils élèvent la jeunesse, dans la fainéantise et l'inutilité. A quoi un pareil gaillard, là, je vous le demande, peut-il être bon à ses frères?

— Oh! à pas grand chose, dit Pitou, je le sais bien. Heureusement que je n'en ai pas de frères.

— Par frères, dit Billot, j'entends tous les hommes en général. Voudrais-tu dire que tous les hommes ne sont pas frères, par hasard ?

— Oh! si fait; d'ailleurs, c'est dans l'Évangile.

— Et égaux, continua le fermier.

— Ah ! ça, c'est autre chose, dit Pitou, si j'avais été l'égal de l'abbé Fortier, il ne m'aurait pas si souvent donné du martinet, de la férule ; et si j'avais été l'égal de ma tante, elle ne m'aurait pas chassé.

— Je te dis que tous les hommes sont égaux, reprit le fermier, et nous le prouverons bientôt aux tyrans.

— *Tyrannis !* reprit Pitou.

— Et la preuve, continua Billot, c'est que je te prends chez moi.

— Vous me prenez chez vous, mon cher monsieur Billot ; n'est-ce pas pour vous moquer de moi que vous me dites de pareilles choses ?

— Non. Voyons, que te faut-il pour vivre ?

— Dame ! trois livres de pain à peu près par jour.

— Et avec ton pain ?

— Un peu de beurre ou du fromage.

— Allons, allons, dit le fermier, je vois que tu n'es pas difficile à nourrir. Eh bien ! on te nourrira.

— Monsieur Pitou, dit Catherine, n'avez vous rien autre chose à demander à mon père ?

— Moi, mademoiselle ? Oh ! mon Dieu, non !

— Et pourquoi donc êtes-vous venu ici, alors ?

— Parce que vous y veniez.

— Ah ! voilà qui est tout à fait galant, dit Catherine ; mais je n'accepte le compliment que pour ce qu'il vaut. Vous êtes venu, monsieur Pitou, pour demander à mon père des nouvelles de votre protecteur.

— Ah ! c'est vrai, dit Pitou. Tiens, c'est drôle, je l'avais oublié.

— Tu veux parler de ce digne monsieur Gilbert ? dit le fermier d'un ton de voix qui indiquait le degré de profonde considération qu'il avait pour son propriétaire.

— Justement, dit Pitou ; mais je n'en ai plus besoin maintenant ; et, puisque monsieur Billot me prend chez lui, je puis attendre tranquillement son retour d'Amérique.

— En ce cas-là, mon ami, tu n'auras pas à attendre longtemps, car il en est revenu.

— Bah! fit Pitou; et quand cela?

— Je ne sais pas au juste; mais ce que je sais, c'est qu'il était au Havre il y a huit jours; car il y a là, dans mes fontes, un paquet qui vient de lui, qu'il m'a adressé en arrivant, et qu'on m'a remis ce matin même à Villers-Cotterets, et la preuve, c'est que le voilà.

— Qui vous a donc dit que c'était de lui, mon père?

— Parbleu! puisqu'il y avait une lettre dans le paquet.

— Excusez, mon père, dit en souriant Catherine, mais je croyais que vous ne saviez pas lire. Je vous dis cela, papa, parce que vous vous vantez de ne pas le savoir.

— Oui dà, je m'en vante! Je veux qu'on puisse dire : « Le père Billot ne doit rien à personne, pas même à un maître d'école; il a fait sa fortune par lui-même, le père Billot! » Voilà ce que je veux qu'on puisse dire. Ce n'est donc pas moi qui ai lu la lettre; c'est le maréchal-des-logis de la gendarmerie, que j'ai rencontré.

— Et que vous disait-elle, cette lettre, mon père? Il est toujours content de nous, n'est-ce pas?

— Juges-en.

Et le fermier tira d'un portefeuille de cuir une lettre qu'il présenta à sa fille.

Catherine lut :

« Mon cher monsieur Billot?

» J'arrive d'Amérique, où j'ai trouvé un peuple plus ri-
» che, plus grand et plus heureux que le nôtre. Cela vient
» de ce qu'il est libre et que nous ne le sommes pas. Mais
» nous marchons, nous aussi, vers une ère nouvelle, et il
» faut que chacun travaille à hâter le jour où la lumière
» luira. Je connais vos principes, mon cher monsieur Bil-
» lot; je sais votre influence sur les fermiers vos confrères,
» et sur toute cette brave population d'ouvriers et de la-
» boureurs à qui vous commandez, non pas comme un roi,
» mais comme un père. Inculquez-leur les principes de
» dévoûment et de fraternité que j'ai reconnus en vous. La
» philosophie est universelle, tous les hommes doivent lire
» leur droits et leurs devoirs à la lueur de son flambeau.
» Je vous envoie un petit livre dans lequel tous ces de-

» voirs et tous ces droits sont consignés. Ce petit livre est
» de moi, quoique mon nom ne soit pas sur la couverture.
» Propagez-en les principes, qui sont ceux de l'égalité uni-
» verselle faites-le lire tout haut dans les longues veillées
» d'hiver. La lecture est la pâture de l'esprit, comme le
» pain est la nourriture du corps.

» Un de ces jours j'irai vous voir, et vous proposer un
» nouveau mode de fermage fort en usage en Amérique.
» Il consiste à partager la récolte entre le fermier et le
» propriétaire. Ce qui me paraît plus selon les lois de la
» société primitive, et surtout selon le cœur de Dieu.

» Salut et fraternité.

» **HONORÉ GILBERT**,
« Citoyen de Philadelphie. »

— Oh ! oh ! fit Pitou, que voici une lettre qui me semble bien rédigée.

— N'est-ce pas ? dit Billot.

— Oui, mon cher père, dit Catherine ; mais je doute que le lieutenant de gendarmerie soit de votre avis.

— Et pourquoi cela ?

— Parce qu'il me semble que cette lettre peut compromettre, non seulement le docteur Gilbert, mais encore vous-même.

— Bah ! dit Billot, tu as toujours peur, toi. Ça n'empêche pas que voilà la brochure, et voilà ton emploi tout trouvé, Pitou ; le soir tu la liras.

— Et dans la journée ?

— Dans la journée tu garderas les moutons et les vaches. Voilà toujours ta brochure.

Et le fermier tira de ses fontes une de ces petites brochures à couverture rouge, comme il s'en publiait grand nombre à cette époque, avec ou sans permission de l'autorité.

Seulement, dans ce dernier cas, l'auteur risquait les galères.

— Lis-moi le titre de cela, Pitou, que je parle toujours du titre, en attendant que je parle de l'ouvrage. Tu me iras le reste plus tard.

Pitou lut sur la première page ces mots que l'usage a faits

bien vagues et bien insignifians depuis, mais qui avaient, à cette époque, un profond retentissement dans tous les cœurs :

— *De l'Indépendance de l'Homme et de la Liberté des Nations.*

— Que dis-tu de cela, Pitou ? demanda le fermier.

— Je dis qu'il me semble, monsieur Billot, que l'indépendance et la liberté c'est la même chose ; mon protecteur serait chassé de la classe de monsieur Fortier pour cause de pléonasme.

— Pléonasme ou non, c'est le livre d'un homme, ce livre-là, dit le fermier.

— N'importe, mon père, dit Catherine, avec cet admirable instinct des femmes, cachez-le, je vous en supplie ! il vous fera quelque mauvaise affaire. Moi, je sais que je tremble, rien que de le voir.

— Et pourquoi veux-tu qu'il me nuise, à moi, puisqu'il n'a pas nui à son auteur ?

— Qu'en savez-vous, mon père ? Il y a huit jours que cette lettre est écrite, et le paquet n'a pu mettre huit jours pour venir du Havre ici. Moi, aussi, j'ai reçu une lettre ce matin.

— Et de qui ?

— De Sébastien Gilbert, qui nous écrit de son côté ; il me charge même de dire bien des choses à son frère de lait Pitou ; j'avais oublié la commission, moi.

— Eh bien ?

— Eh bien ! il dit que depuis trois jours on attend à Paris son père, qui devait arriver et qui n'arrive pas.

— Mademoiselle a raison, dit Pitou ; il me semble que ce retard est inquiétant.

— Tais-toi, peureux, et lis le traité du docteur, dit le fermier ; alors tu deviendras non-seulement un savant, mais encore un homme.

On parlait ainsi à cette époque, car on était à la préface de cette grande histoire grecque et romaine que la nation française copia pendant dix ans dans toutes ses phases : dévoûmens, proscriptions, victoires et esclavage.

Pitou mit le livre sous son bras, avec un geste si solennel, qu'il acheva de gagner le cœur du fermier.

— Maintenant, dit Billot, as-tu dîné ?

— Non, monsieur, répondit Pitou conservant l'attitude semi-religieuse, semi-héroïque qu'il avait prise depuis qu'il avait reçu le livre.

— Il allait justement dîner quand on l'a chassé, dit la jeune fille.

— Eh bien ! dit Billot, va demander à la mère Billot l'ordinaire de la ferme, et demain tu entreras en fonctions.

Pitou remercia d'un regard éloquent monsieur Billot, et, conduit par Catherine, il entra dans la cuisine, gouvernement placé sous la direction absolue de madame Billot.

VI.

BUCOLIQUES.

Madame Billot était une grosse maman de trente-cinq à trente-six ans, ronde comme une boule, fraîche, potelée, cordiale ; trottant sans cesse du colombier au pigeonnier, de l'étable aux moutons à l'étable à vaches ; inspectant son pot-au-feu, ses fourneaux et son rôti, comme fait un général expert de ses cantonnemens, jugeant d'un seul coup-d'œil si tout était à sa place, et à la seule odeur si le thym et le laurier étaient distribués dans les casserolles en quantités suffisantes, grognant par habitude, mais sans la moindre intention que sa grognerie leur soit désagrable, son mari, qu'elle honorait à l'égal du plus grand potentat, sa fille, qu'elle aimait certes plus que madame de Sévigné n'aimait madame de Grignan, et ses journaliers, qu'elle nourrissait comme aucune fermière à dix lieues à la ronde ne nourrissait les siens. Aussi y avait-il concurrence pour entrer chez monsieur Billot. Mais là malheureusement, comme au ciel, comparativement à ceux qui se présentaient, il y avait beaucoup d'appelés, mais peu d'élus.

Nous avons vu que Pitou, sans être appelé, avait été élu. C'était un bonheur qu'il apprécia à sa juste valeur, surtout quand il vit la miche dorée que l'on plaça à sa gauche, le pot de cidre que l'on mit à sa droite, et le morceau de petit-salé que l'on posa devant lui. Depuis l'époque où il avait perdu sa pauvre mère, et il y avait de cela cinq ans, Pitou, même les jours de grande fête, n'avait pas joui d'un pareil ordinaire.

Aussi Pitou, plein de reconnaissance, sentait-il à mesure qu'il engloutissait le pain qu'il dévorait, le petit-salé qu'il humectait avec une large décoction de cidre, aussi Pitou sentait-il augmenter son admiration pour le fermier, son respect pour sa femme, et son amour pour sa fille. Une seule chose le tracassait, c'était cette fonction humiliante qu'il devait remplir le jour de garder les moutons et les vaches, fonction si peu en harmonie avec celle qui lui était réservée le soir, et qui avait pour but d'instruire l'humanité des principes les plus élevés de la sociabilité et de la philosophie.

Ce fut à quoi rêva Pitou après son dîner. Mais, même dans cette rêverie, l'influence de cet excellent dîner se fit sentir. Pitou commença à envisager les choses sous un tout autre point de vue qu'il ne l'avait fait à jeun. Ces fonctions de gardien de moutons et de meneur de vaches, qu'il regardait comme si fort au-dessous de lui, avaient été remplies par des dieux et des demi-dieux.

Apollon, dans une situation à peu près pareille à la sienne, c'est-à-dire chassé de l'Olympe par Jupiter, comme lui Pitou avait été chassé du Pleux par sa tante Angélique, s'était fait berger et avait gardé les troupeaux d'Admète. Il est vrai qu'Admète était un roi pasteur ; mais aussi Apollon était un dieu.

Hercule avait été vacher ou à peu près, puisqu'il avait, dit la mythologie, tiré par la queue les vaches de Géryon ; et, qu'on mène les vaches par la queue ou qu'on les mène par la tête, c'est une différence dans les habitudes de celui qui les mène, voilà tout ; cela ne peut pas empêcher qu'à tout prendre il ne soit un meneur de vaches, c'est-à-dire un vacher.

Il y a plus, ce Tityre couché au pied d'un hêtre, dont parle Virgile, et qui se félicite en si beaux vers du repos qu'Auguste lui a fait, c'était un berger aussi. Enfin, c'était un berger encore que ce Mélibée qui se plaint si poétiquement de quitter ses foyers.

Certes, tous ces gens-là parlaient assez bien latin pour être abbés, et cependant ils préféraient voir brouter le cytise amer à leurs chèvres à dire la messe et à chanter les vêpres. Il fallait donc qu'à tout prendre l'état de berger eût aussi ses charmes. D'ailleurs, qui empêchait Pitou de lui rendre la dignité et la poésie qu'il avait perdues ; qui empêchait Pitou de proposer des combats de chant aux Ménalques et aux Palémons des villages environnans ? Personne, bien certainement. Pitou avait plus d'une fois chanté au lutrin, et s'il n'avait pas été pris une fois à boire le vin des burettes de l'abbé Fortier, qui, avec sa rigueur ordinaire l'avait destitué de sa dignité d'enfant de chœur à l'instant même, ce talent pouvait le mener loin. Il ne savait pas jouer du pipeau, c'est vrai, mais il savait jouer sur tous les tons de la pipette, ce qui devait se ressembler beaucoup. Il ne taillait pas lui-même sa flûte aux tuyaux d'inégale grandeur, comme faisait l'amant de Syrinx ; mais, avec du tilleul et du marronnier, il faisait des sifflets, dont la perfection plus d'une fois lui valut les applaudissemens de ses camarades. Pitou pouvait donc être berger sans par trop déroger ; il ne descendait pas jusqu'à cet état, mal apprécié dans les temps modernes, il élevait cet état jusqu'à lui.

D'ailleurs, les bergeries étaient placées sous la direction de mademoiselle Billot, et ce n'était pas recevoir des ordres que de les recevoir de la bouche de Catherine.

Mais, à son tour, Catherine veillait sur la dignité de Pitou.

Le soir même, lorsque le jeune homme s'approcha d'elle et lui demanda à quelle heure il devait partir pour aller rejoindre les bergers :

— Vous ne partirez pas, répondit en souriant Catherine.
— Et comment ? dit Pitou étonné.

— J'ai fait comprendre à mon père que l'éducation que vous aviez reçue vous plaçait au-dessus des fonctions qu'il vous destinait ; vous resterez à la ferme.

— Ah ! tant mieux, dit Pitou, ça fait que je ne vous quitterai pas.

L'exclamation était échappée au naïf Pitou. Mais il ne l'eut pas plutôt proférée que le rouge lui monta aux oreilles, tandis que de son côté Catherine baissait la tête et souriait.

—Ah ! pardon, mademoiselle, ça m'est sorti malgré moi du cœur, il ne faut pas m'en vouloir pour cela, dit Pitou.

— Je ne vous en veux pas non plus, monsieur Pitou, dit Catherine, et ce n'est pas votre faute si vous avez du plaisir à rester avec moi.

Il se fit un moment de silence. Il n'y avait rien d'étonnant : les deux pauvres enfans s'étaient dit tant de choses en si peu de paroles !

— Mais, demanda Pitou, je ne puis pas rester à la ferme sans y rien faire. Que ferai-je à la ferme ?

— Vous ferez ce que je faisais, vous tiendrez les écritures, les comptes avec les journaliers, les recettes, les dépenses. Vous savez calculer, n'est-ce pas ?

— Je sais mes quatre règles, répondit fièrement Pitou.

— C'est une de plus que moi, dit Catherine. Je n'ai jamais pu aller plus loin que la troisième. Vous voyez bien que mon père gagnera à vous avoir pour comptable ; et comme j'y gagnerai de mon côté, et comme vous y gagnerez du vôtre, tout le monde y gagnera.

—Et en quoi y gagnerez-vous, vous, mademoiselle ? dit Pitou.

— J'y gagnerai du temps, et pendant ce temps je me fabriquerai des bonnets pour être plus jolie.

— Ah ! dit Pitou, je vous trouve déjà bien jolie sans bonnets, moi.

— C'est possible, mais ceci n'est que votre goût particulier à vous, dit la jeune fille en riant. D'ailleurs, je ne puis pas aller danser le dimanche à Villers-Cotterets sans avoir une espèce de bonnet sur la tête. C'est bon pour les grandes dames, qui ont le droit de mettre de la poudre, et d'aller tête nue.

— Je trouve vos cheveux plus beaux que s'ils avaient de la poudre, moi, dit Pitou.

— Allons! allons! je vois que vous êtes en train de me faire des complimens.

— Non, mademoiselle, je ne sais pas en faire; chez l'abbé Fortier on n'apprenait pas cela.

— Et apprenait-on à danser?

— A danser? demanda Pitou avec étonnement.

— Oui, à danser.

— A danser, chez l'abbé Fortier! Jésus! mademoiselle... Ah! bien oui, à danser.

— Alors, vous ne savez pas danser? dit Catherine.

— Non, dit Pitou.

— Eh bien! vous m'accompagnerez dimanche à la danse, et vous regarderez danser monsieur de Charny; c'est lui qui danse le mieux de tous les jeunes gens des environs.

— Qu'est-ce que c'est que monsieur de Charny? demanda Pitou.

— C'est le propriétaire du château de Boursonne.

— Il dansera donc dimanche?

— Sans doute.

— Et avec qui?

— Avec moi.

Le cœur de Pitou se serra sans qu'il sut pourquoi.

— Alors, dit-il, c'est pour danser avec lui que vous voulez vous faire belle?

— Pour danser avec lui, pour danser avec les autres, avec tout le monde.

— Excepté avec moi.

— Et pourquoi pas avec vous?

— Puisque je ne sais pas danser, moi.

— Vous apprendrez.

— Ah! si vous vouliez me montrer, vous, mademoiselle Catherine, j'apprendrais bien mieux qu'en regardant monsieur de Charny, je vous assure.

— Nous verrons ça, dit Catherine; en attendant, il est l'heure de nous coucher ; bonsoir, Pitou.

— Bonsoir, mademoiselle Catherine.

Il y avait du bon et du mauvais dans ce qu'avait dit mademoiselle Billot à Pitou : le bon, c'est qu'il était élevé de la fonction de berger et de vacher à celle de teneur de livres; le mauvais, c'est qu'il ne savait pas danser, et que monsieur de Charny le savait; au dire de Catherine, il dansait même mieux que tous les autres.

Pitou rêva toute la nuit qu'il voyait danser monsieur de Charny, et qu'il dansait fort mal.

Le lendemain, Pitou se mit à la besogne sous la direction de Catherine ; alors, une chose le frappa : c'est combien, avec certains maîtres, l'étude est une chose agréable. Au bout de deux heures, il était parfaitement au courant de son travail.

— Ah ! mademoiselle, dit-il, si vous m'aviez montré le latin, au lieu que ce fût l'abbé Fortier, je crois que je n'aurais pas fait de barbarismes.

— Et vous auriez été abbé?...

— Et j'aurais été abbé, dit Pitou.

— De sorte que vous vous seriez enfermé dans un séminaire, où jamais une femme n'aurait pu entrer...

— Tiens, dit Pitou, je n'avais jamais songé à cela, mademoiselle Catherine...; j'aime bien mieux ne pas être abbé !...

A neuf heures, le père Billot rentra ; il était sorti avant que Pitou ne fût levé. Tous les matins, à trois heures, le fermier présidait à la sortie de ses chevaux et de ses charretiers ; puis il courait les champs jusqu'à neuf heures, pour voir si tout le monde était à son poste, et si chacun faisait sa besogne ; à neuf heures, il rentrait déjeuner, et sortait de nouveau à dix ; à une heure on dînait, et l'après-dîner, comme les heures du matin, se passait en inspection. Aussi les affaires du père Billot allaient à merveille. Comme il l'avait dit, il possédait une soixantaine d'arpens au soleil, et un millier de louis à l'ombre. Et il est même probable que si l'on eût bien compté, que si Pitou eût fait ce compte, et qu'il ne fût pas trop distrait par la présence ou par le souvenir de mademoiselle Catherine, il se fût trouvé quelques louis et quelques arpens de terre de plus que n'en avait avoué le bonhomme Billot.

En déjeunant, le fermier prévint Pitou que la première lecture de l'ouvrage du docteur Gilbert aurait lieu le surlendemain dans la grange, à dix heures du matin.

Pitou alors fit timidement observer que dix heures du matin, c'était l'heure de la messe ; mais le fermier répondit qu'il avait justement choisi cette heure-là pour éprouver ses ouvriers.

Nous l'avons dit, le père Billot était philosophe.

Il détestait les prêtres, qu'il regardait comme des apôtres de tyrannie, et trouvant une occasion d'élever autel contre autel, il saisissait cette occasion avec empressement.

Madame Billot et Catherine hasardèrent quelques observations, mais le fermier répondit que les femmes iraient si elles voulaient à la messe, attendu que la religion était faite pour les femmes ; mais que pour les hommes ils entendraient la lecture de l'ouvrage du docteur, ou qu'ils sortiraient de chez lui.

Le philosophe Billot était fort despote dans sa maison ; Catherine seule avait le privilége d'élever la voix contre ses décisions ; mais si ces décisions étaient assez arrêtées dans l'esprit du fermier pour qu'il répondît à Catherine en fronçant le sourcil, Catherine se taisait comme les autres.

Seulement, Catherine songea à tirer parti de la circonstance au profit de Pitou. En se levant de table, elle fit observer à son père que, pour dire toutes les belles choses qu'il aurait à dire le surlendemain, Pitou était bien pauvrement mis, qu'il jouait le rôle du maître, puisque c'était lui qui instruisait, et que le maître ne devait pas avoir à rougir devant ses disciples.

Billot autorisa sa fille à s'entendre de l'habillement de Pitou avec monsieur Dulauroy, tailleur à Villers-Cotterets.

Catherine avait raison, et un nouvel habillement n'était pas chose de luxe pour le pauvre Pitou : la culotte qu'il portait était toujours celle que lui avait fait faire, cinq ans auparavant, le docteur Gilbert, culotte qui, de trop longue, était devenue trop courte, mais qui, — il faut le dire, —

4.

avait, par les soins de mademoiselle Angélique, allongé de deux pouces par année. Quant à l'habit et à la veste, ils avaient disparu depuis plus de deux ans, et avaient été remplacés par le sarreau de serge avec lequel notre héros s'est, dès les premières pages de notre histoire, présenté aux yeux de nos lecteurs.

Pitou n'avait jamais songé à sa toilette. Le miroir était chose inconnue chez mademoiselle Angélique ; et n'ayant point, comme le beau Narcisse, des dispositions premières à devenir amoureux de lui-même, Pitou ne s'était jamais avisé de se regarder dans les sources où il tendait ses gluaux.

Mais depuis le moment où mademoiselle Catherine lui avait parlé de l'accompagner à la danse, depuis le moment où il avait été question de monsieur de Charny, cet élégant cavalier ; depuis l'heure où cette histoire des bonnets, sur lesquels la jeune fille comptait pour augmenter sa beauté, avait été versée dans l'oreille de Pitou, Pitou s'était regardé dans une glace, et, attristé du délabrement de sa toilette, il s'était demandé de quelle façon, lui aussi, pourrait ajouter quelque chose à ses avantages naturels.

Malheureusement, à cette question, Pitou n'avait pu se faire aucune réponse. Le délabrement portait sur ses habits. Or, pour avoir des habits neufs, il fallait de l'argent, et de sa vie Pitou n'avait possédé un denier.

Pitou avait bien vu que, pour disputer le prix de la flûte ou des vers, les bergers se couronnaient de roses ; mais il pensait, avec raison, que cette couronne, si bien qu'elle pût aller à l'air de son visage, n'en ferait que plus ressortir la pauvreté du reste de son habillement.

Pitou fut donc surpris d'une façon bien agréable, quand le dimanche, à huit heures du matin, tandis qu'il méditait sur les moyens d'embellir sa personne, Dulauroy entra, et déposa sur une chaise un habit et une culotte bleu de ciel avec un grand gilet blanc à raies roses.

En même temps, la lingère entra et déposa sur une autre chaise, en face de la première, une chemise et une cravate : si la chemise allait bien, elle avait ordre de confectionner la demi-douzaine.

C'était l'heure des surprises : derrière la lingère apparut le chapelier. Il apportait un petit tricorne de la forme la plus nouvelle, plein de tournure et d'élégance, ce qui se faisait de mieux enfin chez monsieur Cornu, premier chapelier de Villers-Cotterets.

Il était en outre chargé par le cordonnier de déposer aux pieds de Pitou une paire de souliers à boucles d'argent faite à son intention.

Pitou n'en revenait pas, il ne pouvait pas croire que toutes ces richesses fussent pour lui. Dans ses rêves les plus exagérés, il n'aurait pas osé désirer une pareille garderobe. Des larmes de reconnaissance mouillèrent ses paupières, et il ne put que murmurer ces mots : Oh ! mademoiselle Catherine ! mademoiselle Catherine ! je n'oublierai jamais ce que vous faites pour moi.

Tout cela allait à merveille et comme si l'on eût pris mesure à Pitou ; il n'y avait que les souliers qui se trouvèrent de moitié trop petits. Monsieur Laudereau, cordonnier, avait pris mesure sur le pied de son fils, qui avait quatre ans de plus que Pitou.

Cette supériorité de Pitou sur le jeune Laudereau donna un moment d'orgueil à notre héros ; mais ce mouvement d'orgueil fut bientôt tempéré par l'idée qu'il serait obligé d'aller à la danse sans souliers, ou avec ses vieux souliers, qui ne cadreraient plus du tout avec le reste de son costume. Mais cette inquiétude fut de courte durée. Une paire de souliers que l'on envoyait en même temps au père Billot fit l'affaire. Il se trouva par bonheur que le père Billot et Pitou avaient le même pied, ce que l'on cacha avec soin au père Billot, de peur de l'humilier.

Pendant que Pitou était en train de revêtir cette somptueuse toilette, le perruquier entra. Il divisa les cheveux jaunes de Pitou en trois masses : l'une, et c'était la plus forte, qu'il destinait à retomber sur son habit, sous la forme d'une queue ; les deux autres, qui eurent mission d'accompagner les deux tempes, sous le nom peu poétique d'oreilles de chien : mais, que voulez-vous, c'était le nom.

Maintenant, avouons une chose : c'est que, lorsque Pitou, peigné, frisé, avec son habit et sa culotte bleu, avec sa veste rose et sa chemise à jabot, avec sa queue et ses oreilles de chien, se regarda dans la glace, il eut grand'peine à se reconnaître lui-même, et se retourna pour voir si Adonis en personne ne serait pas redescendu sur la terre.

Il était seul. Il se sourit gracieusement ; et, la tête haute, les pouces dans les goussets, il dit, en se dressant sur ses orteils :

— Nous verrons ce monsieur de Charny!...

Il est vrai qu'Ange Pitou, sous son nouveau costume, ressemblait comme deux gouttes d'eau, non pas à un berger de Virgile, mais à un berger de Vatteau.

Aussi, le premier pas que Pitou fit en entrant dans la cuisine de la ferme fut un triomphe.

— Oh ! voyez donc, maman, s'écria Catherine, comme Pitou est bien ainsi!

— Le fait est qu'il n'est pas reconnaissable, dit madame Billot.

Malheureusement, de l'ensemble qui avait frappé Catherine, la jeune fille passa aux détails. Pitou était moins bien dans les détails que dans l'ensemble.

— Oh ! c'est drôle, dit Catherine, comme vous avez de grosses mains !

— Oui, dit Pitou, j'ai de fières mains, n'est-ce pas ?

— Et de gros genoux.

— C'est preuve que je dois grandir.

— Mais il me semble que vous êtes bien grand assez, monsieur Pitou.

— C'est égal, je grandirai encore ; je n'ai que dix-sept ans et demi.

— Et pas de mollets.

— Ah ! ça c'est vrai, pas du tout ; mais ils pousseront.

— Faut espérer, dit Catherine. C'est égal, vous êtes très bien!

Pitou salua.

— Oh ! oh ! dit le fermier en entrant et en regardant Pitou à son tour. Comme te voilà brave, mon garçon. Je voudrais que ta tante Angélique te vît ainsi.

— Moi aussi, dit Pitou.

— Je m'étonne bien ce qu'elle dirait ? fit le fermier.

— Elle ne dirait rien, elle ragerait.

— Mais papa, dit Catherine avec une certaine inquiétude, est-ce qu'elle n'aurait pas le droit de le reprendre ?

— Puisqu'elle l'a chassé.

— Et puis, dit Pitou, les cinq années sont écoulées.

— Lesquelles ? demanda Catherine.

— Celles pour lesquelles le docteur Gilbert a laissé mille francs.

— Il avait donc laissé mille francs à ta tante.

— Oui, oui, oui, pour me faire faire mon apprentissage.

— En voilà un homme ! dit le fermier. Quand on pense que tous les jours j'en entends raconter de pareilles. Aussi, pour lui, — il fit un geste de la main, — c'est à la vie, à la mort.

— Il voulait que j'apprisse un état, dit Pitou.

— Et il avait raison. Voilà pourtant comme les bonnes ntentions sont dénaturées. On laisse mille francs pour faire apprendre un état à un enfant, et au lieu de lui apprendre un état, on vous le met chez un calotin qui veut en faire un séminariste. Et combien lui payait-elle à ton abbé Fortier ?

— Qui ?

— Ta tante.

— Elle ne lui payait rien.

— Alors elle empochait les deux cents livres de ce bon monsieur Gilbert ?

— Probablement.

— Ecoute, si j'ai un conseil à te donner, Pitou, c'est, quand elle claquera, ta vieille bigote de tante, c'est de bien regarder partout, dans les armoires, dans les paillasses, dans les pots à cornichons.

— Pourquoi ? demanda Pitou.

— Parce que tu trouveras quelque trésor, vois-tu, des vieux louis dans un bas de laine. Eh ! sans doute, car elle n'aura pas trouvé de bourse assez grande pour mettre ses économies.

— Vous croyez ?

— J'en suis sûr. Mais nous parlerons de cela en temps et

lieu. Aujourd'hui il est question de faire un petit tour. As-tu le livre du docteur Gilbert?

— Je l'ai là dans ma poche.

— Mon père, dit Catherine, vous avez bien réfléchi?

— Il n'est pas besoin de réfléchir pour faire les bonnes choses, mon enfant, dit le fermier ; le docteur me dit de faire lire le livre, de propager les principes qu'il renferme, le livre sera lu, et les principes seront propagés.

— Et, dit Catherine avec timidité, nous pouvons aller à la messe, ma mère et moi.

— Allez à la messe, dit Billot, vous êtes des femmes ; nous qui sommes des hommes, c'est autre chose ; viens, Pitou.

Pitou salua madame Billot et Catherine, et suivit le fermier, tout fier d'être appelé un homme.

VII.

OU IL EST DÉMONTRÉ QUE SI DE LONGUES JAMBES SONT UN PEU DISGRACIEUSES POUR DANSER, ELLES SONT FORT UTILES POUR COURIR.

Il y avait nombreuse assemblée dans la grange. Billot, comme nous l'avons dit, était fort considéré de ses gens, en ce qu'il les grondait souvent, mais les nourrissait bien et les payait bien.

Aussi, chacun s'était-il empressé de se rendre à son invitation.

D'ailleurs à cette époque courait parmi le peuple cette fièvre étrange qui prend les nations quand les nations vont se mettre en travail. Des mots étrangers, nouveaux, presqu'inconnus sortaient de bouches qui ne les avaient jamais prononcés. C'étaient les mots de liberté, d'indépendance, d'émancipation, et, chose singulière, ce n'était pas seulement parmi le peuple qu'on entendait prononcer ces mots;

non, ces mots avaient été prononcés par la noblesse d'abord, et cette voix qui leur répondait n'était qu'un écho.

C'était de l'Occident qu'était venue cette lumière qui devait éclairer jusqu'à ce qu'elle brûlât. C'était en Amérique que s'était levé ce soleil, qui, en accomplissant son cours, devait faire de la France un vaste incendie à la lueur duquel les nations épouvantées allaient lire le mot république écrit en lettres de sang.

Aussi, ces réunions où l'on s'occupait d'affaires politiques étaient-elles moins rares qu'on ne pourrait le croire. Des hommes, sortis on ne savait d'où, des apôtres d'un dieu invisible, et presque inconnus, couraient les villes et les campagnes, semant partout des paroles de liberté. Le gouvernement, aveuglé jusqu'alors, commençait à ouvrir les yeux. Ceux qui étaient à la tête de cette grande machine qu'on appelle la chose publique, sentaient certains rouages se paralyser sans qu'ils pussent comprendre d'où venait 'obstacle. L'opposition était partout dans les esprits, si elle n'était pas encore dans les bras et dans les mains; invisible, mais présente, mais sensible, mais menaçante, et parfois d'autant plus menaçante que, pareille aux spectres, elle était insaisissable, et qu'on la devinait sans pouvoir l'étreindre.

Vingt ou vingt-cinq métayers, tous dépendans de Billot, étaient rassemblés dans la grange.

Billot entra suivi de Pitou. Toutes les têtes se découvrirent, tous les chapeaux s'agitèrent au bout des bras. On comprenait que tous ces hommes-là étaient prêts à se faire tuer sur un signe du maître.

Le fermier expliqua aux paysans que la brochure que Pitou allait leur lire était l'ouvrage du docteur Gilbert. Le docteur Gilbert était fort connu dans tout le canton, où il avait plusieurs propriétés, dont la ferme tenue par Billot était la principale.

Un tonneau était préparé pour le lecteur. Pitou monta sur cette tribune improvisée, et commença la lecture.

Il est à remarquer que les gens du peuple, et j'oserai presque dire les hommes en général, écoutent avec d'autant plus d'attention qu'ils comprennent moins. Il est évident que le sens général de la brochure échappait aux esprits les plus éclairés de la rustique assemblée, et à Billot lui-même. Mais, au milieu de cette phraséologie obscure, passaient, comme des éclairs dans un ciel sombre et chargé d'électricité, les mots lumineux d'indépendance, de liberté et d'égalité. Il n'en fallut pas davantage ; les applaudissemens éclatèrent ; les cris de : Vive le docteur Gilbert ! retentirent. Le tiers de la brochure à peu près avait été lue ; il fut décidé qu'on la lirait en trois dimanches.

Les auditeurs furent invités à se réunir le dimanche suivant, et chacun promit d'y assister.

Pitou avait fort bien lu. Rien ne réussit comme le succès. Le lecteur avait pris sa part des applaudissemens adressés à l'ouvrage, et, subissant l'influence de cette science relative, monsieur Billot lui-même avait senti naître en lui une certaine considération pour l'élève de l'abbé Fortier. Pitou, déjà plus grand que nature au physique, avait moralement grandi de dix coudées.

Une seule chose lui manquait : mademoiselle Catherine n'avait pas assisté à son triomphe.

Mais le père Billot, enchanté de l'effet qu'avait produit la brochure du docteur, se hâta de faire part de ce succès à sa femme et à sa fille. Madame Billot ne répondit rien : c'était une femme à courte vue.

Mais Catherine sourit tristement.

— Eh bien ! qu'as-tu encore ? dit le fermier.

— Mon père ! mon père ! dit Catherine, j'ai peur que vous vous compromettiez.

— Allons ! ne vas-tu pas faire l'oiseau de mauvais augure ? Je te préviens que j'aime mieux l'allouette que le hibou.

— Mon père, on m'a déjà dit de vous prévenir qu'on avait les yeux sur vous.

— Et qui t'a dit cela ? s'il te plaît.

— Un ami.

— Un ami ? Tout conseil mérite remerciement. Tu vas me dire le nom de cet ami. Quel est-il, voyons ?

— Un homme qui doit être bien informé.

— Qui ? enfin.

— Monsieur Isidor de Charny.

— De quoi se mêle-t-il, ce muscadin-là? de me donner des conseils sur la façon dont je pense? Est-ce que je lui donne des conseils sur la manière dont il s'habille, à lui? Il me semble qu'il y aurait cependant autant à dire d'une part que d'autre.

— Mon père, je ne vous dis pas cela pour vous fâcher. Le conseil a été donné à bonne intention.

— Eh bien! je lui en rendrai un autre, et tu peux le lui transmettre de ma part.

— Lequel?

— C'est que lui et ses confrères fassent attention à eux, on les secoue drôlement à l'Assemblée nationale, messieurs les nobles; et plus d'une fois il y a été question des favoris et des favorites. Avis à son frère, monsieur Olivier de Charny, qui est là-bas, et qui n'est pas mal, dit-on, avec l'Autrichienne.

— Mon père, dit Catherine, vous avez plus d'expérience que nous, faites à votre guise.

— En effet, murmura Pitou, que son succès avait rempli de confiance, de quoi se mêle-t-il votre monsieur Isidor.

Catherine n'entendit point ou fit semblant de ne pas entendre, et la conversation en resta là.

Le dîner eut lieu comme d'habitude. Jamais Pitou ne trouva dîner plus long. Il avait hâte de se montrer dans sa nouvelle splendeur avec mademoiselle Catherine au bras. C'était un grand jour pour lui que ce dimanche, et il se promit bien de garder la date du 12 juillet dans son souvenir.

On partit enfin vers les trois heures. Catherine était charmante. C'était une jolie blonde aux yeux noirs, mince et flexible comme les saules qui ombrageaient la petite source où l'on allait puiser l'eau de la ferme. Elle était mise d'ailleurs avec cette coquetterie naturelle qui fait ressortir tous les avantages de la femme, et son petit bonnet, chiffonné par elle-même, comme elle l'avait dit à Pitou, lui allait à merveille.

La danse ne commençait d'habitude qu'à six heures. Quatre ménétriers, montés sur une estrade de planches, faisaient, moyennant une rétribution de six blancs par contredanse, les honneurs de cette salle de bal en plein vent. En attendant six heures, on se promenait dans cette fameuse allée des Soupirs dont avait parlé la tante Angélique, où l'on regardait les jeunes messieurs de la ville ou des environs jouer à la paume, sous la direction de maître Farolet, paumier en chef de Son Altesse Monseigneur le duc d'Orléans. Maître Farolet était tenu pour un oracle, et ses décisions en matière de tiercé, de chasse et de quinze, étaient reçues avec toute la vénération que l'on devait à son âge et à son mérite.

Pitou, sans trop savoir pourquoi, eût fort désiré rester dans l'allée des Soupirs; mais ce n'était point pour demeurer à l'ombre de cette double allée de hêtres que Catherine avait fait cette toilette pimpante qui avait émerveillé Pitou.

Les femmes sont comme les fleurs que le hasard a fait pousser à l'ombre; elles tendent incessamment à la lumière, et, d'une manière ou d'une autre, il faut toujours que leur corolle fraîche et embaumée vienne s'ouvrir au soleil, qui les fane et qui les dévore.

Il n'y a que la violette qui, au dire des poëtes, ait la modestie de rester cachée; mais encore porte-t-elle le deuil de sa beauté inutile.

Catherine tira donc tant et si bien le bras de Pitou, que l'on prit le chemin du jeu de paume. Hâtons-nous de dire que Pitou non plus ne se fit pas trop tirer le bras. Il avait aussi grande hâte de montrer son habit bleu-de-ciel et son coquet tricorne, que Catherine son bonnet à la Galatée et son corset gorge-de-pigeon.

Une chose flattait surtout notre héros et lui donnait un avantage momentané sur Catherine. Comme personne ne le reconnaissait, Pitou n'ayant jamais été vu sous de si somptueux habits, on le prenait pour un jeune étranger débarqué de la ville, quelque neveu, quelque cousin de la famille Billot, un prétendu de Catherine même. Mais Pitou tenait trop à constater son identité pour que l'erreur pût durer plus longtemps. Il fit tant de signes de tête à ses amis, il ôta tant de fois son chapeau à ses connaissances, qu'enfin on reconnut dans le pimpant villageois l'élève indigne de maître Fortier, et qu'une espèce de clameur s'éleva qui disait :

— C'est Pitou ! Avez-vous vu Ange Pitou ?

Cette clameur alla jusqu'à mademoiselle Angélique ; mais comme cette clameur lui dit que celui que la clameur publique proclamait pour son neveu était un gentil garçon, marchant les pieds en dehors et arrondissant les bras, la vieille fille, qui avait toujours vu Pitou marcher les pieds en dedans et les coudes au corps, secoua la tête avec incrédulité et se contenta de dire :

— Vous vous trompez, ce n'est pas là mon cancre de neveu.

Les deux jeunes gens arrivèrent au jeu de paume. Il y avait, ce jour-là, défi entre les joueurs de Soissons et les joueurs de Villers-Cotterets ; de sorte que la partie était des plus animées. Catherine et Pitou se placèrent à la hauteur de la corde, tout au bas du talus ; c'était Catherine qui avait choisi ce poste comme le meilleur.

Au bout d'un instant, on entendit la voix de maître Farolet qui criait :

— A deux. Passons.

Les joueurs passèrent effectivement, c'est-à-dire que chacun alla défendre sa chasse et attaquer celle de ses adversaires. Un des joueurs, en passant, salua Catherine avec un sourire ; Catherine répondit par une révérence et en rougissant. En même temps, Pitou sentit courir dans e bras de Catherine appuyé au sien un petit tremblement nerveux.

Quelque chose comme une angoisse inconnue serra le cœur de Pitou.

— C'est monsieur de Charny? dit-il en regardant sa compagne.

— Oui, répondit Catherine. Vous le connaissez donc?

— Je ne le connais pas, fit Pitou ; mais je l'ai deviné.

En effet, Pitou avait pu deviner monsieur de Charny dans ce jeune homme, d'après ce que lui avait dit Catherine la veille.

Celui qui avait salué la jeune fille était un élégant gentilhomme de vingt-trois ou vingt-quatre ans, beau, bien pris dans sa taille, élégant de formes et gracieux de mouvemens, comme ont l'habitude d'être ceux qu'une éducation aristocratique a pris au berceau. — Tous ces exercices du corps qu'on ne fait bien qu'à la condition qu'on les aura étudiés dès l'enfance, monsieur Isidor de Charny les exécutait avec une perfection remarquable; en outre, il était de ceux dont le costume s'harmonie toujours à merveille avec l'exercice auquel il est destiné. Ses livrées de chasse étaient citées pour leur goût parfait; ses négligés de salle d'armes auraient pu servir de modèles à Saint-Georges lui-même ; enfin, ses habits de cheval étaient ou plutôt paraissaient, grâce à sa façon de les porter, d'une coupe toute particulière.

Ce jour-là, monsieur de Charny, frère cadet de notre ancienne connaissance le comte de Charny, coiffé avec tout le négligé d'une toilette du matin, était vêtu d'une espèce de pantalon collant, couleur claire, qui faisait valoir la forme de ses cuisses et de ses jambes à la fois fines et musculeuses ; d'élégantes sandales de paume, retenues par des courroies, remplaçaient momentanément ou le soulier à talon rouge ou la botte à retroussis ; une veste de piqué blanc serrait sa taille, comme si elle eût été prise dans un corset; enfin, sur le talus, son domestique tenait un habit vert à galons d'or.

L'animation lui donnait en ce moment tout le charme et toute la fraîcheur de la jeunesse que, malgré ses vingt-trois ans, les veilles prolongées, les débauches nocturnes et les parties de jeu qu'éclaire en se levant le soleil, lui avaient déjà fait perdre.

Aucun des avantages qui sans doute avaient été remarqués par la jeune fille n'échappa à Pitou. En voyant les mains et les pieds de monsieur de Charny, il commença à être moins fier de cette prodigalité de la nature qui lui avait donné à lui la victoire sur le fils du cordonnier, et il songea que cette même nature aurait pu répartir d'une façon plus habile sur toutes les parties de son corps les élémens dont il était composé.

En effet, avec ce qu'il y avait de trop aux pieds, aux

mains et aux genoux de Pitou, la nature aurait eu de quoi lui faire une fort jolie jambe. Seulement, les choses n'étaient point à leur place : où il y avait besoin de finesse, il y avait engorgement, et où il fallait rebondissement, il y avait vide.

Pitou regarda ses jambes, de l'air dont le cerf de la fable regarde les siennes.

— Qu'avez-vous donc monsieur Pitou ? reprit Catherine.

Pitou ne répondit rien, et se contenta de pousser un soupir.

La partie était finie. Le vicomte de Charny profita de l'intervalle entre la partie finie et celle qui allait commencer, pour venir saluer Catherine. A mesure qu'il approchait, Pitou voyait le sang monter au visage de la jeune fille, et sentait son bras devenir plus tremblant.

Le vicomte fit un signe de tête à Pitou, puis, avec cette politesse familière que savaient si bien prendre les nobles de cette époque avec les petites bourgeoises et les grisettes, il demanda à Catherine des nouvelles de sa santé et réclama la première contredanse. Catherine accepta. Un sourire fut le remercîment du jeune noble. La partie allait recommencer, on l'appela. Il salua Catherine, et s'éloigna avec la même aisance qu'il était venu.

Pitou sentit toute la supériorité qu'avait sur lui un homme qui parlait, souriait, s'approchait et s'éloignait de cette manière.

Un mois employé à tâcher d'imiter le mouvement simple de monsieur de Charny n'eût conduit Pitou qu'à une parodie dont il sentait lui-même tout le ridicule.

Si le cœur de Pitou eût connu la haine, il eût, à partir de ce moment, détesté le vicomte de Charny.

Catherine resta à regarder jouer à la paume jusqu'au moment où les joueurs appelèrent leurs domestiques pour passer leurs habits. Elle se dirigea alors vers la danse, au grand désespoir de Pitou, qui, ce jour-là, semblait destiné à aller contre sa volonté partout où il allait.

Monsieur de Charny ne se fit point attendre. Un léger changement dans sa toilette avait du joueur de paume fait un élégant danseur. Les violons donnèrent le signal, et il vint présenter sa main à Catherine, en lui rappelant la promesse qu'elle lui avait faite.

Ce qu'éprouva Pitou quand il sentit le bras de Catherine se détacher de son bras, et qu'il vit la jeune fille toute rougissante s'avancer dans le cercle avec son cavalier, fut peut-être une des sensations les plus désagréables de sa vie. Une sueur froide lui monta au front, un nuage lui passa sur les yeux; il étendit la main et s'appuya sur la balustrade, car il sentit ses genoux, si solides qu'ils fussent, prêts à se dérober sous lui.

Quant à Catherine, elle semblait n'avoir et n'avait même probablement aucune idée de ce qui se passait dans le cœur de Pitou; elle était heureuse et fière à la fois: heureuse de danser, fière de danser avec le plus beau cavalier des environs.

Si Pitou avait été contraint d'admirer monsieur de Charny joueur de paume, force lui fut de rendre justice à monsieur de Charny danseur. A cette époque, la mode n'était pas encore venue de marcher au lieu de danser. La danse était un art qui faisait partie de l'éducation. Sans compter monsieur de Lauzun, qui avait dû sa fortune à la façon dont il avait dansé sa première courante au quadrille du roi, plus d'un gentilhomme avait dû la faveur dont il jouissait à la cour, à la manière dont il tendait le jarret et poussait la pointe du pied en avant. Sous ce rapport, le vicomte était un modèle de grâce et de perfection, et il eût pu, comme Louis XIV, danser sur un théâtre avec la chance d'être applaudi, quoiqu'il ne fût ni roi, ni acteur.

Pour la seconde fois, Pitou regarda ses jambes, et fut forcé de s'avouer qu'à moins qu'il ne s'opérât un grand changement dans cette partie de son individu, il devait renoncer à briguer des succès du genre de ceux que remportait monsieur de Charny en ce moment.

La contredanse finit. Pour Catherine, elle avait duré quelques secondes à peine, mais à Pitou elle avait paru un siècle. En revenant prendre le bras de son cavalier, Catherine s'aperçut du changement qui s'était fait dans sa physionomie. Il était pâle; la sueur perlait sur son front, et une larme à demi dévorée par la jalousie roulait dans son œil humide.

— Ah! mon Dieu! dit Catherine, qu'avez-vous donc, Pitou?

— J'ai, répondit le pauvre garçon, que je n'oserai jamais danser avec vous, après vous avoir vu danser avec monsieur de Charny.

— Bah! dit Catherine, il ne faut pas vous démoraliser comme cela; vous danserez comme vous pourrez, et je n'en aurai pas moins de plaisir à danser avec vous.

— Ah! dit Pitou, vous dites cela pour me consoler, mademoiselle; mais je me rends justice, et vous aurez toujours plus de plaisir à danser avec ce jeune noble qu'avec moi.

Catherine ne répondit rien, car elle ne voulait pas mentir; seulement, comme c'était une excellente créature, et qu'elle commençait à s'apercevoir qu'il se passait quelque chose d'étrange dans le cœur du pauvre garçon, elle lui fit force amitiés; mais ces amitiés ne purent lui rendre sa joie et sa gaîté perdues. Le père Billot avait dit vrai : Pitou commençait à être un homme, — il souffrait.

Catherine dansa encore cinq ou six contredanses, dont une seconde avec monsieur de Charny. Cette fois, sans souffrir moins, Pitou était plus calme en apparence. Il suivait des yeux chaque mouvement de Catherine et de son cavalier. Il essayait, au mouvement de leurs lèvres, de deviner ce qu'ils se disaient, et lorsque, dans les figures qu'ils exécutaient, leurs mains venaient se joindre, il tâchait de deviner si ces mains se joignaient seulement ou se serraient en se joignant.

Sans doute c'était cette seconde contredanse qu'attendait Catherine, car à peine fut-elle achevée que la jeune fille proposa à Pitou de reprendre le chemin de la ferme. Jamais proposition ne fut accueillie avec plus d'empressement; mais le coup était porté, et Pitou, tout en faisant des enjambées que Catherine était obligée de retenir de temps en temps, gardait le silence le plus absolu.

— Qu'avez-vous donc? lui dit enfin Catherine, et pourquoi ne me parlez-vous pas?

— Je ne vous parle pas, mademoiselle, dit Pitou, parce que je ne sais pas parler comme monsieur de Charny. Que voulez-vous que je vous dise encore, après toutes les belles choses qu'il vous a dites en dansant avec vous?

— Voyez comme vous êtes injuste, monsieur Ange, nous parlions de vous.

— De moi, mademoiselle, et comment cela?

— Dame! monsieur Pitou, si votre protecteur ne se retrouve pas, il faudra bien vous en choisir un autre.

— Je ne suis donc plus bon pour tenir les écritures de la ferme? demanda Pitou avec un soupir.

— Au contraire, monsieur Ange, c'est que je crois que ce sont les écritures de la ferme qui ne sont point assez bonnes pour vous. Avec l'éducation que vous avez reçue, vous pouvez arriver à mieux que cela.

— Je ne sais pas à quoi j'arriverai; mais ce que je sais, c'est que je ne veux arriver à rien si je ne puis arriver à quelque chose que par monsieur le vicomte de Charny.

— Et pourquoi refuseriez-vous sa protection? Son frère, le comte de Charny, est, à ce qu'il paraît, admirablement en cour, et a épousé une amie particulière de la reine. Il me disait que, si cela pouvait m'être agréable, il vous ferait avoir une place dans les gabelles.

— Bien obligé, mademoiselle, mais je vous l'ai déjà dit, je me trouve bien comme je suis, et, à moins que votre père ne me renvoie, je resterai à la ferme.

— Et pourquoi diable te renverrais-je? dit une grosse voix que Catherine en tressaillant reconnut pour celle de son père.

— Mon cher Pitou, dit tout bas Catherine, ne parlez pas de monsieur Isidor, je vous en prie.

— Hein! réponds donc.

— Mais... je ne sais pas, dit Pitou fort embarrassé, peut-être ne me trouvez-vous pas assez savant pour vous être utile.

— Pas assez savant! quand tu comptes comme Barême, et que tu lis à en remontrer à notre maître d'école, qui se croit cependant un grand clerc. Non, Pitou, c'est le bon Dieu qui conduit chez moi les gens qui y entrent, et, une fois qu'ils y sont entrés, ils y restent tant qu'il plaît au bon Dieu.

Pitou rentra à la ferme sur cette assurance ; mais quoique ce fût bien quelque chose, ce n'était point assez. Il s'était fait un grand changement en lui entre sa sortie et sa rentrée. Il avait perdu une chose qui, une fois perdue, ne se retrouve plus : c'était la confiance en lui-même ; aussi Pitou, contre son habitude, dormit-il fort mal. Dans ses momens d'insomnie, il se rappela le livre du docteur Gilbert; ce livre était principalement contre la noblesse, contre les abus de la classe privilégiée, contre la lâcheté de ceux qui s'y soumettent; il sembla à Pitou qu'il commençait seulement à comprendre toutes les belles choses qu'il avait lues le matin, et il se promit, dès qu'il ferait jour, de relire pour lui seul, et tout bas, le chef-d'œuvre qu'il avait lu tout haut et à tout le monde.

Mais, comme Pitou avait mal dormi, Pitou s'éveilla tard. — Il n'en résolut pas moins de mettre à exécution son projet de lecture. Il était sept heures ; le fermier ne devait rentrer qu'à neuf ; d'ailleurs, rentrât-il, il ne pouvait qu'applaudir à une occupation qu'il avait lui-même recommandée.

Il descendit par un petit escalier en échelle, et alla s'asseoir sur un banc au-dessous de la fenêtre de Catherine. Etait-ce le hasard qui avait amené là Pitou juste en cet endroit, ou connaissait-il les situations respectives de cette fenêtre et de ce banc?

Tant il y a que Pitou, rentré dans son costume de tous les jours, qu'on n'avait pas encore eu le temps de remplacer, et qui se composait de sa culotte noire, de sa souquenille verte et de ses souliers rougis, tira la brochure de sa poche et se mit à lire.

Nous n'oserions pas dire que les commencemens de cette lecture eurent lieu sans que les yeux du lecteur se détournassent de temps en temps du livre à la fenêtre ; mais comme la fenêtre ne présentait aucun buste de jeune fille dans son encadrement de capucines et de volubilis, les yeux de Pitou finirent par se fixer invariablement sur le livre.

Il est vrai que, comme sa main négligeait d'en tourner les feuillets, et que plus son attention paraissait profonde, moins sa main se dérangeait, on pouvait croire que son esprit était ailleurs et qu'il rêvait au lieu de lire.

Tout à coup il sembla à Pitou qu'une ombre se projetait sur les pages de la brochure, jusque-là éclairées par le soleil matinal. Cette ombre, trop épaisse pour être celle d'un nuage, ne pouvait donc être produite que par un corps opaque ; or, il y a des corps opaques si charmans à regarder, que Pitou se retourna vivement pour voir quel était celui qui lui interceptait son soleil.

Pitou se trompait. C'était bien effectivement un corps opaque qui lui faisait tort de cette part de lumière et de chaleur que Diogène réclamait d'Alexandre. Mais ce corps opaque, au lieu d'être charmant présentait au contraire un aspect assez désagréable.

C'était celui d'un homme de quarante-cinq ans, plus long et plus mince encore que Pitou, vêtu d'un habit presque aussi râpé que le sien, et qui, penchant sa tête par dessus son épaule, semblait lire avec autant de curiosité que Pitou y mettait de distraction.

Pitou demeura fort étonné. Un sourire gracieux se dessina sur les lèvres de l'homme noir, et montra une bouche dans laquelle il ne restait que quatre dents, deux en haut et deux en bas, se croisant et s'aiguisant comme les défenses d'un sanglier.

— Edition américaine, dit cet homme d'une voix nazillarde, format in-octavo : « *De la liberté des hommes et de l'indépendance des nations.* — Boston, 1788. »

A mesure que l'homme noir parlait, Pitou ouvrait des yeux avec un étonnement progressif, de sorte que lorsque l'homme noir cessa de parler, les yeux de Pitou avaient atteint le plus grand développement auquel ils pussent parvenir.

— Boston, 1788. C'est bien cela, monsieur? répéta Pitou.

— C'est le traité du docteur Gilbert, dit l'homme noir.

— Oui, monsieur, répondit poliment Pitou.

Et il se leva, car il avait toujours entendu dire qu'il était incivil de parler assis à son supérieur ; et, dans l'esprit encore naïf de Pitou, tout homme avait droit de réclamer sa supériorité sur lui.

Mais, en se levant, Pitou aperçut quelque chose de rose et de mouvant vers la fenêtre, et qui lui fit l'œil. Ce quelque chose était mademoiselle Catherine. La jeune fille le regardait d'une façon étrange et lui faisait des signes singuliers.

— Monsieur, sans indiscrétion, demanda l'homme noir qui, ayant le dos tourné à la fenêtre, était resté complétement étranger à ce qui se passait, monsieur, à qui appartient ce livre?

Et il montrait du doigt, mais sans y toucher, la brochure que tenait Pitou entre ses mains.

Pitou allait répondre que le livre appartenait à monsieur Billot, quand arrivent jusqu'à lui ces mots prononcés par une voix presque suppliante :

— Dites que c'est à vous.

L'homme noir qui était tout yeux n'entendit pas ces mots.

— Monsieur, dit majestueusement Pitou, ce livre est à moi.

L'homme noir leva la tête, car il commençait à remarquer que de temps en temps les regards étonnés de Pitou le quittaient pour aller se fixer sur un point particulier. Il vit la fenêtre, mais Catherine avait deviné le mouvement de l'homme noir, et, rapide comme un oiseau, elle avait disparu.

— Que regardez-vous donc là-haut? demanda l'homme noir.

— Ah çà! monsieur, dit Pitou en souriant, permettez-moi de vous dire que vous êtes bien curieux. *Curiosus*, ou plutôt *avidus cognoscendi*, comme disait l'abbé Fortier, mon maître.

— Vous dites donc, reprit l'interrogateur sans paraître le moins du monde intimidé par cette preuve de science que venait de donner Pitou dans l'intention de donner à l'homme noir une idée plus haute de lui que celle qu'il en avait prise d'abord, vous dites donc que ce livre est à vous?

Pitou cligna de l'œil de manière à ce que la fenêtre se retrouvât dans son rayon visuel. La tête de Catherine reparut et fit un signe affirmatif.

— Oui, monsieur, répondit Pitou. Seriez-vous désireux de le lire ? *Avidus legendi libri* ou *legendæ historiæ*.

— Monsieur, dit l'homme noir, vous me paraissez beaucoup au-dessus de l'état qu'indiquent vos habits : *Non dives vestitu sed ingenio*. En conséquence, je vous arrête.

— Comment! vous m'arrêtez? dit Pitou au comble de la stupéfaction.

— Oui, monsieur; suivez-moi donc, je vous prie.

Pitou regarda non plus en l'air, mais autour de lui, et il aperçut deux sergens qui attendaient les ordres de l'homme noir ; les deux sergens semblaient sortir de terre.

— Dressons procès-verbal, messieurs, dit l'homme noir.

Le sergent attacha les mains de Pitou avec une corde, et garda dans ses mains le livre du docteur Gilbert.

Puis il attacha Pitou lui-même à un anneau placé au-dessous de la fenêtre.

Pitou allait se récrier, mais il entendit cette même voix qui avait tant de puissance sur lui qui lui soufflait : — Laissez-vous faire.

Pitou se laissa donc faire avec une docilité qui enchanta les sergens et surtout l'homme noir. De sorte que, sans défiance aucune, ils entrèrent dans la ferme, les deux sergens pour prendre une table, l'homme noir... nous saurons plus tard pourquoi.

A peine les sergens et l'homme noir étaient-ils entrés dans la maison que la voix se fit entendre.

— Levez les mains, disait la voix.

Pitou leva non-seulement les mains, mais la tête, et il aperçut le visage pâle et effaré de Catherine ; elle tenait un couteau à la main : — Encore... encore... dit-elle.

Pitou se haussa sur la pointe des pieds.

Catherine se pencha en dehors; la lame toucha la corde et Pitou recouvra la liberté de ses mains.

— Prenez le couteau, dit Catherine, et coupez à votre tour la corde qui vous attache à l'anneau.

Pitou ne se le fit pas dire à deux fois ; il coupa la corde et se trouva entièrement libre.

— Maintenant, dit Catherine, voici un double louis; vous avez de bonnes jambes, sauvez-vous; allez à Paris et prévenez le docteur.

Elle ne put achever, les sergens reparaissaient et le double louis tomba aux pieds de Pitou.

Pitou le ramassa vivement. En effet, les sergens étaient sur le seuil de la porte où ils demeurèrent un instant, étonnés de voir libre celui qu'ils avaient si bien garrotté il n'y avait qu'un instant. A leur vue, les cheveux de Pitou se hérissèrent sur sa tête, et il se rappela confusément le *in crinibus angues* des Euménides.

Les sergens et Pitou restèrent un instant dans la situation du lièvre et d'un chien d'arrêt, immobiles et se regardant. Mais, comme au moindre mouvement du chien le lièvre détale, au premier mouvement des sergens Pitou fit un bond prodigieux et se trouva de l'autre côté d'une haie.

Les sergens poussèrent un cri qui fit accourir l'exempt, lequel portait une petite cassette sous son bras. L'exempt ne perdit pas son temps en discours et se mit à courir après Pitou. Les deux sergens imitèrent son exemple. Mais ils n'étaient pas de force à sauter comme Pitou par-dessus une haie de trois pieds et demi de haut, ils furent donc forcés d'en faire le tour.

Mais quand ils arrivèrent à l'angle de la haie, ils aperçurent Pitou à plus de cinq cents pas dans la plaine, piquant directement sur la forêt, dont il était distant d'un quart de lieue à peine, et qu'il devait gagner en quelques minutes au plus.

En ce moment, Pitou se retourna, et, en apercevant les sergens qui se mettaient à sa poursuite plutôt pour l'acquit de leur conscience que dans l'espoir de le rattraper, il redoubla de vitesse et disparut bientôt dans la lisière du bois.

Pitou courut encore un quart d'heure ainsi, il aurait

couru deux heures, si c'eût été nécessaire : il avait l'haleine du cerf, comme il en avait la vélocité.

Mais, au bout d'un quart d'heure, jugeant par instinct qu'il était hors de danger, il s'arrêta, respira, écouta, et, s'étant assuré qu'il était bien seul :

— C'est incroyable, dit-il, que tant d'événemens aient pu tenir dans trois jours.

Et regardant alternativement son double louis et son couteau :

— Oh! dit-il, j'aurais bien voulu avoir le temps de changer mon double louis, et de rendre deux sous à mademoiselle Catherine, car 'ai bien peur que ce couteau-là ne coupe notre amitié. N'importe, ajouta-t-il, puisqu'elle m'a dit d'aller à Paris aujourd'hui, allons-y.

Et Pitou, après s'être orienté, reconnaissant qu'il se trouvait entre Boursonne et Yvors, prit un petit lais qui devait le conduire en droite ligne aux bruyères de Gondreville que traverse la route de Paris.

VIII.

POURQUOI L'HOMME NOIR ÉTAIT RENTRÉ A LA FERME EN MÊME TEMPS QUE LES DEUX SERGENS.

Maintenant, revenons à la ferme, et racontons la catastrophe, dont l'épisode de Pitou n'était que le dénoûment.

Vers les six heures du matin, un agent de police de Paris, accompagné de deux sergens, était arrivé à Villers-Cotterets, s'était présenté au commissaire de police, et s'était fait indiquer la demeure du fermier Billot.

A cinq cents pas de la ferme, l'exempt avait aperçu un métayer qui travaillait aux champs. Il s'était approché de lui et lui avait demandé s'il trouverait monsieur Billot chez lui. Le métayer avait répondu que jamais monsieur Billot ne rentrait avant neuf heures, c'est-à-dire avant l'heure de son déjeuner. Mais en ce moment même, par hasard, le métayer leva les yeux et, montrant du doigt un cavalier qui, à un quart de lieue de là à peu près, causait avec un berger :

— Et tout justement, avait-il dit, voilà celui que vous cherchez.

— Monsieur Billot?

— Oui.

— Ce cavalier?

— C'est lui-même.

— Eh bien ! mon ami, dit l'exempt, voulez-vous faire bien plaisir à votre maître?

— Je ne demande pas mieux.

— Allez lui dire qu'un monsieur de Paris l'attend à la ferme.

— Oh ! dit le métayer, est-ce que ce serait le docteur Gilbert?

— Allez toujours, dit l'exempt.

Le paysan ne se le fit pas dire deux fois ; il prit sa course à travers champs, tandis que le recors et les deux sergens allaient s'embusquer derrière un mur à moitié ruiné, situé presque en face de la porte de la ferme.

Au bout d'un instant, on entendit le galop d'un cheval, c'était Billot qui arrivait.

Il entra dans la cour de la ferme, mit pied à terre, jeta la bride au bras d'un valet d'écurie, et se précipita dans la cuisine, convaincu que la première chose qu'il allait voir, c'était le docteur Gilbert, debout sous le vaste manteau de la cheminée ; mais il ne vit que madame Billot, qui, assise au milieu de l'appartement, plumait ses canards avec tout le soin et toute la minutie que réclame cette difficile opération.

Catherine était dans sa chambre occupée à chiffonner un bonnet pour le dimanche suivant ; comme on le voit, Catherine s'y prenait à l'avance ; mais pour les femmes, il y a un plaisir presque aussi grand que celui de s'ajuster, comme elles disent, c'est de s'occuper de leurs ajustemens.

Billot s'arrêta sur le seuil et regarda tout autour de lui.

— Qui donc me demande? dit-il.

— Moi, répondit une voix flûtée derrière lui.

Billot se retourna et aperçut l'homme noir et les deux sergens.

— Ouais ! dit-il en faisant trois pas en arrière; que voulez-vous ?

— Oh ! mon Dieu ! presque rien, cher monsieur Billot, dit l'homme à la voix flûtée ; faire une perquisition dans votre ferme, voilà tout.

— Une perquisition ? dit Billot.

— Une perquisition, répéta l'exempt.

Billot jeta un coup d'œil à son fusil, accroché au-dessus de la cheminée.

— Depuis que nous avons une assemblée nationale, dit-il, je croyais que les citoyens n'étaient plus exposés à ces vexations qui appartiennent à un autre temps et qui sentent un autre régime. Que voulez-vous de moi qui suis un homme paisible et loyal ?

Les agens de toutes les polices du monde ont ceci de commun les uns avec les autres, qu'ils ne répondent jamais aux questions de leurs victimes. Seulement, tout en les fouillant, tout en les arrêtant, tout en les garrottant, quelques-uns les plaignent ; ceux-là sont les plus dangereux en ce qu'ils paraissent les meilleurs.

Celui qui instrumentait chez le fermier Billot était de l'école des Tapin et des Desgrés, gens tout confits en douceur, qui ont toujours une larme pour ceux qu'ils persécutent, mais qui, cependant, n'occupent pas leurs mains à s'essuyer les yeux.

Celui-ci, tout en poussant un soupir, fit un signe de la main aux deux sergens, qui s'approchèrent de Billot, lequel fit un bond en arrière et allongea la main pour saisir son fusil. Mais cette main fut détournée de l'arme, doublement dangereuse en ce moment, en ce qu'elle pouvait tuer à la fois celui qui s'en servait et celui contre lequel elle était dirigée et emprisonnée entre deux petites mains fortes de terreur et puissantes de supplication.

C'était Catherine, qui était sortie au bruit et était arrivée à temps pour sauver son père du crime de rébellion à la justice.

Le premier moment passé, Billot ne fit plus aucune résistance. L'exempt ordonna qu'il fût sequestré dans une salle du rez-de-chaussée, Catherine dans une chambre du premier étage; quant à madame Billot, on l'avait jugée si inoffensive qu'on ne s'occupa point d'elle et qu'on la laissa dans sa cuisine. Après quoi, se voyant maître de la place, l'exempt se mit à fouiller secrétaires, armoires et commodes.

Billot, se voyant seul, voulut fuir. Mais comme la plupart des salles du rez-de-chaussée de ferme, la chambre dans laquelle il était enfermé était grillée. L'homme noir avait aperçu les barreaux du premier coup d'œil, tandis que Billot, qui les avait fait mettre, les avait oubliés.

Alors, à travers la serrure, il aperçut l'exempt et ses deux acolytes qui bouleversaient toute la maison.

— Ah ça mais ! s'écria-t-il, que faites-vous donc là ?

— Vous le voyez bien, mon cher monsieur Billot, dit l'exempt; nous cherchons quelque chose que nous n'avons pas encore trouvé.

— Mais vous êtes des bandits, des scélérats, des voleurs peut-être.

— Oh ! monsieur, répondit l'exempt à travers la porte, vous nous faites tort; nous sommes d'honnêtes gens comme vous; seulement, nous sommes aux gages de Sa Majesté, et, par conséquent, forcés d'exécuter ses ordres.

— Les ordres de Sa Majesté! s'écria Billot; le roi Louis XVI vous a donné l'ordre de fouiller dans mon secrétaire, et de mettre tout sens dessus dessous dans mes commodes et dans mes armoires?

— Oui.

— Sa Majesté? reprit Billot. Sa Majesté, quand l'année dernière la famine était si épouvantable que nous songeâmes à manger nos chevaux, Sa Majesté, quand il y a deux ans la grêle du 13 juillet hacha toute notre moisson, Sa Majesté ne daigna point s'inquiéter de nous. Qu'a-t-elle donc à faire aujourd'hui avec ma ferme qu'elle n'a jamais vue, et avec moi qu'elle ne connaît pas?

— Vous me pardonnerez, monsieur, dit l'exempt en entrebâillant la porte avec précaution, et en faisant voir son ordre signé du lieutenant de police, — mais, selon l'usage, précédé de ces mots : Au nom du roi. — Sa Majesté a entendu parler de vous ; si elle ne vous connaît pas personnellement, ne récusez donc pas l'honneur qu'elle vous fait, — et recevez comme il est convenable ceux qui se présentent en son nom.

Et l'exempt, avec une révérence polie et un petit signe amical de l'œil, referma la porte, après quoi l'expédition recommença.

Billot se tut et se croisa les bras, se promenant dans cette salle basse comme un lion dans une cage ; il se sentait pris et au pouvoir de ces hommes.

L'œuvre de recherche se continua silencieusement. Ces hommes semblaient être tombés du ciel. Personne ne les avait vus que le journalier qui leur avait enseigné le chemin. Dans les cours, les chiens n'avaient pas aboyé ; certes, le chef de l'expédition devait être un homme habile entre ses confrères, et qui n'en était pas à son premier coup de main.

Billot entendait les gémissemens de sa fille, enfermée dans la chambre au-dessus de la sienne. Il se rappelait ses paroles prophétiques, car il n'y avait aucun doute que la persécution qui atteignait le fermier n'eût pour cause le livre du docteur.

Cependant neuf heures venaient de sonner, et Billot, par sa fenêtre grillée, pouvait compter l'un après l'autre es métayers qui revenaient de l'ouvrage. Cette vue lui fit comprendre qu'en cas de conflit la force, sinon le droit, était de son côté. Cette conviction faisait bouillir le sang dans ses veines. Il n'eut pas le courage de se contenir plus longtemps, et, saisissant la porte par la poignée, il lui donna une telle secousse, qu'avec un ou deux ébranlemens pareils, il eût fait sauter la serrure.

Les agens vinrent ouvrir aussitôt, et virent le fermier apparaître sur le seuil, debout et menaçant ; tout était bouleversé dans la maison.

— Mais enfin ! s'écria Billot, que cherchez-vous chez moi ? Dites-le, ou, mordieu ! je jure que je vous le ferai dire.

La rentrée successive n'avait point échappé à un homme saont l'œil était aussi exercé que l'était l'œil de l'exempt. Il dvait compté les valets de ferme, et était demeuré convaincu qu'en cas de conflit, il pourrait bien ne pas garder le champ de bataille. Il s'approcha donc de Billot avec une politesse plus mielleuse encore que de coutume, et, le saluant jusqu'à terre :

— Je vais vous le dire, cher monsieur Billot, répondit-il, quoique ce soit contre nos habitudes. Ce que nous cherchons chez vous, c'est un livre subversif, c'est une brochure incendiaire, mise à l'index par nos censeurs royaux.

— Un livre chez un fermier qui ne sait pas lire.

— Qu'y a-t-il là d'étonnant, si vous êtes ami de l'auteur, et qu'il vous l'ait envoyé.

— Je ne suis point l'ami du docteur Gilbert, dit Billot, je suis son très humble serviteur. Ami du docteur, ce serait un trop grand honneur pour un pauvre fermier comme moi.

Cette sortie inconsidérée, dans laquelle Billot se trahissait en avouant qu'il connaissait non-seulement l'auteur, ce qui était tout naturel, puisque l'auteur était son propriétaire, mais encore le livre, assura la victoire à l'agent. Il se redressa, prit son air le plus aimable, et, touchant le bras de Billot avec un sourire qui semblait partager transversalement son visage :

—*C'est toi qui l'as nommé*, dit-il; connaissez-vous ce vers, mon bon monsieur Billot?

— Je ne connais pas de vers.

— C'est de monsieur Racine, un fort grand poëte.

— Eh bien! que signifie ce vers? reprit Billot impatienté.

— Il signifie que vous venez de vous trahir.

— Moi?

— Vous-même.

— Comment cela?

— En nommant le premier monsieur Gilbert, que nous avions eu la discrétion de ne pas nommer.

— C'est vrai, murmura Billot.

— Vous avouez donc ?

— Je ferai plus.

— Oh! cher monsieur Billot, vous nous comblez. Que ferez-vous ?

— Si c'est ce livre que vous cherchez, et que je vous dise où est ce livre, reprit le fermier avec une inquiétude qu'il ne pouvait complétement dissimuler, vous cesserez de tout bouleverser ici, n'est-ce pas?

L'exempt fit un signe aux deux sbires.

— Bien certainement, dit-il, puisque c'est ce livre qui est l'objet de la perquisition. Seulement, ajouta-t-il avec sa grimace souriante, peut-être nous avouerez-vous un exemplaire, et en avez-vous dix ?

— Je n'en ai qu'un, je vous jure.

— C'est ce que nous sommes obligés de constater par la perquisition la plus exacte, cher monsieur Billot, dit l'exempt. Prenez donc patience cinq minutes encore. Nous ne sommes que de pauvres agens ayant reçu des ordres de l'autorité, et vous ne voudriez pas vous opposer à ce que des gens d'honneur, — il y en a dans toutes les conditions, cher monsieur Billot, — vous ne voudriez pas vous opposer à ce que des gens d'honneur fissent leur devoir.

L'homme noir avait trouvé le joint. C'était ainsi qu'il fallait parler à Billot.

— Faites donc, dit-il, mais faites vite.

Et il leur tourna le dos.

L'exempt ferma tout doucement la porte, plus doucement encore donna un tour de clef. Billot le laissa faire en haussant les épaules, bien sûr de tirer la porte à lui quant il voudrait.

De son côté, l'homme noir fit un signe aux sergens qui se remirent à la besogne ; et tous trois, redoublant d'activité, en un clin d'œil, livres, papiers, linge, tout fut ouvert, déchiffré, déplié.

Tout à coup, au fond d'une armoire mise à nu, on aperçut un petit coffret de bois de chêne cerclé de fer. L'exempt tomba dessus comme un vautour sur une proie. A la seule vue, au seul flair, au seul maniement, il reconnut sans doute ce qu'il cherchait, car il cacha vivement le coffret sous son manteau râpé, et fit signe aux deux sergens que la mission était remplie.

Billot s'impatientait juste en ce moment; il s'arrêta devant sa porte fermée.

— Mais je vous dis que vous ne le trouverez pas si je ne vous dis pas où il est, s'écria-t-il. Ce n'est pas la peine de bousculer tous mes effets pour rien. Je ne suis pas un conspirateur, que diable ! Voyons, m'entendez-vous ? Répondez, ou, mordieu ! je pars pour Paris, où je me plains au roi, à l'assemblée, à tout le monde.

A cette époque, on mettait encore le roi avant le peuple.

— Oui, cher monsieur Billot, nous vous entendons, et nous sommes tout prêts à nous rendre à vos excellentes raisons. Voyons, dites-nous où est ce livre, et comme nous sommes convaincus maintenant que vous n'avez que ce seul exemplaire, nous le saisirons et nous nous retirerons ; voilà tout.

— Eh bien ! dit Billot, ce livre est entre les mains d'un honnête garçon à qui je l'ai confié ce matin pour le porter à un ami.

— Et comment s'appelle cet honnête garçon ? demanda câlinement l'homme noir.

— Ange Pitou. C'est un pauvre orphelin que j'ai recueilli par charité, et qui ne sait pas même de quelle matière traite ce livre.

— Merci, cher monsieur Billot, dit l'exempt en rejetant le linge dans l'armoire, et en refermant l'armoire sur le linge, mais non pas sur le coffret. Et où est-il, s'il vous plaît, cet aimable garçon?

— Je crois l'avoir aperçu en entrant, près des haricots d'Espagne, sous la tonnelle. Allez, prenez-lui le livre, mais ne lui faites aucun mal.

— Du mal, nous ! oh ! cher monsieur Billot, que vous ne nous connaissez guère ! Nous ne ferions pas de mal à une mouche.

Et ils s'avancèrent vers l'endroit indiqué. Arrivés en vue des haricots d'Espagne, ils aperçurent Pitou, que sa grande taille faisait paraître plus redoutable qu'il n'était réellement. Pensant alors que les deux sergens auraient besoin de son aide pour venir à bout de ce jeune géant, l'exempt avait détaché son manteau, avait roulé le coffret dedans, et avait caché le tout dans un coin obscur et à sa portée.

Mais Catherine, qui écoutait l'oreille contre la porte, avait vaguement distingué ces mots : *livre, docteur* et *Pitou.* Aussi, voyant éclater l'orage qu'elle avait prévu, avait-elle eu l'idée d'en atténuer les effets. C'est alors qu'elle avait soufflé à Pitou de se déclarer propriétaire du livre. Nous avons dit ce qui s'était passé, comment Pitou lié, garrotté par l'exempt et ses acolytes, avait été mis en liberté par Catherine, qui profita du moment où les deux sergens rentraient pour querir une table, et l'homme noir pour prendre son manteau et sa cassette. Nous avons dit encore comment Pitou s'était enfui en sautant par-dessus une haie ; mais ce que nous n'avons pas dit, c'est qu'en homme d'esprit l'exempt avait profité de cette fuite.

En effet, maintenant que la double mission reçue par l'exempt était accomplie, la fuite de Pitou était, pour l'homme noir et les deux sergens, une occasion excellente de s'enfuir eux-mêmes.

L'homme noir, quoiqu'il n'eût aucune espérance de rattraper le fugitif, excita donc les deux sergens, et par sa voix et par son exemple, si bien qu'à les voir tous les trois par les trèfles, les blés et les luzernes, on les eût pris pour les ennemis les plus acharnés du pauvre Pitou, dont au fond du cœur ils bénissaient les longues jambes.

Mais à peine Pitou se fut-il enfoncé dans le bois, et eux-mêmes en eurent dépassé la lisière, qu'ils s'arrêtèrent derrière un buisson. Pendant leur course, ils avaient été rejoints par deux autres sergens qui se tenaient cachés aux environs de la ferme, et qui ne devaient accourir qu'en cas d'appel de la part de leur chef.

— Ma foi ! dit l'exempt, il est bien heureux que ce gaillard-là n'ait pas eu le coffret au lieu d'avoir le livre. Nous eussions été obligés de prendre la poste pour le rattraper. Tudieu ! ce n'est pas là un jarret d'homme, mais un tendon de cerf.

— Oui, dit un des sergens, mais il ne l'avait pas, n'est-ce

pas, monsieur Pas-de-Loup? et c'est vous qui l'avez, au contraire.

— Certainement, mon ami, et le voici même, répondit celui dont nous venons pour la première fois de prononcer le nom, ou plutôt le surnom, lequel lui avait été donné à cause de la légèreté et de l'obliquité de sa marche.

— Alors, nous avons droit à la récompense promise.

— La voilà, dit l'exempt en tirant de sa poche quatre louis d'or, qu'il distribua à ses quatre sergens, sans préférence de ceux qui avaient agi ou de ceux qui avaient attendu.

— Vive monsieur le lieutenant! crièrent les sergens.

— Il n'y a pas de mal de crier : Vive monsieur le lieutenant! dit Pas-de-Loup; mais toutes les fois qu'on crie, il faut crier avec discernement. Ce n'est pas monsieur le lieutenant qui paie.

— Et qui donc?

— Un de ses amis ou une de ses amies, je ne sais pas trop lequel ou laquelle, qui désire garder l'anonyme.

— Je parie que c'est celui ou celle à qui revient la cassette, dit un des sergens.

— Rigoulot, mon ami, dit l'homme noir, j'ai toujours affirmé que tu étais un garçon plein de perspicacité ; mais en attendant que cette perspicacité porte ses fruits et amène sa récompense, je crois qu'il faut gagner au pied; le damné fermier n'a pas l'air commode, et il pourrait bien, quand il va s'apercevoir que la cassette manque, mettre à nos trousses tous ses valets de ferme, et ce sont des gaillards qui vous ajustent un coup de fusil aussi bien que le meilleur Suisse de la garde de Sa Majesté.

Cet avis fut sans doute celui de la majorité, car les cinq agens continuèrent de suivre la lisière de la forêt qui les dérobait à tous les yeux, et qui, à trois quarts de lieue de là, les ramenait à la route.

La précaution n'était pas inutile, car, à peine Catherine eût-elle vu l'homme noir et les deux sergens disparaître à la poursuite de Pitou, que, pleine de confiance dans l'agilité de celui qu'ils poursuivaient, laquelle, à moins d'accident, devait les mener loin, elle appela les métayers, qui savaient bien qu'il se passait quelque chose, mais qui ignoraient ce qui se passait, pour leur dire de venir lui ouvrir la porte. Les métayers accoururent, et Catherine, libre, se hâta d'aller rendre la liberté à son père.

Billot semblait rêver. Au lieu de s'élancer hors de la chambre, il ne marchait qu'avec défiance, et revenait de la porte au milieu de l'appartement. On eût dit qu'il n'osait demeurer en place, et qu'en même temps il craignait d'arrêter sa vue sur les meubles forcés et vidés par les agens.

— Et enfin, demanda Billot, ils lui ont pris le livre, n'est-ce pas ?

— Je le crois, mon père, mais ils ne l'ont pas pris, lui.

— Qui, lui ?

— Pitou. Il s'est sauvé ; et, s'ils courent toujours après lui, ils doivent être maintenant à Cayolles ou à Vauciennes.

— Tant mieux ! Pauvre garçon ! c'est moi qui lui aurai valu cela.

— Oh ! mon père, ne vous inquiétez pas de lui, et ne songeons qu'à nous. Pitou se tirera d'affaire, soyez tranquille. Mais, que de désordre, mon Dieu ! Voyez donc, ma mère !

— Oh ! mon armoire à linge ! s'écria madame Billot. Ils n'ont pas respecté mon armoire à linge ; mais ce sont des scélérats !

— Ils ont fouillé dans l'armoire à linge ! s'écria Billot.

Et il s'élança vers l'armoire, que l'exempt, comme nous avons dit, avait soigneusement refermée, et plongea ses deux bras à travers les piles de serviettes renversées.

— Oh ! dit-il, ce n'est pas possible !

— Que cherchez-vous, mon père ? demanda Catherine.

Billot regarda autour de lui avec une sorte d'égarement.

— Regarde. Regarde si tu la vois quelque part. Mais non ; dans cette commode, non ; dans ce secrétaire, pas encore ; d'ailleurs, elle était là, là... C'est moi-même qui l'y avais mise. Hier encore, je l'ai vue. Ce n'est pas le livre qu'ils cherchaient, les misérables, c'était le coffret.

— Quel coffret ? demanda Catherine.

— Eh ! tu le sais bien.

— Le coffret du docteur Gilbert? hasarda madame Billot, qui, dans les circonstances suprêmes, gardait le silence, et laissait agir et parler les autres.

— Oui, le coffret du docteur Gilbert, s'écria Billot en enfonçant les mains dans ses cheveux épais. Ce coffret si précieux.

— Vous m'effrayez, mon père, dit Catherine.

— Malheureux que je suis! s'écria Billot avec rage, et moi qui ne me suis pas douté de cela! moi qui n'ai pas songé à ce coffret! Oh! que dira le docteur? Que pensera-t-il? Que je suis un traître, un lâche, un misérable!

— Mais, mon Dieu! que renfermait donc ce coffret, mon père?

— Je l'ignore; mais ce que je sais, c'est que j'en avais répondu au docteur sur ma vie, et que j'aurais dû me faire tuer pour le défendre.

Et Billot fit un geste si désespéré que sa femme et sa fille reculèrent de terreur.

— Mon Dieu! mon Dieu! devenez-vous fou, mon pauvre père? dit Catherine.

Et elle éclata en sanglots.

— Répondez-moi donc! s'écria-t-elle; pour l'amour du ciel, répondez-moi donc!

— Pierre, mon ami, disait madame Billot, réponds donc à ta fille, réponds donc à ta femme.

— Mon cheval! mon cheval! cria le fermier; qu'on m'amène mon cheval!

— Où allez-vous donc, mon père?

— Prévenir le docteur; il faut que le docteur soit prévenu.

— Mais où le trouverez-vous?

— A Paris. N'as-tu pas lu dans la lettre qu'il nous a écrite qu'il se rendait à Paris? Il doit y être. Je vais à Paris. Mon cheval! mon cheval!

— Et vous nous quittez ainsi, mon père; vous nous quittez dans un pareil moment? Vous nous laissez pleines d'inquiétudes et d'angoisses?

— Il le faut, mon enfant; il le faut, dit le fermier prenant la tête de sa fille entre ses mains, et l'approchant convulsivement de ses deux lèvres. «Si jamais tu perdais ce coffret, m'a dit le docteur, ou si plutôt on te le dérobait, du moment où tu t'apercevras du vol, pars, Billot, viens m'avertir partout où je serai ; que rien ne t'arrête, pas même la vie d'un homme.»

— Seigneur! que peut donc renfermer ce coffret?

— Je n'en sais rien. Tout ce que je sais, c'est qu'on me l'avait donné en garde, et que je me le suis laissé prendre. Ah! voilà mon cheval. Par le fils, qui est au collége, je saurai bien où est le père.

Et, embrassant une dernière fois sa femme et sa fille, le fermier sauta en selle, et partit au grand galop à travers terres, dans la direction de la route de Paris.

IX.

ROUTE DE PARIS.

Revenons à Pitou.

Pitou était poussé en avant par les deux plus grands stimulans de ce monde : la Peur et l'Amour.

La Peur lui avait dit directement :

— Tu peux être arrêté ou battu ; prends garde à toi, Pitou!

Et cela suffisait pour le faire courir comme un daim.

L'Amour lui avait dit par la voix de Catherine.

— Sauvez-vous vite, mon cher Pitou!

Et Pitou s'était sauvé.

Les deux stimulans, comme nous l'avons dit, faisaient que Pitou ne courait pas, Pitou volait.

Décidément, Dieu est grand ; Dieu est infaillible.

Comme les longues jambes de Pitou, qui lui paraissaient nouées, et ses énormes genoux, si disgracieux dans un bal, lui paraissaient utiles dans la campagne, alors que son cœur, gonflé par la crainte, battait trois pulsations à la seconde !

Ce n'était pas monsieur de Charny avec ses petits pieds, ses fins genoux, et ses mollets symétriquement posés à leur place, qui eût couru ainsi.

Pitou se rappela cette jolie fable du cerf qui pleure sur ses fuseaux devant une fontaine, et, quoiqu'il n'eût pas au front l'ornement dans lequel le quadrupède voyait une compensation à ses jambes grêles, il se reprocha d'avoir méprisé ses échalas.

C'était ainsi que la mère Billot appelait les jambes de Pitou, lorsque Pitou regardait ses jambes devant un miroir.

Donc Pitou continuait d'arpenter par le bois, laissant Cayolles à sa droite, Yvors à sa gauche, se retournant à chaque angle de buisson pour voir, ou plutôt pour écouter, car, depuis longtemps, il ne voyait plus rien, ses persécuteurs ayant été distancés par cette vélocité dont Pitou venait de donner une si splendide preuve, en mettant tout d'abord entre eux et lui une distance de mille pas, distance qui croissait à chaque instant.

Pourquoi Atalante était-elle mariée ! Pitou eût concouru, et, certes, pour l'emporter sur Hippomène, il n'eût pas eu besoin d'employer, comme lui, le subterfuge de trois pommes d'or.

Il est vrai, comme nous l'avons dit, que les agens de monsieur Pas-de-Loup, tout ravis de tenir le butin, ne se souciaient plus le moins du monde de Pitou ; mais Pitou ne savait pas cela.

Cessant d'être poursuivi par la réalité, il continuait d'être poursuivi par l'ombre.

Quant aux hommes noirs, ils avaient en eux-mêmes cette confiance qui rend la créature paresseuse.

— Cours ! cours ! disaient-ils en mettant les mains dans leur gousset, et en y faisant sonner la récompense dont venait de les gratifier monsieur Pas-de-Loup ; cours ! mon bonhomme, nous te retrouverons toujours quand nou voudrons.

Ce qui, soit dit en passant, loin d'être une vaniteuse forfanterie, était la plus exacte vérité.

Et Pitou continuait de courir, comme s'il eût pu entendre les *aparté* des agens de monsieur Pas-de-Loup.

Lorsqu'il eut, en croisant sa marche savante, comme font les fauves des bois pour dépister la meute, lorsqu'il eut entortillé ses traces dans un réseau tellement embarrassé que Nemrod lui-même ne s'y fût pas reconnu, il prit soudain son parti, qui consistait à faire un crochet à droite, afin de rejoindre la route de Villers-Cotterets à Paris, à la hauteur à peu près des bruyères de Gondreville.

Cette résolution prise, il s'élança à travers les taillis, coupa par angle droit, et, au bout d'un quart d'heure, aperçut la route encadrée de ses sables jaunes et bordée de ses arbres verts.

Une heure après son départ de la ferme, il se trouvait sur le pavé du roi.

Il avait fait quatre lieues et demie à peu près pendant cette heure. C'est tout ce qu'on peut exiger d'un bon cheval lancé au grand trot.

Il jeta un coup d'œil en arrière. Rien sur le chemin.

Il jeta un coup d'œil en avant. Deux femmes sur des ânes.

Pitou avait attrapé une mythologie à gravures du petit Gilbert. On s'occupait fort de mythologie à cette époque.

L'histoire des dieux et des déesses de l'Olympe grec entrait dans l'éducation des jeunes gens. A force de regarder les gravures, Pitou avait appris la mythologie ; il avait vu Jupiter se déguiser en taureau pour séduire Europe ; — en cygne, pour commettre des impudicités avec la fille de Tyndare ; il avait vu enfin beaucoup d'autres dieux se livrer à des transformations plus ou moins pittoresques ; mais qu'un agent de la police de Sa Majesté se soit changé en âne, jamais ! Le roi Midas lui-même n'en eut que les oreilles — et il était roi — et il faisait de l'or à volonté ; il avait donc le moyen d'acheter la peau des quadrupèdes tout entière.

Un peu rassuré par ce qu'il voyait, ou plutôt par ce qu'il ne voyait pas, Pitou fit une culbute sur l'herbe de la lisière, essuya avec sa manche son gros visage tout rouge, et, couché dans le trèfle frais, il se livra à la volupté de suer en repos.

Mais les douces émanations de la luzerne et de la marjolaine ne pouvaient faire oublier à Pitou le petit-salé de la mère Billot, et le quartier de pain bis pesant une livre et demie que Catherine lui octroyait à chaque repas, c'est-à-dire trois fois par jour.

Ce pain, qui coûtait alors quatre sous et demi la livre, prix énorme, équivalant au moins à neuf sous de notre époque; ce pain dont toute la France manquait, et qui passait, lorsqu'il était mangeable, pour la fabuleuse brioche dont la duchesse de Polignac disait ou conseillait aux Parisiens de se nourrir quand ils n'auraient plus de farine.

Pitou se disait donc philosophiquement que mademoiselle Catherine était la plus généreuse princesse du monde, et que la ferme du père Billot était le plus somptueux palais de l'univers.

Puis, comme les Israélites au bord du Jourdain, il tournait un œil mourant vers l'est, c'est-à-dire dans la direction de cette bienheureuse ferme, en soupirant.

Au reste, soupirer n'est pas une chose désagréable pour un homme qui a besoin de reprendre haleine après une course désordonnée.

Pitou respirait en soupirant, et il sentait ses idées, un instant fort confuses et fort troublées, lui revenir avec le souffle.

— Pourquoi, se dit-il alors, m'est-il donc arrivé tant d'événemens extraordinaires dans un si court espace de temps? Pourquoi plus d'accidens en trois jours que pendant tout le reste de ma vie?

C'est que j'ai rêvé d'un chat qui me cherchait querelle, dit Pitou.

Et il fit un geste qui indiquait que la source de tous ses malheurs lui était suffisamment indiquée.

— Oui, ajouta Pitou après un moment de réflexion, mais ce n'est pas une logique comme celle de mon vénérable abbé Fortier. Ce n'est point parce que j'ai rêvé d'un chat

6.

irrité que toutes ces aventures m'arrivent. Le songe n'a été donné à l'homme que comme avertissement.

C'est pour cela, continua Pitou, que je ne sais plus quel auteur a dit : « Tu as rêvé, prends garde. » *Cave, somniasti.*

Somniasti, se demanda Pitou effarouché, ferais-je donc encore un barbarisme ? Eh ! non, je ne fais qu'une élision ; c'est *somniavisti* qu'il eût fallu dire en langue grammaticale.

C'est étonnant, continua Pitou en admiration devant lui-même, comme je sais le latin depuis que je ne l'apprends plus.

Et, sur cette glorification de lui-même, Pitou se remit en marche.

Pitou marcha d'un pas allongé, quoique plus tranquille. Ce pas pouvait donner deux lieues à l'heure.

Il en résultait que deux heures après s'être remis en route, Pitou avait dépassé Nanteuil, et s'acheminait vers Dammartin.

Tout à coup, son oreille, exercée comme celle d'un Osage, lui transmit le bruit d'un fer de cheval sonnant sur le pavé.

— Oh, oh ! fit Pitou, scandant le fameux vers de Virgile :

Quadrupe dante pu trem soni tu quatit ungula campum.

Et il regarda.

Mais il ne vit rien.

Étaient-ce les ânes qu'il avait laissés à Levignan et qui avaient pris le galop ? Non, car l'ongle de fer, comme dit le poëte, retentissait sur le pavé, et Pitou, à Haramont, et même à Villers-Cotterets, n'avait connu que l'âne de la mère Sabot qui fût ferré, et encore parce que la mère Sabot faisait le service de la poste entre Villers-Cotterets et Crespy.

Il oublia donc momentanément le bruit qu'il avait entendu pour en revenir à ses réflexions.

Quels étaient ces hommes noirs qui l'avaient interrogé sur le docteur Gilbert, qui lui avaient lié les mains, qui l'avaient poursuivi, et qu'enfin il avait distancés ?

D'où venaient ces hommes noirs parfaitement inconnus dans tout le canton ?

Qu'avaient-ils de particulier à régler avec Pitou, lui qui ne les avait jamais vus, et qui par conséquent ne les connaissait pas ?

Comment, ne les connaissant pas, le connaissaient-ils ? Pourquoi mademoiselle Catherine lui avait-elle dit de partir pour Paris, et pourquoi, afin de faciliter le voyage, lui avait-elle donné un louis de quarante-huit francs, c'est-à-dire deux cent quarante livres de pain, à quatre sous la livre, de quoi manger pendant quatre-vingts jours, c'est-à-dire pendant près de trois mois, en se rationnant un peu ?

Mademoiselle Catherine supposait-elle que Pitou pût ou dût rester quatre-vingts jours absent de la ferme.

Tout à coup Pitou tressaillit.

— Oh! oh! dit-il, encore ce fer de cheval !

Et il se redressa.

— Cette fois, dit Pitou, je ne me trompe pas, le bruit que j'entends est bien celui d'un cheval au galop ; je vais le voir à la montée.

Pitou n'avait point achevé qu'un cheval apparut au point culminant d'une petite côte qu'il venait de laisser derrière lui, c'est-à-dire à quatre cents pas à peu près de Pitou.

Celui-ci, qui n'avait point admis qu'un agent de police se fût transformé en âne, admit parfaitement qu'il eût pu monter à cheval pour poursuivre plus rapidement la proie qui lui échappait.

La peur, qui l'avait un instant abandonnée, saisit de nouveau Pitou, et lui rendit des jambes plus longues et plus intrépides que celles dont il avait fait un si merveilleux usage deux heures auparavant.

Aussi, sans réfléchir, sans regarder en arrière, sans même essayer de dissimuler sa fuite, comptant sur l'excellence de son jarret d'acier, Pitou, d'un seul bond, s'élança-t-il de l'autre côté du fossé qui bordait la route, et se mit-il à fuir à travers champs dans la direction d'Ermenonville. Pitou ne savait pas ce qu'était Ermenonville. Il aperçut seulement à l'horizon la cime de quelques arbres, et il se disait :

— Si j'atteins ces arbres, qui sont sans doute la lisière de quelque forêt, je suis sauvé.

Et il piquait vers Ermenonville.

Cette fois, il s'agissait de vaincre un cheval à la course. Ce n'étaient plus des pieds qu'avait Pitou, c'étaient des ailes.

D'autant plus qu'après avoir fait cent pas à travers terre, à peu près, Pitou avait jeté les yeux en arrière, et avait vu le cavalier faisant faire à son cheval l'immense saut qu'il avait fait lui-même par-dessus le fossé de la route.

A partir de ce moment, il n'y avait plus eu de doute pour le fugitif que ce ne fût à lui qu'en voulait le cavalier, et le fugitif avait redoublé de vitesse, ne tournant plus même la tête de peur de perdre du temps. Ce qui pressait sa course, maintenant, ce n'était plus le bruit du fer sur le pavé : le bruit s'amortissait dans les luzernes et dans les jachères ; ce qui pressait sa course, c'était comme un cri qui le poursuivait, la dernière syllabe de son nom prononcée par le cavalier, un hou ! hou ! qui semblait l'écho de sa colère, et qui passsait dans l'air au travers duquel il faisait son sillage.

Mais, au bout de dix minutes de cette course dératée, Pitou sentit sa poitrine s'alourdir, sa tête s'engorger. Ses yeux commencèrent à vaciller dans leurs orbites. Il lui sembla que ses genoux prenaient un développement considérable, que ses reins s'emplissaient de petites pierres. De temps en temps il buttait sur les sillons, lui qui d'ordinaire levait si haut les pieds en courant que l'on voyait tous les clous de ses souliers.

Enfin le cheval, né supérieur à l'homme dans l'art de courir, gagna sur le bipède Pitou, qui entendait en même temps la voix du cavalier qui criait non plus hou ! hou ! mais bel et bien : Pitou ! Pitou !

C'en était fait : tout était perdu.

Cependant Pitou essaya de continuer la course ; c'était devenu une espèce de mouvement machinal ; il allait, emporté par la force répulsive ; tout à coup les genoux lui manquèrent. Il chancela, et s'allongea, en poussant un grand soupir, la face contre terre.

Mais en même temps qu'il se couchait, bien décidé de ne plus se relever, avec sa volonté du moins, il reçut un coup de fouet qui lui sangla les reins. Un gros juron qui ne lui était pas étranger retentit, et une voix bien connue lui cria :

— Ah ça! butor ; ah ça! imbécile, tu as donc juré de faire crever Cadet.

Ce nom de Cadet acheva de fixer les irrésolutions de Pitou.

— Ah! s'écria-t-il en faisant un demi-tour sur lui-même, de sorte qu'au lieu de se trouver couché sur le ventre, il se trouva couché sur le dos. Ah! j'entends la voix de monsieur Billot.

C'était en effet le père Billot. Quand Pitou se fut bien assuré de l'identité, il se mit sur son séant.

Le fermier, de son côté, avait arrêté Cadet tout ruisselant d'écume blanche.

— Ah! cher monsieur Billot, s'écria Pitou, que vous êtes bon de courir comme cela après moi! Je vous jure bien que je serais revenu à la ferme après avoir mangé le double louis de mademoiselle Catherine. Mais, puisque vous voilà, tenez, reprenez votre double louis, car, au bout du compte, il est à vous, et retournons à la ferme.

— Mille diables! dit Billot ; il s'agit bien de la ferme! où sont les mouchards ?

— Les mouchards! demanda Pitou, qui ne comprenait pas bien la signification de ce mot, entré depuis peu de temps dans le vocabulaire de la langue.

— Eh! oui, les mouchards, dit Billot, les hommes noirs, si tu comprends mieux.

— Ah! les hommes noirs! Vous pensez bien, cher monsieur Billot, que je ne me suis pas amusé à les attendre.

— Bravo ! Ils sont derrière, alors.

— Mais, je m'en flatte ; après une course comme celle que j'ai accomplie, c'est bien le moins, ce me semble.

— Alors, si tu es certain de ton affaire, pourquoi fuyais-tu ainsi ?

— Mais parce que je croyais que c'était leur chef qui, pour ne pas en avoir le démenti, me poursuivait à cheval.

— Allons! allons! tu n'es pas si maladroit que je croyais. Alors, du moment où le chemin est libre, sus! sus! à Dammartin.

— Comment! sus! sus!

— Oui, lève-toi, et viens avec moi.

— Nous allons donc à Dammartin ?

— Oui. Je prendrai un cheval chez le compère Lefranc, je lui laisserai Cadet, qui n'en peut plus, et nous pousserons ce soir jusqu'à Paris.

— Soit! monsieur Billot, soit.

— Eh bien! sus! sus!

Pitou fit un effort pour obéir.

— Je le voudrais bien, cher monsieur Billot, mais je ne puis pas, dit-il.

— Tu ne peux pas te lever ?

— Non.

— Mais tu as bien fait le saut de carpe, tout à l'heure.

— Oh! tout à l'heure ce n'est pas étonnant, j'ai entendu votre voix, et en même temps j'ai reçu un coup de fouet sur l'échine. Mais ces choses-là ne réussissent qu'une fois; à présent je suis accoutumé à votre voix, et quant à votre fouet, je suis bien sûr maintenant que vous ne l'appliquerez plus qu'à la gouverne de ce pauvre Cadet, qui a presque aussi chaud que moi.

La logique de Pitou, qui à tout prendre n'était autre que celle de l'abbé Fortier, persuada et toucha presque le fermier.

— Je n'ai pas le temps de m'attendrir sur ton sort, dit-il à Pitou. Mais, voyons, fais un effort et monte en croupe sur Cadet.

— Mais, dit Pitou, c'est pour le coup qu'il crèvera, pauvre Cadet!

— Bah! dans une demi-heure, nous serons chez le père Lefranc.

— Mais, cher monsieur Billot, il me semble, dit Pitou,

que c'est parfaitement inutile que j'aille chez le père Lefranc, moi.

— Et pourquoi cela?

— Parce que, si vous avez besoin à Dammartin, je n'y ai pas besoin, moi.

— Oui, mais moi, j'ai besoin que tu viennes à Paris. A Paris, tu me serviras. Tu as les poings solides, et j'ai pour certain que l'on ne tardera point à se distribuer des horions là-bas.

— Ah! ah! fit Pitou mal charmé de la perspective, vous croyez?

Et il se hissa sur Cadet, Billot le tirant à lui comme un sac de farine.

Le bon fermier regagna la route, et fit si bien de la bride, des genoux et des éperons, qu'en moins d'une demi-heure, comme il l'avait dit, on fut à Dammartin.

Billot avait fait son entrée dans la ville par une ruelle à lui connue. Il gagna la ferme du père Lefranc, et, laissant Pitou et Cadet au milieu de la cour, il courut droit à la cuisine où le père Lefranc, qui allait sortir pour faire un tour dans les champs, boutonnait ses guêtres.

— Vite, vite, compère, lui dit-il avant que celui-ci ne fût revenu de son étonnement, ton cheval le plus solide.

— C'est Margot, dit Lefranc; elle est justement toute sellée, la bonne bête. J'allais monter à cheval.

— Eh bien! soit, Margot. Seulement, il est possible que je la crève, je t'en préviens.

— Bon! crever Margot, et pourquoi cela? je te le demande.

— Parce qu'il faut que ce soir même je sois à Paris, dit Billot d'un air sombre.

Et il fit à Lefranc un geste maçonnique des plus significatifs.

— Crève Margot, en ce cas, dit le père Lefranc, tu me donneras Cadet.

— C'est dit.

— Un verre de vin.

— Deux.

— Mais tu n'es pas seul, ce me semble?

— Non, j'ai là un brave garçon que j'emmène avec moi, et qui est si fatigué qu'il n'a pas eu la force de venir jusqu'ici ; fais-lui donner quelque chose.

— Tout de suite, tout de suite, dit le fermier.

En dix minutes les deux compères eurent avalé chacun leur bouteille, et Pitou eut englouti un pain de deux livres et une demi-livre de lard. Pendant qu'il mangeait, un valet de la ferme, bon diable, le bouchonnait avec une poignée de luzerne fraîche, comme il eût fait d'un cheval favori.

Ainsi frictionné, ainsi restauré, Pitou avala à son tour un verre de vin, prélevé d'une troisième bouteille, qui fut vidée avec d'autant plus de vélocité que Pitou, comme nous l'avons dit, en avait pris sa part. Après quoi Billot enfourcha Margot, et Pitou, raide comme un compas, fut remis en croupe.

Aussitôt, la bonne bête, sollicitée par l'éperon, trotta sous le double poids bravement vers Paris, sans cesser de chasser les mouches avec sa robuste queue, dont les crins épais fouettaient la poussière sur le dos de Pitou et cinglaient de temps en temps ses mollets maigres dans ses bas mal tirés.

X.

CE QUI SE PASSAIT AU BOUT DE LA ROUTE QUE SUIVAIT PITOU, C'EST-A-DIRE A PARIS.

De Dammartin à Paris, il y a encore huit lieues. Les quatre premières lieues furent avalées assez facilement mais, dès le Bourget, les jambes de Margot, quoique sollicitées par les longues jambes de Pitou, finirent par se raidir. La nuit s'obscurcissait.

En arrivant à la Villette, Billot crut apercevoir du côté de Paris une grande flamme.

Il fit remarquer à Pitou la lueur rougeâtre qui montait à l'horizon.

— Vous ne voyez donc pas, lui dit Pitou, que ce sont des troupes qui bivouaquent, et qui ont allumé des feux.

— Comment! des troupes? fit Billot.

— Il y en a bien par ici, dit Pitou, pourquoi donc n'y en aurait-il pas là-bas?

En effet, en regardant avec attention à sa droite, le père Billot vit la plaine Saint-Denis semée de détachemens noirs qui marchaient silencieusement dans l'ombre, infanterie et cavalerie.

Leurs armes reluisaient parfois aux pâles rayons des étoiles.

Pitou, que ses courses nocturnes dans la forêt avaient habitué à voir dans l'obscurité, Pitou montra même à sont maître des canons embourbés jusqu'au moyeu des roues, au milieu des champs humides.

— Oh! oh! fit Billot. Il y a donc quelque chose de nouveau là-bas? Hâtons-nous, garçon, hâtons-nous.

— Oui, oui, il y a le feu là-bas, dit Pitou qui venait de se hausser sur la croupe de Margot. Tenez! tenez! voyez-vous les étincelles?

Margot s'arrêta. Billot sauta de son dos sur le pavé, et s'approchant d'un groupe de soldats bleus et jaunes qui bivouaquaient sous les arbres de la route :

— Camarades, leur demanda-t-il, pouvez-vous me dire ce qu'il y a de nouveau à Paris?

Mais les soldats se contentèrent de lui répondre par quelques jurons prononcés en langue allemande.

— Que diable disent-ils? demanda Billot à Pitou.

— Ce n'est point du latin, cher monsieur Billot, répondit Pitou fort tremblant ; voilà tout ce que je puis vous affirmer.

Billot réfléchit et regarda.

— Imbécile que je suis! dit-il, d'aller m'adresser aux Kaiserliks.

Et, dans sa curiosité, il demeurait immobile au milieu de la route.

Un officier vint à lui.

— Bassez vodre jemin, dit-il, bassez vide.

— Pardon, capitaine, répondit Billot, mais c'est que je vais à Paris.

— Abrès?

— Et comme je vous vois en travers du chemin, je crains qu'on ne passe pas aux barrières.

— On basse.

Et Billot remonta à cheval et passa en effet.

Mais ce fut pour tomber dans les hussards de Bercheny, qui encombraient La Villette.

Cette fois, il avait affaire à des compatriotes, il questionna avec plus de succès.

— Monsieur, demanda-t-il, qu'y a-t-il donc de nouveau à Paris, s'il vous plaît?

— Il y a que vos enragés Parisiens, dit un hussard, veulent avoir leur Necker, et qu'ils nous tirent des coups de fusil, comme si cela nous regardait, nous.

— Avoir Necker! s'écria Billot. Ils l'ont donc perdu?

— Certainement, puisque le roi l'a destitué.

— Le roi a destitué monsieur Necker! fit Billot avec la stupeur d'un adepte qui crie au sacrilége; le roi a destitué ce grand homme?

— Oh! mon Dieu! oui, mon brave, et il y a même plus, ce grand homme est en route pour Bruxelles.

— Eh bien! nous allons rire, en ce cas, s'écria Billot d'une voix terrible, sans se soucier du danger qu'il courait à faire ainsi de l'insurrection au milieu de douze ou quinze cents sabres royalistes.

Et il remonta encore sur Margot, la poussant avec de cruels talonnemens jusqu'à la barrière.

A mesure qu'il s'avançait, il voyait l'incendie gagner et rougir; une longue colonne de feu montait de la barrière au ciel.

C'était la barrière même qui brûlait.

Une foule hurlante, furieuse, mêlée de femmes, qui, selon l'habitude, menaçaient et criaient plus haut que les hommes, attisait la flamme avec des débris de charpente, les meubles et les effets des commis de l'octroi.

Sur la route, les régimens hongrois et allemands regardaient l'arme au pied cette dévastation, et ne sourcillaient pas.

Billot ne s'arrêta point à ce rempart de flammes. Il lança Margot à travers l'incendie, Margot franchit bravement la barrière incandescente; mais arrivé à l'autre côté de la barrière, il dut s'arrêter devant une masse compacte de peuple qui refluait du centre de la ville aux faubourgs, les uns chantant, les autres criant : — Aux armes!

Billot avait l'air de ce qu'il était, c'est-à-dire d'un bon fermier qui vient à Paris pour ses affaires. Peut-être criait-il un peu haut : — Place! place! Mais Pitou répétait si poliment après lui : — Place! s'il vous plaît, place! que l'un corrigeait l'autre. Nul n'avait intérêt à empêcher Billot d'aller à ses affaires : on le laissa passer.

Margot avait retrouvé ses forces; le feu lui avait roussi le poil; toutes ces clameurs inaccoutumées la préoccupaient. C'était Billot qui maintenant était obligé de comprimer son dernier effort, dans la crainte d'écraser les nombreux curieux amassés devant les portes, et les curieux non moins nombreux quittant les portes pour courir à la barrière.

Billot s'avança tant bien que mal, tirant Margot à droite, tirant Margot à gauche jusqu'au boulevard; mais au bouevard force lui fut de s'arrêter.

Un cortége défilait venant de la Bastille et marchait vers le Garde-Meuble, ces deux nœuds de pierre qui attachaient à cette époque sa ceinture aux flancs de Paris.

Ce cortége, qui encombrait le boulevard, suivait une civière. Sur cette civière deux bustes étaient portés : l'un voilé par un crêpe, l'autre couronné de fleurs.

Le buste voilé par un crêpe était le buste de Necker, ministre non pas disgracié, mais renvoyé; l'autre, c'est-à-dire le buste couronné de fleurs, était le buste du duc d'Orléans, qui avait pris hautement à la cour le parti de l'économiste de Genève.

Billot s'informa de ce que c'était que cette procession, on lui dit que c'était un hommage populaire rendu à monsieur Necker et à son défenseur monsieur le duc d'Orléans.

Billot était né dans un pays où le nom du duc d'Orléans était vénéré depuis un siècle et demi. Billot appartenait à la secte philosophique, et par conséquent regardait Necker, non-seulement comme un grand ministre, mais comme un apôtre de l'humanité.

C'était plus qu'il n'en fallait pour exalter Billot. Il sauta à bas de son cheval sans trop savoir ce qu'il faisait, criant:

— Vive le duc d'Orléans! vive Necker! et se mêla à la foule.

Une fois mêlé à la foule, la liberté individuelle disparaît. Comme chacun sait, on cesse d'avoir son libre arbitre, on veut ce que veut la foule, on fait ce qu'elle fait. Billot avait, au reste, d'autant plus de facilité à se laisser entraîner, qu'il était bien plutôt à la tête qu'à la queue du mouvement.

Le cortége criait à tue-tête : — Vive Necker! Plus de troupes étrangères ! A bas les troupes étrangères !

Billot mêla sa voix puissante à toutes ces voix.

Une supériorité, quelle qu'elle soit, est toujours appréciée par le peuple. Le Parisien des faubourgs, à la voix grêle ou rauque, affaiblie par l'inanition ou rongée par le vin, le Parisien du faubourg apprécia la voix pleine, fraîche et sonore de Billot et lui fit place, de sorte que sans être trop bousculé, trop coudoyé, trop étouffé, Billot finit par parvenir jusqu'à la civière.

Au bout de dix minutes, un des porteurs, dont l'enthousiasme dépassait les forces, lui céda sa place.

Billot, on le voit, avait fait rapidement son chemin.

La veille, simple propagateur de la brochure du docteur Gilbert, il était, le lendemain, un des instrumens du triomphe de Necker et du duc d'Orléans.

Mais, à peine parvenu à ce poste, une idée lui traversa l'esprit.

Qu'était devenu Pitou? qu'était devenue Margot?

Tout en portant sa civière, Billot retourna la tête, et, à la lueur des flambeaux qui accompagnaient et éclairaient le cortége, à la lueur des lampions qui illuminaient toutes les fenêtres, il aperçut, au milieu du cortége, une espèce d'éminence ambulante formée de cinq ou six hommes gesticulant et criant.

Au milieu de ces gesticulations et de ces cris, il était facile de distinguer la voix et de reconnaître les longs bras de Pitou.

Pitou faisait ce qu'il pouvait pour défendre Margot, mais, malgré ses efforts, Margot avait été envahie. Margot ne portait plus Billot et Pitou, poids fort honorable déjà pour la pauvre bête.

Margot portait tout ce qui avait pu tenir sur son dos, sur sa croupe, sur son cou et sur son garrot.

Margot ressemblait, dans la nuit qui grandit à fantaisie tous les objets, à un éléphant chargé de chasseurs allant à la battue du tigre.

La vaste échine de Margot avait cinq ou six énergumènes qui s'y étaient établis en criant : — Vive Necker ! vive le duc d'Orléans ! A bas les étrangers !

Ce à quoi Pitou répondait :

— Vous allez étouffer Margot.

L'ivresse était générale.

Billot eut un instant l'idée d'aller porter secours à Pitou et à Margot ; mais il réfléchit que s'il renonçait un instant à l'honneur qu'il avait conquis de porter un des bâtons de la civière, il ne rattraperait peut-être plus son bâton. Puis il songea, au bout du compte, que par le troc projeté avec le père Lefranc, de Cadet contre Margot, Margot lui appartenait, et que, dût-il arriver malheur à Margot, au bout du compte c'était une affaire de trois ou quatre cents livres, et que lui Billot était bien assez riche pour faire le sacrifice de trois ou quatre cents livres à la patrie.

Pendant ce temps, le cortége marchait toujours, il avait obliqué à gauche et était descendu, par la rue Montmartre, jusqu'à la place des Victoires. Arrivé au Palais-Royal, un grand encombrement empêchait de passer, une troupe d'hommes avec des feuilles vertes aux chapeaux criaient :

— Aux armes !

Il fallait se reconnaître ; ces hommes qui encombraient la rue Vivienne étaient-ils amis ou ennemis ? Le vert était la couleur du comte d'Artois. Pourquoi les cocardes vertes ?

Après un instant de conférences, tout s'expliqua.

En apprenant le renvoi de Necker, un jeune homme était sorti du café Foy, était monté sur une table, et avait, en montrant un pistolet, crié :

— Aux armes !

A ce cri, tous les promeneurs du Palais s'étaient réunis autour de lui en criant : — Aux armes !

Nous l'avons déjà dit, tous les régimens étrangers étaient massés autour de Paris. On eût dit une invasion autrichienne : les noms de ces régimens effarouchaient les oreilles françaises : c'étaient Reynac, Salis Samade, Diesbach, Esterhazy, Rœmer; il n'y avait qu'à les nommer pour faire comprendre à la foule que l'on prononçait des noms ennemis. Le jeune homme les nomma ; il annonça que les Suisses campés aux Champs-Élysées, avec quatre pièces de canon, devaient entrer le même soir dans Paris, précédés des dragons du prince de Lambesq. Il proposa une cocarde nouvelle qui ne fût pas la leur, arracha une feuille de marronnier et la mit à son chapeau. A l'instant même, tous les assistans l'avaient imité. Trois mille personnes avaient, en dix minutes, dépouillé les arbres du Palais-Royal.

Le matin le nom du jeune homme était ignoré, le soir il était dans toutes les bouches.

Ce jeune homme se nommait Camille Desmoulins.

On se reconnut, on fraternisa, on s'embrassa ; puis le cortége continua sa route.

Pendant le moment de halte qui venait d'être fait, la curiosité de ceux qui ne pouvaient rien voir, même en se haussant sur la pointe des pieds, avait surchargé Margot d'un nouveau poids à sa bride, à sa selle, à sa croupière, à ses étriers, de sorte qu'au moment de se remettre en marche, la pauvre bête s'était littéralement écroulée sous le poids qui la surchargeait.

Au coin de la rue Richelieu, Billot jeta un regard en arrière, Margot avait disparu.

Il poussa un soupir adressé à la mémoire de la malheureuse bête; puis, réunissant toutes les forces de sa voix, il appela trois fois Pitou, comme faisaient les Romains aux funérailles de leurs parens; il lui sembla entendre sortir du sein de la foule une voix qui répondait à sa voix. Mais cette voix était perdue dans les clameurs confuses qui montaient au ciel, moitié menaces, moitié acclamations.

Le cortége marchait toujours.

Toutes les boutiques étaient fermées : mais toutes les fenêtres étaient ouvertes, et de toutes les fenêtres sortaient des encouragemens qui tombaient, pleins d'enivrement, sur les promeneurs.

On arriva ainsi à la place Vendôme.

Mais, arrivé là, le cortége fut arrêté par un obstacle imprévu.

Pareille à ces troncs d'arbres que roulent les flots d'une rivière débordée et qui, rencontrant la pile d'un pont, rebondissent en arrière sur les débris qui les suivent, l'armée populaire trouva un détachement de Royal-Allemand sur la place Vendôme.

Ces soldats étrangers étaient des dragons, qui, voyant l'inondation qui montait par la rue Saint-Honoré, et qui commençait à déborder sur la place Vendôme, lâchèrent la bride à leurs chevaux impatiens de stationner là depuis cinq heures, et partirent à fond de train, chargeant le peuple.

Les porteurs de la civière reçurent le premier choc, et furent renversés sous le fardeau. Un savoyard, qui marchait devant Billot, se releva le premier, releva l'effigie du duc d'Orléans, et, la fixant au bout d'un bâton, l'éleva au-dessus de sa tête en criant : — Vive le duc d'Orléans! qu'il n'avait jamais vu, ou : — Vive Necker! qu'il ne connaissait pas.

Billot allait en faire autant du buste de Necker, mais il avait été prévenu. Un jeune homme de vingt-quatre à vingt-cinq ans, assez élégamment mis pour mériter le nom de muscadin, l'avait suivi des yeux, ce qui lui était plus facile à lui qu'à Billot qui le portait, et aussitôt que le buste avait touché la terre s'était précipité dessus.

Le fermier chercha donc inutilement à terre; le buste de

Necker était déja au bout d'une espèce de pique, et, rapproché de celui du duc d'Orléans, ralliait autour de lui une bonne partie du cortége.

Tout à coup, une lueur illumine la place. Au même instant une détonation se fait entendre, les balles sifflent; quelque chose de pesant frappe Billot au front : il tombe. Au premier moment, Billot se croit mort.

Mais comme le sentiment ne l'a pas abandonné, comme, à part une vive douleur à la tête, il ne se sent aucun mal. Billot comprend qu'il est blessé tout au plus, porte la main à son front pour s'assurer de la gravité de la blessure, et s'aperçoit à la fois qu'il n'a qu'une contusion à la tête, et que ses mains sont rouges de sang.

Le jeune homme aux beaux habits qui précédait Billot venait de recevoir une balle au milieu de la poitrine. C'était lui qui était mort. Ce sang, c'était le sien. Ce choc qu'avait éprouvé Billot, c'était le buste de Necker qui, perdant son soutien, lui était tombé sur la tête.

Billot pousse un cri, moitié de rage, moitié de terreur.

Il s'écarte du jeune homme qui se débat dans les convulsions de l'agonie. Ceux qui l'entourent s'écartent comme lui, et le cri qu'il a poussé, répété par la foule, se prolonge comme un funèbre écho dans les derniers groupes de la rue Saint-Honoré.

Ce cri, c'est une nouvelle rébellion. Une seconde détonation se fait entendre, et aussitôt des trous profonds creusés dans les masses signalent le passage des projectiles.

Ramasser le buste dont toute la face est souillée de sang, l'élever au-dessus de sa tête, protester avec sa voix mâle au risque de se faire tuer comme le beau jeune homme dont le corps gît à ses pieds, c'est ce que l'indignation inspire à Billot, et ce qu'il fait dans le premier instant de son enthousiasme.

Mais aussitôt une main large et vigoureuse se pose sur l'épaule du fermier, et appuie de telle façon qu'il est forcé de plier sous le poids. Le fermier veut se dérober à l'étreinte, une autre main non moins lourde que la première tombe sur son autre épaule. Il se retourne rugissant pour voir à quelle espèce d'antagoniste il a affaire.

— Pitou! s'écrie-t-il.

— Oui, oui, répond Pitou, baissez vous un peu et vous allez voir.

Et, redoublant d'efforts, Pitou parvient à coucher près de lui le fermier récalcitrant.

A peine lui a-t-il amené la face contre terre, qu'une seconde détonation retentit. Le Savoyard qui porte le buste du duc d'Orléans fléchit à son tour, frappé d'une balle à la cuisse.

Puis on entend le broiement du pavé sous le fer. Les dragons chargent une seconde fois; un cheval, échevelé et furieux comme celui de l'Apocalypse, passe au-dessus du malheureux Savoyard, qui sent le froid d'une lance pénétrer dans sa poitrine. Il tombe sur Billot et Pitou.

La tempête passe portant jusqu'au fond de la rue, où elle s'engouffre, la terreur et la mort! Les cadavres seuls restent sur le pavé. Tout fuit par les rues adjacentes. Les fenêtres se ferment. Un silence lugubre succède aux cris d'enthousiasme et aux clameurs de colère.

Billot attendit un instant, toujours maintenu par le prudent Pitou; puis sentant que le danger s'éloignait avec le bruit, il se souleva sur un genou, tandis que Pitou, à la manière des lièvres dans leur gîte, commençait à dresser non pas la tête, mais l'oreille.

— Eh bien! monsieur Billot, dit Pitou, je crois que vous disiez vrai, et que nous sommes arrivés au bon moment.

— Allons, aide-moi.

— A quoi faire? à nous sauver!

— Non; le jeune muscadin est mort, mais le pauvre Savoyard n'est qu'évanoui, à ce que je pense. Aide-moi à le charger sur mon dos; nous ne pouvons le laisser ici, pour qu'il soit achevé par ces damnés Allemands.

Billot parlait une langue qui allait droit au cœur de Pitou. Il ne trouva rien à répondre, si ce n'était d'obéir. Il prit le corps du Savoyard évanoui et sanglant, et le chargea, comme il eût fait d'un sac, sur l'épaule du robuste fermier, qui, voyant la rue Saint-Honoré libre et déserte en apparence, prit avec Pitou le chemin du Palais-Royal.

7.

XI.

LA NUIT DU 12 AU 13 JUILLET.

La rue avait d'abord paru vide et déserte à Billot et à Pitou, parce que les dragons s'engageant à la poursuite de la masse des fuyards, avaient remonté le marché Saint-Honoré, et s'étaient répandus dans les rues Louis-le-Grand et Gaillon ; mais à mesure que Billot s'avançait vers le Palais-Royal, en rugissant instinctivement et à demi-voix le mot vengeance, des hommes apparaissaient au coin des rues, à la sortie des allées, au seuil des portes cochères, qui, d'abord muets et effarés, regardaient autour d'eux, et assurés de l'absence des dragons, faisaient cortége à cette marche funèbre, en répétant d'abord à demi-voix, ensuite tout haut, enfin à grands cris, le mot : vengeance ! vengeance !

Pitou marchait derrière le fermier, le bonnet du Savoyard à la main.

Ils arrivèrent ainsi, funèbre et effrayante procession, sur la place du Palais-Royal, où tout un peuple ivre de colère tenait conseil, et sollicitait l'appui des soldats français contre les étrangers.

— Qu'est-ce que c'est que ces hommes en uniforme ? demanda Billot en arrivant sur le front d'une compagnie qui se tenait, l'arme au pied, barrant la place du Palais-Royal, de la grande porte du château à la rue de Chartres.

— Ce sont les gardes françaises ! crièrent plusieurs voix.

— Ah ! dit Billot en s'approchant et en montrant le corps du Savoyard, qui n'était plus qu'un cadavre, aux soldats. Ah ! vous êtes Français, et vous nous laissez égorger par des Allemands !

Les gardes françaises firent malgré elles un mouvement en arrière.

— Mort ! murmurèrent quelques voix dans les rangs.
— Oui, mort ! Mort assassiné, lui et bien d'autres.
— Et par qui ?
— Par les dragons du Royal-Allemand. N'avez-vous donc pas entendu les cris, les coups de feu, le galop des chevaux ?

— Si fait ! si fait ! crièrent deux ou trois cents voix, on égorgeait le peuple sur la place Vendôme.

— Et vous êtes du peuple, mille dieux ! s'écria Billot en s'adressant aux soldats ; c'est donc une lâcheté à vous de laisser égorger vos frères !

— Une lâcheté ! murmurèrent quelques voix menaçantes dans les rangs.

— Oui... une lâcheté ! Je l'ai dit et je le répète. Allons, continua Billot en faisant trois pas vers le point d'où étaient venues les menaces ; n'allez-vous pas me tuer, moi, pour prouver que vous n'êtes pas des lâches ?

— Eh bien ! c'est bon... c'est bon... dit un des soldats ; vous êtes un brave, mon ami ; mais vous êtes bourgeois, et vous pouvez faire ce que vous voulez ; mais le militaire est soldat, et il a une consigne.

— De sorte, s'écria Billot, que si vous receviez l'ordre de tirer sur nous, c'est-à-dire sur des hommes sans armes, vous tireriez, vous, les successeurs des hommes de Fontenoy, qui rendiez des points aux Anglais en leur disant de faire feu les premiers !

— Moi, je sais bien que je ne ferais pas feu, dit une voix dans les rangs.

— Ni moi, ni moi, répétèrent cent voix.

— Alors, empêchez donc les autres de faire feu sur nous, dit Billot. Nous laisser égorger par les Allemands, c'est exactement comme si vous nous égorgiez vous-mêmes.

— Les dragons ! les dragons ! crièrent plusieurs voix, en même temps que la foule, repoussée, commençait à déborder sur la place, en fuyant par la rue Richelieu.

Et l'on entendait, encore éloigné, mais se rapprochant, le galop d'une lourde cavalerie retentissant sur le pavé.

— Aux armes ! aux armes ! criaient les fuyards.

— Mille dieux ! dit Billot en jetant à terre le corps du

Savoyard qu'il n'avait pas encore quitté, donnez-nous vos fusils, au moins, si vous ne voulez pas vous en servir.

— Eh bien! si fait, mille tonnerres! nous nous en servirons, dit le soldat auquel Billot s'était adressé, en dégageant des mains du fermier son fusil que l'autre avait déjà empoigné. Allons, allons, aux dents la cartouche! et si les Autrichiens disent quelque chose à ces braves gens, nous verrons.

— Oui, oui, nous verrons, crièrent les soldats en portant leur main à leur giberne et la cartouche à leur bouche.

— Oh! tonnerre! s'écria Billot piétinant, et dire que je n'ai pas pris mon fusil de chasse. Mais il y aura peut-être bien un de ces gueux d'Autrichiens de tué, et je prendrai son mousqueton.

— En attendant, dit une voix, prenez cette carabine, elle est toute chargée.

Et en même temps un homme inconnu glissa une riche carabine aux mains de Billot.

Juste en ce moment, les dragons débouchaient sur la place, bousculant et sabrant tout ce qui se trouvait devant eux.

L'officier qui commandait les gardes françaises fit quatre pas en avant.

— Holà! messieurs les dragons, cria-t-il, halte-là! s'il vous plaît.

Soit que les dragons n'entendissent pas, soit qu'ils ne voulussent pas entendre, soit enfin qu'ils fussent emportés par une course trop violente pour s'arrêter, ils voltèrent sur la place par demi-tour à droite, et heurtèrent une femme et un vieillard qui disparurent sous les pieds des chevaux.

— Feu donc! feu! s'écria Billot.

Billot était près de l'officier, on put croire que c'était l'officier qui criait. Les gardes françaises portèrent le fusil à l'épaule, ils firent un feu de file qui arrêta court les dragons.

— Eh! messieurs les gardes, dit un officier allemand s'avançant sur le front de l'escadron en désordre, savez-vous que vous faites feu sur nous?

— Pardieu ! si nous le savons, dit Billot.

Et il fit feu sur l'officier, qui tomba.

Alors les gardes françaises firent une seconde décharge, et les Allemands, voyant qu'ils avaient à faire cette fois, non plus à des bourgeois fuyant au premier coup de sabre, mais à des soldats qui les attendaient de pied ferme, tournèrent bride et regagnèrent la place Vendôme au milieu d'une si formidable explosion de bravos et de cris de triomphe, que bon nombre de chevaux s'emportèrent et s'allèrent briser la tête contre les volets fermés.

— Vivent les gardes françaises ! cria le peuple.

— Vivent les soldats de la patrie ! cria Billot.

— Merci, répondirent ceux-là, nous avons vu le feu et nous voilà baptisés.

— Et moi aussi, dit Pitou, j'ai vu le feu.

— Eh bien ! demanda Billot.

— Eh bien ! je trouve que ce n'est pas aussi effrayant que je me le figurais.

— Maintenant, dit Billot, qui avait eu le temps d'examiner la carabine, et qui avait reconnu une arme d'un grand prix, maintenant, à qui le fusil ?

— A mon maître, dit la même voix qui avait déjà parlé derrière lui. Mais mon maître trouve que vous vous en servez trop bien pour vous la reprendre.

Billot se retourna et aperçut un piqueur à la livrée du duc d'Orléans.

— Et où est-il, ton maître ? demanda-t-il.

Le piqueur lui montra une jalousie entr'ouverte derrière laquelle le prince venait de voir tout ce qui s'était passé.

— Il est donc avec nous, ton maître ? demanda Billot.

— De cœur et d'âme avec le peuple, dit le piqueur.

— En ce cas, encore une fois, vive le duc d'Orléans ! cria Billot. Amis, le duc d'Orléans est pour nous, vive le duc d'Orléans !

Et il montra la persienne derrière laquelle se tenait le prince.

Alors la persienne s'ouvrit tout à fait, et le duc d'Orléans salua trois fois.

Puis la persienne se referma.

Si courte qu'elle eût été, l'apparition avait porté l'enthousiasme à son comble.

— Vive le duc d'Orléans! vociférèrent deux ou trois mille voix.

— Enfonçons les boutiques d'armuriers, dit une voix dans la foule.

— Courons aux Invalides! crièrent quelques vieux soldats. Sombreuil a vingt mille fusils.

— Aux Invalides!

— A l'Hôtel-de-Ville! exclamèrent plusieurs voix, le prévôt des marchands, Flesselles, a les clefs du dépôt des armes des gardes, il les donnera.

— A l'Hôtel-de-Ville, répéta une fraction des assistans.

Et tout le monde s'écoula dans les trois directions qui avaient été signalées.

Pendant ce temps, les dragons s'étaient ralliés autour du baron de Bezenval et du prince de Lambesq sur la place Louis XV.

C'est ce qu'ignoraient Billot et Pitou, lesquels n'avaient suivi aucune des trois troupes, et qui se trouvaient à peu près seuls sur la place du Palais-Royal.

— Eh bien! cher monsieur Billot, où allons-nous, s'il vous plaît? demanda Pitou.

— Eh! dit Billot, j'aurais bien envie de suivre ces braves gens. Non pas chez les armuriers, puisque j'ai une si belle carabine, mais à l'Hôtel-de-Ville ou aux Invalides. Cependant, étant venu à Paris, non pas pour me battre, mais pour savoir l'adresse de monsieur Gilbert, il me semble que je devrais aller au collége Louis-le-Grand, où est son fils, quitte après cela, quand j'aurai vu le docteur, à me rejeter dans tout le tohu-bohu.

Et les yeux du fermier lancèrent des éclairs.

— Aller d'abord au collége Louis-le-Grand me paraît chose logique, dit sentencieusement Pitou, puisque nous sommes venus à Paris pour cela.

— Prends donc un fusil, un sabre, une arme quelconque à l'un de ces fainéans qui sont couchés là-bas, dit Billot, en montrant un des cinq ou six dragons étendus à terre, et allons au collége Louis-le-Grand.

— Mais ces armes, dit Pitou en hésitant, elles ne sont point à moi.

— A qui donc sont-elles? demanda Billot.

— Elles sont au roi.

— Elles sont au peuple, dit Billot.

Et Pitou, fort de l'approbation du fermier, qu'il connaissait pour un homme qui n'eût pas voulu faire tort à son voisin d'un grain de millet, Pitou s'approcha avec toutes sortes de précautions du dragon qui se trouvait être le plus près de lui; et, après s'être assuré qu'il était bien mort, il lui prit son sabre, son mousqueton et sa giberne.

Pitou avait bien envie de lui prendre son casque, seulement il n'était pas sûr que ce que le père Billot avait dit des armes offensives s'étendît jusqu'aux armes défensives.

Mais, tout en s'armant, Pitou tendit l'oreille vers la place Vendôme.

— Oh! oh! dit-il, il me semble que voilà Royal-Allemand qui revient.

En effet, on entendait le bruit d'une troupe de cavaliers qui revenait au pas. Pitou se pencha à l'angle du café de la Régence, et aperçut en effet, à la hauteur du Marché-Saint-Honoré, une patrouille de dragons qui s'avançait le mousqueton sur la cuisse.

— Eh! vite, vite, dit Pitou, les voilà qui reviennent.

Billot jeta les yeux autour de lui pour voir s'il y avait moyen de faire résistance. La place était à peu près vide.

— Allons, dit-il, au collége Louis-le-Grand.

Et il prit la rue de Chartres, suivi de Pitou, qui, ignorant l'usage du porte-mousqueton scellé à la ceinture, traînait son grand sabre.

— Mille dieux! dit Billot, tu as l'air d'un marchand de ferraille. Accroche-moi donc cette latte.

— Où? demanda Pitou.

— Eh! pardieu! là, dit Billot.

Et il suspendit le sabre de Pitou à son ceinturon, ce qui donna à celui-ci une célérité de marche qu'il n'eût pu atteindre sans cet expédient.

La route se fit sans inconvénient jusqu'à la place

Louis XV; mais là, Billot et Pitou retrouvèrent la colonne qui se rendait aux Invalides, et qui fut arrêtée court.

— Eh bien ! demanda Billot, qu'y a-t-il donc ?

— Il y a qu'on ne passe pas au pont Louis XV.

— Et sur les quais ?

— Sur les quais non plus.

— Et à travers les Champs-Elysées ?

— Non plus.

— Alors, retournons sur nos pas et passons par le pont des Tuileries.

La proposition était toute simple, et la foule, en suivant Billot, montra qu'elle était prête à y accéder ; mais des sabres luisaient à moitié chemin à peu près du jardin des Tuileries. Le quai était coupé par un escadron de dragons.

— Ah ça ! mais ces maudits dragons, ils sont donc partout ? murmura le fermier.

— Dites donc, cher monsieur Billot, dit Pitou, je crois que nous sommes pris.

— Bah ! dit Billot, on ne prend pas cinq ou six mille hommes, et nous sommes cinq ou six mille au moins.

Les dragons du quai s'avançaient lentement, il est vrai, au petit pas, mais ils s'avançaient visiblement.

— Il nous reste la rue Royale, dit Billot. Viens par ici, viens, Pitou.

Pitou suivit le fermier comme son ombre.

Mais une ligne de soldats fermait la rue, à la hauteur de la Porte-Saint-Honoré.

— Ah ! ah ! dit Billot, tu pourrais bien avoir raison, Pitou, mon ami.

— Hein ! se contenta de dire Pitou.

Mais ce seul mot exprimait, par l'accent avec lequel il avait été prononcé, tout le regret qu'éprouvait Pitou de ne pas s'être trompé.

La foule, par ses agitations et ses clameurs, prouvait qu'elle n'était pas moins sensible que Pitou à la situation dans laquelle elle se trouvait.

En effet, par une habile manœuvre, le prince de Lambesq venait d'envelopper curieux et rebelles, au nombre de cinq ou six mille, et, fermant le pont Louis XV, les quais, les Champs-Élysées, la rue Royale et les Feuillans, il les tenait enfermés dans un grand arc de fer, dont la corde était représentée par le mur du jardin des Tuileries, difficile à escalader, et la grille du Pont-Tournant, presqu'impossible à forcer.

Billot jugea la situation : elle n'était pas bonne. Cependant, comme c'était un homme calme, froid et plein de ressources dans le danger, il jeta les yeux autour de lui, et, apercevant un amas de charpentes au bord de la rivière :

— J'ai une idée, dit-il à Pitou, viens.

Pitou suivit le père Billot sans lui demander quelle était son idée.

Billot s'avança vers les charpentes, en empoigna une, et se contenta de dire à Pitou : aide-moi.

Pitou, de son côté, se contenta d'aider Billot sans lui demander à quoi il l'aidait ; mais peu lui importait, il avait dans le fermier une telle confiance, qu'il serait descendu avec lui aux enfers, sans même lui faire observer que l'escalier lui paraissait long et la cave profonde.

Le père Billot avait pris la solive par un bout, Pitou la prit par l'autre.

Tous deux regagnèrent le quai, portant un fardeau que cinq ou six hommes de force ordinaire auraient eu peine à soulever.

La force est toujours un objet d'admiration pour la foule ; si pressée qu'elle fût, elle s'écarta donc devant Billot et devant Pitou.

Puis, comme on comprit que la manœuvre qui s'accomplissait était sans doute une manœuvre d'intérêt général, quelques hommes marchèrent devant Billot en criant : Place ! place !

— Dites donc, père Billot, demanda Pitou au bout d'une trentaine de pas, allons-nous bien loin comme cela ?

— Nous allons jusqu'à la grille des Tuileries.

— Oh ! oh ! fit la foule, qui comprit.

Et elle s'écarta plus vivement encore qu'elle n'avait fait.

Pitou regarda, et vit que de la place où il était jusqu'à la grille il n'y avait plus qu'une trentaine de pas.

— J'irai! dit-il avec la brièveté d'un pythagoricien.

La besogne fut d'autant plus facile du reste à Pitou, que cinq ou six hommes parmi les plus vigoureux prirent leur part du fardeau.

Il en résulta une accélération notable dans la marche.

— En cinq minutes, on était en face de la grille.

— Allons, dit Billot, de l'ensemble.

— Bon, dit Pitou, je comprends; nous venons de faire une machine de guerre. Les Romains appelaient cela un bélier.

Et la solive, mise en mouvement, heurta d'un coup terrible la serrure de la grille.

Les soldats qui montaient la garde à l'intérieur des Tuileries accoururent pour s'opposer à l'invasion. Mais, au troisième coup, la porte céda, tournant violemment sur ses gonds, et dans cette gueule béante et sombre la foule s'engouffra.

Au mouvement qui se fit, le prince de Lambesq s'aperçut qu'une issue était ouverte à ceux qu'il croyait ses prisonniers. La colère s'empara de lui. Il fit faire un bond en avant à son cheval, pour mieux juger de la situation. Les dragons échelonnés derrière lui crurent que l'ordre de charger leur était donné, et le suivirent. Les chevaux, déjà échauffés, ne purent modérer leur course; les hommes, qui avaient à prendre une revanche de leur échec de la place du Palais-Royal, n'essayèrent probablement pas de les retenir.

Le prince vit qu'il lui serait impossible de modérer le mouvement, se laissa emporter, et une clameur déchirante poussée par les femmes et les enfans monta au ciel pour demander vengeance à Dieu.

Il se passa, au milieu de l'obscurité, une scène effroyable. Ceux que l'on chargeait devinrent fous de douleur, ceux qui chargeaient fous de colère.

Alors une espèce de défense s'organisa du haut des terrasses, les chaises volèrent sur les dragons. Le prince de Lambesq, atteint à la tête, riposta par un coup de sabre, sans songer qu'il frappait un innocent au lieu de punir un coupable, et un vieillard de soixante-dix ans tomba.

Billot vit tomber l'homme et jeta un cri.

En même temps sa carabine fut à son épaule, un sillon de feu traversa l'obscurité, et le prince était mort si le hasard n'eût fait au même instant cabrer son cheval.

Le cheval reçut la balle dans le cou et s'abattit.

On crut le prince tué. Alors les dragons s'élancèrent dans les Tuileries, poursuivant les fugitifs à coups de pistolet.

Mais les fugitifs, ayant désormais un grand espace, s'éparpillèrent sous les arbres.

Billot rechargea tranquillement sa carabine.

— Ma foi ! tu avais raison, Pitou, dit-il, je crois que nous sommes arrivés à temps.

— Si j'allais être brave, dit Pitou en déchargeant son mousqueton au plus épais des dragons ; il me semble que ce n'est pas si difficile que je le croyais.

— Oui, dit Billot ; mais la bravoure inutile n'est pas de la bravoure. Viens par ici, Pitou : et prends garde de t'emmêler les jambes dans ton sabre.

— Attendez-moi, cher monsieur Billot. Si je vous perdais, je ne saurais plus où aller. Je ne connais pas Paris comme vous, moi ; je n'y suis jamais venu.

— Viens, viens, dit Billot, et il prit la terrasse du bord de l'eau, jusqu'à ce qu'il eut dépassé la ligne des troupes qui s'avançaient par les quais, mais cette fois aussi rapidement qu'elles pouvaient, pour prêter main-forte, si besoin était, aux dragons du prince de Lambesq.

Arrivé à l'extrémité de la terrasse, Billot s'assit sur le parapet et sauta sur le quai.

Pitou en fit autant.

XII.

CE QUI SE PASSAIT DANS LA NUIT DU 12 AU 13 JUILLET 1789.

Une fois sur le quai, les deux provinciaux, voyant briller sur le pont des Tuileries les armes d'une nouvelle troupe qui, selon toute probabilité, n'était pas une troupe amie, se glissèrent jusqu'aux extrémités du quai, et descendirent le long de la berge de la Seine.

Onze heures sonnaient à l'horloge des Tuileries.

Une fois arrivés sous les arbres qui bordaient le fleuve, beaux trembles et longs peupliers qui trempaient leurs pieds dans l'eau ; une fois perdus sous l'obscurité de leur feuillage, le fermier et Pitou se couchèrent sur le gazon, et ouvrirent un conseil.

Il s'agissait de savoir, et la question était posée par le fermier, si l'on devait rester où l'on était, c'est-à-dire en sûreté, ou à peu près, ou bien si l'on devait aller se rejeter au milieu du tumulte, et prendre sa part de cette lutte qui paraissait devoir durer une partie de la nuit.

Cette question posée, Billot attendit la réponse de Pitou.

Pitou avait fort grandi en considération dans l'esprit du fermier. D'abord par la science dont il avait fait montre la veille, et ensuite par le courage dont il venait de faire preuve dans la soirée. Pitou sentait cela instinctivement ; mais, au lieu d'en être plus fier, il n'en était que plus reconnaissant au bon fermier. Pitou était humble naturellement.

— Monsieur Billot, dit-il, il est évident que vous êtes plus brave, et moi moins poltron que je le croyais. Horace, qui cependant était un autre homme que nous, sous le rapport de la poésie du moins, jeta ses armes et s'enfuit au premier choc. Moi, j'ai mon mousqueton, ma giberne et mon sabre, ce qui prouve que je suis plus brave qu'Horace.

— Eh bien ! où en veux-tu venir ?

— J'en veux venir à ceci, cher monsieur Billot, que l'homme le plus brave peut être tué par une balle.

— Après, fit le fermier.

— Après, cher monsieur, voilà : comme vous avez annoncé, en quittant la ferme, le dessein de venir à Paris pour un objet important...

— Oh ! mille dieux ! c'est vrai, pour la cassette.

— Eh bien ! vous êtes venu pour la cassette, oui ou non ?

— J'y suis venu pour la cassette, mille tonnerres ! et pas pour autre chose.

— Si vous vous faites tuer par une balle, l'affaire pour laquelle vous êtes venu ne se fera pas.

— En vérité, tu as dix fois raison, Pitou.

— Entendez-vous d'ici comme on brise et comme on crie ? continua Pitou encouragé ; le bois se déchire comme du papier, le fer se tord comme du chanvre.

— C'est que le peuple est en colère, Pitou.

— Mais, hasarda Pitou, il me semble que le roi l'est pas mal aussi, en colère.

— Comment, le roi ?

— Sans doute, les Autrichiens, les Allemands, les Kaiserlicks, comme vous les appelez, sont les soldats du roi.— Eh bien ! s'ils chargent sur le peuple, —c'est le roi qui leur ordonne de charger.— Et pour que le roi donne de pareils ordres, il faut bien qu'il soit en colère, lui aussi ?

— Tu as à la fois raison et tort, Pitou.

— Cela ne me paraît pas possible, cher monsieur Billot, et je n'ose pas vous dire que si vous eussiez étudié la logique, vous ne hasarderiez pas un pareil paradoxe.

— Tu as raison et tu as tort, Pitou, et tu vas comprendre comment.

— Je ne demande pas mieux ; mais je doute.

— Vois-tu Pitou, il y a deux partis à la cour ; celui du roi, qui aime le peuple ; et celui de la reine, qui aime les Autrichiens.

— C'est que le roi est Français et la reine Autrichienne, répondit philosophiquement Pitou.

— Attends ! Avec le roi il y a monsieur Turgot, monsieur Necker ; avec la reine il y a monsieur de Breteuil et les

Polignac. Le roi n'est pas le maître, puisqu'il a été obligé de renvoyer monsieur Turgot et monsieur Necker. C'est donc la reine qui est la maîtresse, c'est-à-dire les Breteuil et les Polignac. Voilà pourquoi tout va mal. Vois-tu, Pitou, le mal vient de madame Déficit. Madame Déficit est en colère, et c'est en son nom que les troupes chargent ; les Autrichiens défendent l'Autrichienne : c'est tout simple.

— Pardon, monsieur Billot, demanda Pitou, mais *deficit* est un mot latin qui veut dire *il manque*. Qu'est-ce qui manque donc ?

— L'argent, mille dieux ! et c'est parce que l'argent manque ; c'est parce que les favoris de la reine ont mangé cet argent qui manque, qu'on appelle la reine madame Déficit. Ce n'est donc pas le roi qui est en colère, mais la reine. Le roi n'est que fâché, fâché que tout aille si mal.

— Je comprends, dit Pitou ; mais la cassette ?

— C'est vrai ! c'est vrai ! Pitou ; cette diablesse de politique m'entraîne toujours plus loin que je ne veux aller. Oui, la cassette avant tout. Tu as raison, Pitou ; quand j'aurai vu le docteur Gilbert, eh bien ! nous en reviendrons à la politique. C'est un devoir sacré.

— Il n'y a rien de plus sacré que les devoirs sacrés, dit Pitou.

— Allons-nous-en donc au collége Louis-le-Grand, où se trouve Sébastien Gilbert, dit Billot.

— Allons, répondit Pitou en soupirant, car il lui fallait quitter un lit de gazon moelleux, auquel il s'était accoutumé. En outre, malgré la terrible surexcitation de la soirée, le sommeil, hôte assidu des consciences pures et des reins moulus, descendait avec tous ses pavots sur le vertueux et sur le moulu Ange Pitou.

Billot était déjà levé et Pitou se soulevait, quand la demie sonna.

— Mais, dit Billot, à onze heures et demie le collège Louis-le-Grand sera fermé, ce me semble.

— Oh ! bien certainement, dit Pitou.

— Puis, la nuit, on peut tomber dans une embuscade ; il me semble que je vois des feux de bivouac du côté du Palais-de-Justice ; on m'arrêtera ou l'on me tuera ; tu as raison, Pitou, il ne faut pas qu'on m'arrête, il ne faut pas qu'on me tue.

C'était la troisième fois depuis le matin que Billot faisait résonner aux oreilles de Pitou ces trois mots si flatteurs pour l'orgueil humain :

— Tu as raison.

Pitou trouva qu'il n'avait rien de mieux à faire que de répéter les paroles de Billot.

— Vous avez raison, répéta-t-il en se couchant sur le gazon. Il ne faut pas qu'on vous tue, cher monsieur Billot.

Et cette fin de phrase s'éteignit dans le gosier de Pitou. *Vox faucibus hæsit,* aurait-il pu dire s'il eût veillé, mais il dormait.

Billot ne s'en aperçut pas.

— Une idée, dit-il.

— Ah ! ronfla Pitou.

— Ecoute-moi, j'ai une idée ; malgré toutes les précautions que je prends, je puis être tué, tué de près ou frappé de loin, frappé à mort, peut-être, et mourir sur le coup ; si cela arrivait, il faut que tu saches ce que tu dois dire à ma place au docteur Gilbert ; mais sois muet, Pitou.

Pitou n'entendait pas, et, par conséquent, ne répondit point.

— Si j'étais blessé à mort et que je ne pusse pas accomplir ma mission, tu irais à ma place trouver le docteur Gilbert, et tu lui dirais... m'entends-tu bien, Pitou? dit le fermier en se baissant vers le jeune homme, et tu lui dirais... Mais il ronfle, le malheureux!

Toute l'exaltation de Billot tomba devant le sommeil de Pitou.

— Dormons donc, dit-il.

Et il s'étendit près de son compagnon sans trop grommeler. Car, quelque habitué que fût le fermier à la fatigue, la course de la journée et les événemens du soir n'étaient pas pour lui sans puissance soporative.

Et le jour parut après trois heures de leur sommeil, ou plutôt de leur engourdissement.

Lorsqu'ils rouvrirent les yeux, Paris n'avait rien perdu de

cette farouche physionomie qu'ils lui avaient vue la veille, seulement, plus de soldats, le peuple partout.

Le peuple s'armant de piques fabriquées à la hâte, de fusils dont la plupart ne savaient pas se servir, d'armes magnifiques d'un autre âge, dont les porteurs admiraient les ornemens d'or, d'ivoire et de nacre, sans en comprendre l'usage et le mécanisme.

Aussitôt après la retraite des soldats, on avait pillé le Garde-Meuble.

Et le peuple roulait vers l'Hôtel de ville deux petits canons.

Le tocsin sonnait à Notre-Dame, à l'Hôtel de ville, dans toutes les paroisses. On voyait sortir—d'où ? l'on n'en savait rien,—de dessous les pavés, des légions d'hommes et de femmes pâles, maigres, nus, qui, la veille encore, criaient : *Du pain !* et qui aujourd'hui criaient : *Des armes !*

Rien de sinistre comme ces bandes de spectres qui, depuis un ou deux mois, arrivaient de la province, passant les barrières silencieusement, et s'installant dans Paris, affamé lui-même, comme les goules arabes dans un cimetière.

Ce jour-là, toute la France, représentée à Paris par les affamés de chaque province, criait à son roi :

— Faites-nous libres ; — à son Dieu :— Rassasiez-nous !

Billot, réveillé le premier, réveilla Pitou, et tous deux s'acheminèrent vers le collége Louis-le-Grand, regardant autour d'eux en frissonnant, épouvantés qu'ils étaient par ces misères sanglantes.

A mesure qu'ils avançaient vers ce que nous appelons aujourd'hui le quartier latin, à mesure qu'ils remontaient la rue de la Harpe, à mesure enfin qu'ils pénétraient vers la rue Saint-Jacques, but de leur course, ils voyaient, comme au temps de la Fronde, s'élever des barricades. Les femmes et les enfans transportaient aux étages supérieurs des maisons : livres in-folio, meubles lourds, marbres précieux destinés à écraser les soldats étrangers, dans le cas où ils se hasarderaient à s'aventurer dans les rues tortueuses et étroites du vieux Paris.

De temps en temps Billot remarquait un ou deux gardes

françaises formant le centre de quelque rassemblement, qu'ils organisaient, et auquel, avec une rapidité merveilleuse, ils apprenaient le maniement du fusil, exercice que les femmes et les enfans suivaient avec curiosité et presque avec le désir de l'apprendre eux-mêmes.

Billot et Pitou trouvèrent le collége Louis-le-Grand en insurrection ; les écoliers s'étaient soulevés et avaient chassé leurs maîtres. Au moment où le fermier et son compagnon arrivaient devant la grille, les écoliers assiégeaient cette grille avec des menaces auxquelles répondait par des pleurs le principal épouvanté.

Le fermier regarda un instant cette révolte intestine, et tout à coup, d'une voix de stentor :

— Lequel de vous s'appelle Sébastien Gilbert? demanda-t-il.

— Moi, répondit un jeune homme de quinze ans, d'une beauté presque féminine, et qui, avec l'aide de trois ou quatre de ses camarades, apportait une échelle pour escalader le mur, voyant qu'il ne pouvait forcer la grille.

— Approchez ici, mon enfant.

— Que me voulez-vous, monsieur? demanda le jeune Sébastien à Billot.

— Est-ce que vous voulez l'emmener? s'écria le principal, épouvanté à la vue de ces deux hommes armés dont l'un, celui qui avait adressé la parole au jeune Gilbert, était tout couvert de sang.

L'enfant, de son côté, regardait ces deux hommes avec étonnement, et cherchait, mais inutilement, à reconnaître son frère de lait Pitou, démesurément grandi depuis qu'il l'avait quitté et complétement méconnaissable sous l'attirail guerrier qu'il avait revêtu.

— L'emmener! s'écria Billot; emmener le fils de monsieur Gilbert; le conduire dans cette bagarre; l'exposer à recevoir quelque mauvais coup. Oh! ma foi! non.

— Voyez-vous, Sébastien, dit le principal, voyez-vous, enragé, vos amis ne veulent pas même de vous. Car enfin, ces messieurs paraissent vos amis. Voyons, messieurs; voyons, jeunes élèves; voyons mes enfans, cria le pauvre principal, obéissez-moi; obéissez, je vous le commande; obéissez, je vous en supplie!

— *Oro obtestorque*, dit Pitou.

— Monsieur, dit le jeune Gilbert avec une fermeté extraordinaire pour un enfant de son âge, retenez mes camarades si bon vous semble, mais moi, entendez-vous bien, je veux sortir.

Il fit un mouvement vers la grille. Le professeur le retint par le bras.

Mais lui, secouant ses beaux cheveux châtains sur son front pâle:

— Monsieur, dit-il, prenez garde à ce que vous faites. Moi, je ne suis pas dans la position des autres; mon père a été arrêté, emprisonné; mon père est au pouvoir des tyrans!

— Au pouvoir des tyrans! s'écria Billot; parle, mon enfant, que veux-tu dire?

— Oui! oui! crièrent les enfans, Sébastien a raison; on a arrêté son père; et puisque le peuple a ouvert les prisons, il veut que l'on ouvre la prison de son père.

— Oh! oh! fit le fermier en secouant la grille avec son bras d'Hercule, on a arrêté le docteur Gilbert. Mordieu! cette petite Catherine avait donc raison!

— Oui, monsieur, continua le petit Gilbert, on l'a arrêté, mon père, et voilà pourquoi je veux fuir, pourquoi je veux prendre un fusil, pourquoi je veux aller me battre, jusqu'à ce que j'aie délivré mon père!

Et ces mots furent accompagnés et soutenus par cent voix furibondes, criant sur tous les tons:

— Des armes! des armes! que l'on nous donne des armes!

A ces cris, la foule qui s'était amassée dans la rue, animée à son tour d'héroïques ardeurs, se rua sur les grilles pour donner la liberté aux collégiens.

Le principal se jeta à genoux entre les écoliers et les envahisseurs, et passa ses bras supplians par les grilles.

— Oh! mes amis! mes amis! criait-il, respectez ces enfans!

— Si nous les respectons! dit un garde française; je crois

bien ! Ce sont de jolis garçons qui feront l'exercice comme des anges.

— Mes amis ! mes amis ! Ces enfans sont un dépôt que leurs parens m'ont confié ; je réponds d'eux ; leurs parens comptent sur moi ; je leur dois ma vie ; mais, au nom du ciel ! n'emmenez pas ces enfans.

Des huées parties du fond de la rue, c'est-à-dire des derniers rangs de la foule, accueillirent ses supplications douloureuses.

Billot s'élança à son tour, et s'opposant aux gardes françaises, à la foule, aux écoliers eux-mêmes :

— Il a raison, c'est un dépôt sacré ; que les hommes se battent, que les hommes se fassent tuer, mille dieux ! mais que les enfans vivent ; il faut de la semence pour l'avenir.

Un murmure improbateur accueillit ces mots.

— Qui est-ce qui murmure ? cria Billot ; à coup sûr ce n'est pas un père. Moi qui vous parle, j'ai eu hier deux hommes tués dans mes bras ; voici leur sang sur ma chemise. Voyez !

Et il montra sa veste et sa chemise ensanglantées, avec un mouvement de grandeur qui électrisa l'assemblée.

— Hier, continua Billot, je me suis battu au Palais-Royal et aux Tuileries ; et cet enfant aussi s'est battu, mais cet enfant n'a ni père ni mère ; d'ailleurs, c'est presque un homme.

Et il montrait Pitou qui se rengorgeait.

— Aujourd'hui, continua Billot, je me battrai encore, mais que nul ne vienne dire : Les Parisiens n'étaient pas assez forts contre les soldats étrangers, et ils ont appelé les enfans à leur aide.

— Oui ! oui ! s'écrièrent de tous côtés des voix de femmes et de soldats. Il a raison. Enfans ! rentrez, rentrez !

— Oh ! merci, merci, monsieur, murmura le principal en essayant de saisir les mains de Billot à travers la grille.

— Et surtout, entre tous, gardez bien Sébastien, dit celui-ci.

— Moi ! me garder ! Eh bien ! moi, je dis qu'on ne me gardera pas ! s'écria le jeune homme, livide de colère et se débattant aux mains des garçons de service qui l'emportaient.

— Laissez-moi entrer, dit Billot, je me charge de le calmer.

La foule s'écarta. Le fermier tira derrière lui Ange Pitou et pénétra dans la cour du collége.

Déjà trois ou quatre gardes françaises et une dizaine de factionnaires gardaient les portes et fermaient toute sortie aux jeunes insurgés.

Billot s'en alla droit à Sébastien, et, prenant dans ses grosses mains calleuses les mains blanches et fines de l'enfant :

— Sébastien, dit-il, me reconnaissez-vous?

— Non.

— Je suis le père Billot, fermier de votre père.

— Je vous reconnais, monsieur.

— Et ce garçon-là, dit Billot en montrant son compagnon, le connais-tu ?

— Ange Pitou, dit l'enfant.

— Oui, Sébastien, oui, moi, moi.

Et Pitou se jeta, en pleurant de joie, au cou de son frère de lait et de son camarade d'études.

— Eh bien ! dit l'enfant sans se dérider, après ?

— Après ?... Si l'on t'a pris ton père, je te le rendrai, moi, entends-tu bien.

— Vous?

— Oui, moi ! moi ! et tous ceux qui sont là avec moi. Que diable ! nous avons eu hier affaire aux Autrichiens, et nous avons vu leurs gibernes.

— A preuve même que j'en ai une, dit Pitou.

— N'est-ce pas que nous délivrerons son père? dit Billot s'adressant à la foule.

— Oui! oui ! mugit la foule ; nous le délivrerons !

Sébastien secoua la tête.

— Mon père est à la Bastille, dit-il avec mélancolie.

— Eh bien ! cria Billot.

— Eh bien ! on ne prend pas la Bastille, répondit l'enfant.

— Alors, que voulais-tu faire, toi, si tu as cette conviction ?

— Je voulais aller sur la place; on s'y battra; mon père m'eût peut-être aperçu par les barreaux d'une fenêtre.

— Impossible.

— Impossible! et pourquoi pas? Moi, un jour en me promenant avec le collége, j'ai vu la tête d'un prisonnier. Si j'avais vu mon père comme j'ai vu ce prisonnier, je l'eusse reconnu, et je lui eusse crié :

— Sois tranquille, bon père, je t'aime !

— Et si les soldats de la Bastille t'eussent tué?

— Eh bien ! ils m'eussent tué sous les yeux de mon père.

— Mort de tous les diables! tu es un méchant garçon, Sébastien, t'aller faire tuer sous l'œil de ton père! le faire mourir de douleur dans sa cage, lui qui n'a que toi au monde, lui qui t'aime tant ! Décidément, tu es un mauvais cœur, Gilbert.

Et le fermier repoussa l'enfant.

— Oui, oui, un mauvais cœur ! hurla Pitou, fondant en larmes.

Sébastien ne répondit pas.

Et tandis qu'il rêvait dans un sombre silence, Billot admirait cette noble figure blanche et nacrée, l'œil de feu, la bouche ironique et fine, le nez d'aigle et le menton vigoureux, qui décélaient à la fois noblesse d'âme et noblesse de sang.

— Tu dis que ton père est à la Bastille? dit enfin le fermier.

— Oui.

— Et pourquoi?

— Parce que mon père est un ami de Lafayette et de Washington; parce que mon père a combattu avec l'épée pour l'indépendance de l'Amérique, et avec la plume pour celle de la France; parce que mon père est connu dans les deux mondes pour haïr la tyrannie ; parce qu'il a maudit la Bastille où souffrent les autres... Alors on l'y a mis.

— Quand cela ?

— Il y a six jours.

— Et où l'a-t-on arrêté ?

— Au Havre, où il venait de débarquer.

— Comment sais-tu cela?

— J'ai reçu une lettre de lui.
— Datée du Havre?
— Oui.
— Et c'est au Havre même qu'on l'a arrêté?
— C'est à Lillebonne.
— Voyons, enfant, ne me boude pas, et donne-moi tous les détails que tu sais. Je te jure que je laisserai mes os sur la place de la Bastille, ou que tu reverras ton père.

Sébastien regarda le fermier; et, voyant qu'il paraissait parler du fond du cœur, il s'adoucit.

— Eh bien! dit-il, à Lillebonne, il a eu le temps d'écrire au crayon ces mots sur un livre :

« Sébastien, on m'arrête et l'on me conduit à la Bastille.
» Patience. Espère, et travaille.

» Lillebonne, 7 juillet 1789.

» P.-S. On m'a arrêté pour la liberté.
» J'ai un fils au collége Louis-le-Grand, à Paris. Celui qui trouvera ce livre est prié, au nom de l'humanité, de faire passer ce livre à mon fils; il se nomme Sébastien Gilbert. »

— Et ce livre? demanda Billot, haletant d'émotion.
— Ce livre, il y mit une pièce d'or, le lia avec un cordon et le jeta par la fenêtre.
— Et?...
— Et le curé de la ville le trouva. Il choisit parmi les paroissiens un vigoureux jeune homme à qui il dit :

« — Laisse douze francs à ta famille, qui n'a pas de pain, et, avec les douze autres, va porter ce livre à Paris, à un pauvre enfant dont on vient de prendre le père, parce qu'il aime trop le peuple. »

— Le jeune homme est arrivé hier à midi; il m'a remis le livre de mon père; voilà comment je sais que mon père a été arrêté.

— Allons! allons? dit Billot, voilà qui me raccommode un peu avec les curés. Malheureusement, ils ne sont pas tous comme celui-là. Et ce brave jeune homme, où est-il?

— Il est reparti hier soir ; il espère rapporter cinq livres à sa famille sur les douze livres qu'il a emportées.

— Beau ! beau ! fit Billot en pleurant de joie. Oh ! peuple ! il a du bon, va Gilbert.

— Maintenant, voilà que vous savez tout.

— Oui.

— Vous m'avez promis, si je parlais, de me rendre mon père. J'ai parlé, songez à votre promesse.

— Je t'ai dit que je le sauverais, ou que je me ferais tuer. Maintenant, montre-moi le livre, dit Billot.

— Le voici, dit l'enfant, en tirant de sa poche un volume du *Contrat social.*

— Et où est l'écriture de ton père?

— Tenez, dit l'enfant, en lui montrant l'écriture du docteur.

Le fermier baisa les caractères.

— A présent, dit-il, sois calme. Je vais aller chercher ton père à la Bastille.

— Malheureux ! dit le principal en prenant les mains de Billot, comment arriverez-vous à un prisonnier d'Etat?

— En prenant la Bastille, mille dieux !

Quelques gardes françaises se mirent à rire. Au bout d'un instant, la risée était devenue générale.

— Mais, cria Billot, en promenant autour de lui un regard étincelant de colère, qu'est-ce que c'est donc que la Bastille, s'il vous plaît ?

— Des pierres, dit un soldat.

— Du fer, dit un autre.

— Et du feu, dit un troisième. Prenez garde, mon brave homme, on s'y brûle.

— Oui ! oui ! l'on s'y brûle, répéta la foule avec terreur.

— Ah ! Parisiens, hurla le fermier ; ah ! vous avez des pioches et vous craignez les pierres ; ah ! vous avez du plomb et vous craignez le fer, ah ! vous avez de la poudre et vous craignez le feu. Parisiens poltrons ; parisiens lâches ; parisiens machines à esclavage ! Mille démons ! Quel est l'homme de cœur qui veut venir avec moi et Pitou prendre la Bastille du roi. Je m'appelle Billot, fermier dans l'Ile-de-France. En avant !

Billot venait de s'élever au sublime de l'audace.

La foule frémissante et enflammée s'agitait autour de lui en criant : — A la Bastille ! à la Bastille !

Sébastien voulut se cramponner à Billot, mais celui-ci le repoussa doucement.

— Enfant, demanda-t-il, quel est le dernier mot de ton père?

— Travaille ! répondit Sébastien.

— Donc, *travaille* ici ; nous, nous allons *travailler* là-bas. Seulement, notre travail à nous s'appelle détruire et tuer.

Le jeune homme ne répondit pas un mot ; il cacha son visage dans ses mains, sans même serrer les doigts d'Ange Pitou qui l'embrassait, et tomba dans des convulsions si violentes, qu'on fut forcé de l'emporter à l'infirmerie du collége.

— A la Bastille ! cria Billot.
— A la Bastille ! cria Pitou.
— A la Bastille ! répéta la foule.

Et l'on s'achemina vers la Bastille.

XIII.

LE ROI EST SI BON, LA REINE EST SI BONNE.

Maintenant, que nos lecteurs nous permettent de les mettre au courant des principaux événemens politiques qui s'étaient passés depuis l'époque où, dans notre dernière publication, nous avons abandonné la cour de France.

Ceux qui connaissent l'histoire de cette époque, ou ceux que l'histoire pure et simple effraiera, peuvent passer ce chapitre, le chapitre suivant s'emboîtant juste avec celui qui précède, et celui que nous hasardons ici n'étant qu'à l'usage des esprits exigeans qui veulent se rendre compte de tout.

Depuis un an ou deux, quelque chose d'inouï, d'inconnu,

quelque chose venant du passé et allant vers l'avenir, grondait dans l'air.

C'était la Révolution.

Voltaire s'était soulevé un instant dans son agonie, et, accoudé sur son lit de mort, il avait vu luire, jusque dans la nuit où il s'endormait, cette fulgurante aurore.

C'est que la Révolution, comme le Christ, dont elle était la pensée, devait juger les vivans et les morts.

Lorsqu'Anne d'Autriche arriva à la régence, dit le cardinal de Retz, il n'y eut qu'un mot dans toutes les bouches : *La reine est si bonne !*

Un jour, le médecin de madame de Pompadour, Quesnoy, qui logeait chez elle, voit entrer Louis XV : un sentiment en dehors du respect le trouble à ce point qu'il tremble et pâlit.

— Qu'avez-vous ? lui demande madame du Hausset.

— J'ai, répond Quesnoy, qu'à chaque fois que je vois le roi, je me dis : Voilà cependant un homme qui peut me faire couper la tête !

— Oh ! il n'y a pas de danger, répond madame du Hausset : *Le roi est si bon !*

C'est avec ces deux phrases :

Le roi est si bon ! La reine est si bonne ! qu'on a fait la révolution française.

Quand Louis XV mourut, la France respira. On était débarrassé, en même temps que du roi, des Pompadour, des Dubarry, du Parc-aux-Cerfs.

Les plaisirs de Louis XV coûtaient cher à la nation, ils coûtaient seuls plus de trois millions par an.

Heureusement, on avait un roi jeune, moral, philanthrope, presque philosophe.

Un roi qui, comme l'Emile de Jean-Jacques, avait appris un état, ou plutôt trois états.

Il était serrurier, horloger, mécanicien.

Aussi, effrayé de l'abîme sur lequel il se penche, le roi commence-t-il par refuser toutes les faveurs qu'on lui demande. Les courtisans frémissent. Heureusement une chose les rassure : c'est que ce n'est pas lui qui refuse, c'est Turgot ; c'est que la reine n'est peut-être pas reine encore, et par conséquent ne peut avoir ce soir l'influence qu'elle aura demain.

Enfin, vers 1777, elle acquiert cette influence tant attendue : la reine devient mère; le roi, qui était déjà si bon roi, si bon époux, va pouvoir être bon père.

Comment rien refuser maintenant à celle qui a donné un héritier à la couronne?

Et puis, ce n'est pas le tout : le roi est encore bon frère; on connaît l'anecdote de Beaumarchais sacrifié au comte de Provence : et encore le roi n'aime-t-il pas le comte de Provence qui est un pédant.

Mais, en revanche, il aime fort monsieur le comte d'Artois, ce type d'esprit, d'élégance et de noblesse française.

Il l'aime tant, que s'il refuse parfois à la reine ce que la reine demande, le comte d'Artois n'a qu'à se joindre à la reine, et le roi n'a plus la force de refuser.

Aussi est-ce le règne des hommes aimables. Monsieur de Calonne, un des hommes les plus aimables du monde, est contrôleur général; c'est lui qui dit à la reine :

« Madame, si c'est possible, c'est fait; si c'est impossible, cela se fera. »

A partir du jour où cette charmante réponse circule dans les salons de Paris et de Versailles, le livre rouge, que l'on croyait fermé, s'est rouvert.

La reine achète Saint-Cloud.

Le roi achète Rambouillet.

Ce n'est plus le roi qui a des favorites, c'est la reine : Mesdames Diane et Jules de Polignac coûtent aussi cher à la France que la Pompadour et la Dubarry.

La reine est si bonne!

On propose une économie sur les gros traitemens. Quelques-uns en prennent leur parti. Mais un familier du château refuse obstinément de se laisser réduire ; c'est monsieur de Coigny : il rencontre le roi dans un corridor, lui fait une scène entre deux portes. Le roi se sauve, et dit en riant le soir :

— En vérité, je crois que si je n'eusse cédé, Coigny m'eût battu.

Le roi est si bon!

Puis, les destinées d'un royaume tiennent parfois à bien peu de chose, à l'éperon d'un page, par exemple.

Louis XV meurt ; qui succèdera à monsieur d'Aiguillon ?

Le roi Louis XVI est pour Machaut. Machaut, c'est un des ministres qui ont soutenu le trône déjà chancelant. Mesdames, c'est à dire les tantes du roi, sont pour monsieur de Maurepas, qui est si amusant et qui fait de si jolies chansons. Il en a fait à Pontchartain trois volumes, qu'il appelle ses Mémoires.

Tout ceci est une affaire de steeple-chase. Qui arrivera le premier, du roi et de la reine à Arnouville, ou de Mesdames à Pontchartrain ?

Le roi a le pouvoir entre les mains, les chances sont donc pour lui. Il se hâte d'écrire :

« Partez à l'instant même pour Paris. Je vous attends. »

Il glisse la dépêche dans une enveloppe, et sur l'enveloppe il écrit :

« Monsieur le comte de Machaut, à Arnouville. »

Un page de la grande écurie est appelé, on lui remet le pli royal ; on lui ordonne de partir à franc étrier.

Maintenant que le page est parti, le roi peut recevoir Mesdames.

Mesdames, les mêmes que leur père appelait, comme on l'a vu dans *Balsamo*, Locque, Chiffe et Graille, trois noms éminemment aristocratiques, Mesdames attendent à la porte opposée à celle par laquelle le page sort, — que le page soit sorti.

Une fois le page sorti, Mesdames peuvent entrer.

Elles entrent, supplient le roi en faveur de monsieur de Maurepas, — tout cela est une question de temps, — le roi ne veut pas refuser Mesdames. —*Le roi est si bon !*

Il accordera quand le page sera assez loin,—pour qu'on ne le rattrape pas le page.

Il lutte contre Mesdames, les yeux sur la pendule,— une demi-heure lui suffit, — la pendule ne le trompera point, c'est la pendule qu'il règle lui-même.

Au bout de vingt minutes, il cède:

— Qu'on rattrape le page, dit-il, et tout sera dit !

Mesdames s'élancent; on montera à cheval, on crèvera un cheval, deux chevaux, dix chevaux, mais on rattrapera le page.

C'est inutile, et l'on ne crèvera rien du tout.

En descendant, le page a accroché une marche et cassé son éperon. Le moyen d'aller ventre à terre avec un seul éperon.

D'ailleurs, le chevalier d'Abzac est chef de la grande écurie, et il ne laisserait pas monter un courrier à cheval, lui qui passe l'inspection des courriers,— si ce courrier devait partir d'une manière qui ne fît pas honneur à l'écurie royale.

Le page ne partira donc qu'avec les deux éperons.

Il en résulte qu'au lieu de rattraper le page sur la route d'Arnouville,— courant à franc étrier,— on le rattrapera dans la cour du château.

Il était en selle et prêt à partir dans une tenue irréprochable.

On lui reprend le pli, on laisse le texte qui était aussi bon pour l'un que pour l'autre. Seulement, au lieu d'écrire sur l'adresse : A monsieur de Machaut, à Arnouville, Mesdames écrivent : A monsieur le comte de Maurepas, à Pontchartrain.

L'honneur de l'écurie royale est sauvé, mais la monarchie est perdue.

Avec Maurepas et Calonne, tout va à merveille, l'un chante, l'autre paie ; puis après les courtisans, il y a encore les fermiers généraux, qui font bien aussi leur office.

Louis XIV commença son règne par faire pendre deux fermiers-généraux sur l'avis de Colbert ; après quoi il prend Lavallière pour maîtresse et fait bâtir Versailles. Lavallière ne lui coûtait rien.

Mais Versailles, où il voulait la loger, lui coûtait cher.

Puis en 1685, sous prétexte qu'ils sont protestans, on chasse un million d'hommes industrieux de la France.

Aussi, en 1707, sous le grand roi encore, Boisguilber dit-il en parlant de 1698:

Cela allait encore dans ce temps-là ; dans ce temps-là il y avait encore de l'huile dans la lampe. Aujourd'hui tout a pris fin faute de matière.

Que dira-t-on quatre-vingts ans après, mon Dieu ! quand les Dubarry, les Polignac auront passé sur tout cela. Après avoir fait suer l'eau au peuple, on lui fera suer le sang. Voilà tout.

Et tout cela avec des formes si charmantes !

Autrefois les traitans étaient durs, brutaux et froids comme les portes des prisons dans lesquelles ils jetaient leurs victimes.

Aujourd'hui ce sont des philanthropes ; d'une main ils dépouillent le peuple, c'est vrai ; mais de l'autre ils lui bâtissent des hôpitaux.

Un de mes amis, grand financier, m'a assuré que sur cent vingt millions que rapportait la gabelle, les traitans en gardaient soixante et dix pour eux.

Aussi, dans une réunion où l'on demandait les états de dépenses, un conseiller jouant sur le mot, dit-il :

« Ce ne sont pas les états particuliers qu'il faudrait, ce sont les Etats-Généraux. »

L'étincelle tomba sur la poudre, la poudre s'enflamma et fit un incendie.

Chacun répéta le mot du conseiller et les Etats-Généraux furent appelés à grands cris.

La cour fixa l'ouverture des États-Généraux au 1er mai 1789.

Le 24 août 1788, monsieur de Brienne se retira. C'en était encore un qui avait assez lestement mené les finances.

Mais en se retirant, du moins, donna-t-il un assez bon avis : c'était de rappeler Necker.

Necker rentra au ministère, et l'on respira de confiance.

Cependant, la grande question des trois ordres était débattue par toute la France.

Siéyès publiait sa fameuse brochure sur le Tiers.

Le Dauphiné, dont les Etats se réunissaient malgré la cour, décidait que la représentation du Tiers serait égale à celle de la noblesse et du clergé.

On refit une assemblée des notables.

Cette assemblée dura trente-deux jours, c'est-à-dire du 6 novembre au 8 décembre 1788.

Cette fois Dieu s'en mêlait. Quand le fouet des rois ne suffit pas, le fouet de Dieu siffle à son tour dans l'air et fait marcher les peuples.

L'hiver vint accompagné de la famine.

La faim et le froid ouvrirent les portes de l'année 1789.

Paris fut rempli de troupes, les rues de patrouilles.

Deux ou trois fois les armes furent chargées devant la foule qui mourait de faim.

Puis, les armes chargées, lorsqu'il fallut s'en servir on ne s'en servit point.

Un matin, le 26 avril, cinq jours avant l'ouverture des Etats Généraux, un nom circule dans cette foule.

Ce nom est accompagné de malédictions d'autant plus lourdes que ce nom est celui d'un ouvrier enrichi.

Réveillon, à ce qu'on assure, Réveillon, le directeur de la fameuse fabrique de papiers du faubourg Saint-Antoine, Réveillon a dit qu'il fallait abaisser à quinze sous les journées des ouvriers.

Ceci c'était la vérité.

La cour, ajoutait-on, allait le décorer du cordon noir, c'est à dire de l'ordre de Saint-Michel.

Ceci, c'était l'absurdité.

Il y a toujours quelque bruit absurde dans les émeutes. Et il est remarquable que c'est surtout par ce bruit-là qu'elles se recrutent, qu'elles s'augmentent, qu'elle se font révolution.

La foule fait un mannequin, le baptise RÉVEILLON, le décore du cordon noir, vient l'allumer devant la porte de Réveillon lui-même, et va achever de le brûler sur la place de l'Hôtel-de-Ville, aux yeux des autorités municipales qui le regardent brûler.

L'impunité enhardit la foule, qui prévient que le lendemain, après avoir fait justice de Réveillon en effigie, elle en ferait justice en réalité.

C'était un cartel dans toutes les règles adressé au pouvoir.

Le pouvoir envoya trente gardes françaises ; encore ce ne fut pas le pouvoir qui les envoya, ce fut le colonel, monsieur de Biron.

Ces trente gardes françaises furent les témoins de ce grand duel qu'ils ne pouvaient empêcher. Ils regardèrent piller la fabrique, jeter les meubles par la fenêtre, briser tout, brûler tout. Au milieu de cette bagarre, 500 louis en or furent volés.

On but le vin des caves ; et quand on n'eut plus du vin, on but les couleurs de la fabrique que l'on prenait pour du vin.

Toute la journée du 27 fut occupée par cette vilenie.

On envoya, au secours des trente hommes, quelques compagnies de gardes françaises, qui d'abord tirèrent à poudre, puis à balles. Aux gardes françaises vinrent se joindre, vers le soir, les Suisses de monsieur de Bezenval.

Les Suisses ne plaisantent pas en matière de révolution.

Les Suisses oublièrent les balles dans leurs cartouches, et comme les Suisses sont naturellement chasseurs, et bons chasseurs, une vingtaine de pillards restèrent sur le carreau.

Quelques-uns avaient sur eux leur part des cinq cents louis dont nous avons parlé, et qui, du secrétaire de Réveillon, passèrent dans la poche des pillards, et de la poche des pillards dans celle des Suisses.

Bezenval avait tout fait, tout pris sous son chapeau, comme on dit.

Le roi ne l'en remercia, ni ne le blâma.

Or, quand le roi ne remercie pas, le roi blâme.

Le parlement ouvrit une enquête.

Le roi la ferma.

Le roi était si bon !

Qui avait mis ainsi le feu au peuple ? Personne ne put le dire.

N'a-t-on pas vu parfois, dans les grandes chaleurs de l'été, des incendies s'allumer sans cause ?

On accusa le duc d'Orléans.

L'accusation était absurde, elle tomba.

Le 29, Paris était parfaitement tranquille, ou du moins paraissait l'être.

Le 4 mai arriva, le roi et la reine se rendirent avec toute la cour à Notre-Dame pour entendre le *Veni creator*.

On cria beaucoup Vive le roi et surtout Vive la reine.

La reine était si bonne.

Ce fut le dernier jour de paix.

Le lendemain, on criait un peu moins Vive la reine et on riait un peu plus Vive le duc d'Orléans.

Ce cri la blessa fort; pauvre femme, elle qui détestait le duc au point de dire que c'était un lâche.

Comme s'il y avait jamais eu un lâche dans les d'Orléans, depuis Monsieur, qui gagna la bataille de Cassel, jusqu'au duc de Chartres qui contribua à gagner celle de Jemmapes et de Valmy !

Tant il y a, disons-nous, que la pauvre femme faillit s'évanouir ; on la soutint, comme sa tête penchait. Madame Campan raconte la chose dans ses Mémoires.

Mais cette tête penchée se releva hautaine et dédaigneuse. Ceux qui virent l'expression de cette tête furent guéris à tout jamais de dire : *La reine est si bonne* !

Il existe trois portraits de la reine ; l'un peint en 1776, l'autre en 1784, et l'autre en 1788.

Je les ai vus tous trois. Voyez-les à votre tour. Si jamais ces trois portraits sont réunis dans une seule galerie, on lira l'histoire de Marie-Antoinette dans ces trois portraits (1).

Cette réunion des trois ordres, qui devait être un embrassement, fut une déclaration de guerre.

» — Trois ordres ! dit Siéyès ; non, trois nations ! »

Le 3 mai, la veille de la messe du Saint-Esprit, le roi reçut les députés à Versailles.

Quelques-uns lui conseillent de substituer la cordialité à l'étiquette.

Le roi ne voulut entendre à rien.

Il reçut le clergé d'abord.

La noblesse ensuite.

---

(1) Les trois portraits sont à Versailles.

Enfin le Tiers.

Le Tiers avait attendu longtemps.

Le Tiers murmura.

Dans les anciennes assemblées, le Tiers haranguait à genoux.

Il n'y avait pas moyen de faire agenouiller le président du Tiers ?

On décida que le Tiers ne prononcerait pas de harangue.

A la séance du 5, le roi se couvrit.

La noblesse se couvrit.

Le Tiers voulut se couvrir, mais le roi se découvrit alors; alors il aima mieux tenir son chapeau à la main que de voir le Tiers couvert devant lui.

Le mercredi 10 juin, Siéyès entra dans l'Assemblée. Il la vit presque entièrement composée du Tiers.

Le clergé et la noblesse s'assemblaient ailleurs.

« — Coupons le câble, dit Siéyès ; il est temps. »

Et Siéyès propose de sommer le clergé et la noblesse de comparaître dans une heure pour tout délai.

— Faute de comparution, il sera donné défaut contre les absens.

Une armée allemande et suisse entourait Versailles. Une batterie de canon était braquée sur l'Assemblée.

Siéyès ne vit rien de tout cela. Il vit le peuple qui avait faim.—« Mais le Tiers, dit-on à Siéyès, ne peut former à lui seul les États Généraux.

« — Tant mieux, répondit Siéyès ; il formera l'Assemblée nationale. »

Les absens ne se présentent point; la proposition de Siéyès est adoptée ; le Tiers s'appelle L'ASSEMBLÉE NATIONALE, à la majorité de 400 voix.

Le 19 juin, le roi ordonne que la salle où se réunit l'Assemblée nationale sera fermée.

Mais le roi, pour accomplir un pareil coup d'État, a besoin d'un prétexte.

La salle est fermée pour y faire les préparatifs d'une séance royale qui doit avoir lieu le lundi.

Le 20 juin, à sept heures du matin, le président de l'Assemblée nationale apprend qu'on ne se réunira pas ce jour-là.

A huit heures, il se rend à la porte de la salle avec grand nombre de députés.

Les portes sont fermées, et des sentinelles gardent les portes.

La pluie tombe.

On veut enfoncer les portes.

Les sentinelles ont la consigne, et croisent les baïonnettes.

L'un propose de se réunir à la place d'Armes.

L'autre à Marly.

Guillotin propose le Jeu de Paume.

— Guillotin !

L'étrange chose que ce soit Guillotin, dont le nom, en ajoutant un E à ce nom, sera si célèbre quatre ans plus tard ! Quelle chose étrange que ce soit Guillotin qui propose le Jeu de Paume !

Ce Jeu de Paume nu, délabré, ouvert aux quatre vents,

C'est la crèche de la sœur du Christ ! C'est le berceau de la Révolution !

Seulement, le Christ était fils d'une femme vierge.

La Révolution était fille d'une nation violée.

A cette grande démonstration, le roi répond par le mot royal : VETO !

Monsieur de Brézé est envoyé aux rebelles pour leur ordonner de se disperser. « — Nous sommes ici par la volonté du peuple, dit Mirabeau, et nous n'en sortirons que la baïonnette dans le ventre. »

Et non pas comme on l'a dit : « Que *par la force des baïonnettes.* » Pourquoi y a-t-il donc toujours derrière un grand homme un petit rhéteur qui gâte les mots, sous prétexte de les arranger ?

Pourquoi ce rhéteur était-il derrière Mirabeau au Jeu de Paume ?

Derrière Cambronne à Waterloo ?

On alla reporter la réponse au roi.

Il se promena quelque temps de l'air d'un homme ennuyé.

— Ils ne veulent pas s'en aller ? dit-il.

— Non, sire.

— Eh bien ! alors, qu'on les laisse.

Comme on le voit, la royauté pliait déjà sous la main du peuple, et pliait bien bas.

Du 23 juin au 12 juillet, tout sembla assez tranquille, mais tranquille de cette tranquillité lourde et étouffante qui précède l'orage.

C'était le mauvais rêve d'un mauvais sommeil.

Le 11, le roi prend un parti, poussé par la reine, le comte d'Artois, les Polignac, toute la camarilla de Versailles, enfin il renvoie Necker. Le 12, la nouvelle parvint à Paris.

On a vu l'effet qu'elle avait produit. Le 13 au soir, Billot arrivait pour voir brûler les barrières.

Le 13 au soir, Paris se défendait ; — le 14 au matin, Paris était prêt à attaquer.

Le 14 au matin, Billot criait : A la Bastille ! — et trois mille hommes, après Billot, répétaient le même cri, qui allait devenir celui de toute la population parisienne.

C'est qu'il existait un monument qui, depuis près de cinq siècles, pesait à la poitrine de la France — comme le rocher infernal aux épaules de Sisyphe.

Seulement, moins confiante que le Titan dans ses forces, la France n'avait jamais essayé de le soulever.

Ce monument, cachet de la féodalité imprimé sur le front de Paris, c'était la Bastille.

Le roi était trop bon, comme disait madame du Hausset, pour faire couper une tête.

Mais le roi mettait à la Bastille.

Une fois qu'on était à la Bastille, par ordre du roi, un homme était oublié, séquestré, enterré, anéanti.

Il y restait jusqu'à ce que le roi se souvînt de lui, et les rois ont tant de choses nouvelles auxquelles il faut qu'ils pensent, qu'ils oublient souvent de penser aux vieilles choses.

D'ailleurs, il n'y avait pas en France qu'une seule bastille ; il y avait vingt bastilles, que l'on appelait le For-l'Evêque, Saint-Lazare, le Châtelet, la Conciergerie, Vincennes, le château de la Roche, le château d'If, les îles Sainte-Marguerite, Pignerolles, etc.

Seulement, la forteresse de la porte Saint-Antoine s'appelait la *Bastille*, comme Rome s'appelait la *Ville*.

C'était la bastille par excellence. Elle valait à elle seule toutes les autres.

Pendant près d'un siècle le gouvernement de la Bastille était demeuré dans une seule et même famille.

L'aïeul de ces élus fut monsieur de Châteauneuf. Son fils Lavrillière lui succéda. Enfin, à son fils Lavrillière succéda son petit-fils Saint-Florentin. La dynastie s'était éteinte en 1777.

Pendant ce triple règne, qui s'écoula en grande partie sous le règne de Louis XV, nul ne peut dire la quantité de lettres de cachet qui furent signées. Saint-Florentin en signa à lui seul plus de cinquante mille.

C'était un grand revenu que les lettres de cachet.

On en vendait aux pères qui voulaient se débarrasser de leurs fils.

On en vendait aux femmes qui voulaient se débarrasser de leurs maris.

Plus les femmes étaient jolies, moins les lettres de cachet coûtaient cher.

C'étaient alors entre elles et le ministre un échange de bons procédés, voilà tout.

Depuis la fin du règne de Louis XIV, toutes les prisons d'État, et surtout la Bastille, étaient aux mains des jésuites.

On se rappelle les principaux, parmi les prisonniers :

Le Masque-de-Fer, Lauzun, Latude.

Les jésuites étaient confesseurs ; ils confessaient les prisonniers, pour plus grande sûreté.

Pour plus grande sûreté encore, les prisonniers morts étaient enterrés sous de faux noms.

Le Masque-de-Fer, on se le rappelle, fut enterré sous le nom de Marchialy.

Il était resté 45 ans en prison.

Lauzun y resta 14 ans.

Latude 30 ans.

Mais au moins le Masque-de-Fer et Lauzun avaient commis de grands crimes, eux.

Le Masque-de-Fer, frère ou non de Louis XIV, ressemblait à Louis XIV de façon à s'y tromper.

C'est bien imprudent que d'oser ressembler à un roi.

Lauzun avait failli épouser ou même avait épousé la grande Mademoiselle.

C'est bien imprudent d'oser épouser la nièce du roi Louis XIII, la petite fille du roi Henri IV.

Mais Latude, pauvre diable! qu'avait-il fait?

Il avait osé devenir amoureux de mademoiselle Poisson, dame de Pompadour, maîtresse du roi.

Il lui avait écrit un billet.

Ce billet, qu'une honnête femme eût renvoyé à celui qui l'avait écrit, est renvoyé par madame de Pompadour à monsieur de Sartines.

Et Latude arrêté, fugitif, pris et repris, reste trente ans sous les verrous de la Bastille, de Vincennes et de Bicêtre.

Ce n'était donc pas pour rien que la Bastille était haïe.

Le peuple la haïssait comme une chose vivante; il en avait fait une de ces Tarasques gigantesques, une de ces bêtes du Gévaudan qui dévorent impitoyablement les hommes.

Aussi l'on comprend la douleur du pauvre Sébastien Gilbert lorsqu'il sut que son père était à la Bastille.

Aussi l'on comprend cette conviction de Billot, que le docteur ne sortirait plus de prison si l'on ne l'en tirait de force.

Aussi l'on comprit l'élan frénétique du peuple, lorsque Billot cria : A la Bastille!

Seulement, c'était une chose insensée, comme l'avaient dit les soldats, que cette idée que l'on pouvait prendre la Bastille.

La Bastille avait des vivres, une garnison, de l'artillerie.

La Bastille avait des murs de quinze pieds à son faîte, de quarante pieds à sa base.

La Bastille avait un gouverneur qu'on appelait monsieur de Launay, qui avait fait mettre trente milliers de poudre dans ses caves, et qui avait promis, en cas de coup de main, de faire sauter la Bastille, et avec elle la moitié du faubourg Saint-Antoine.

XIV.

LES TROIS POUVOIRS DE LA FRANCE.

Billot marchait toujours, mais ce n'était plus lui qu criait. La foule, éprise de son air martial, reconnaissant dans cet homme un des siens, la foule, commentant ses paroles et son action, le suivait toujours grossissant comme le flot de la marée montante.

Derrière Billot, lorsqu'il déboucha sur le quai Saint-Michel, il y avait plus de trois mille hommes armés de coutelas, de haches, de piques et de fusils.

Tout le monde criait : A la Bastille ! à la Bastille !

Billot s'isola en lui-même. Les réflexions que nous avons faites à la fin du chapitre précédent, il les fit à son tour, et, peu à peu, toute la vapeur de son exaltation fiévreuse tomba.

Alors il vit clair dans son esprit.

L'entreprise était sublime, mais insensée. C'était facile à comprendre d'après les physionomies effarées et ironiques sur lesquelles se reflétait l'impression de ce cri : A la Bastille !

Mais il n'en fut que mieux affermi dans sa résolution.

Seulement, il comprit qu'il répondait à des mères, à des femmes, à des enfans, de la vie de tous ces hommes qui le suivaient, et il voulut prendre toutes les précautions possibles.

Billot commença donc par conduire tout son monde sur la place de l'Hôtel-de-Ville.

Là il nomma un lieutenant et des officiers; — des chiens — pour contenir le troupeau.

— Voyons, pensa Billot, il y a un pouvoir en France, il y en a même deux, il y en a même trois.

Consultons :

Il entra donc à l'Hôtel-de-Ville en demandant quel était le chef de la municipalité.

On lui répondit que c'était le prévôt des marchands, monsieur de Flesselles.

— Ah! ah! fit-il d'un air peu satisfait, monsieur *de Flesselles*, un noble, c'est-à-dire un ennemi du peuple.

— Mais non, lui répondit-on, un homme d'esprit.

Billot monta l'escalier de l'Hôtel-de-Ville.

Dans l'antichambre il rencontra un huissier.

— Je veux parler à monsieur de Flesselles, dit Billot, s'apercevant que l'huissier s'approchait de lui pour lui demander ce qu'il désirait.

— Impossible! répondit l'huissier; il s'occupe à compléter les cadres d'une milice bourgeoise que la Ville organise en ce moment.

— Cela tombe à merveille, dit Billot; moi aussi j'organise une milice, et comme j'ai déjà trois mille hommes enrégimentés, je vaux monsieur de Flesselles, qui n'a pas un soldat sur pied. Faites-moi donc parler à monsieur de Flesselles, et cela à l'instant même. Oh! regardez par la fenêtre, si vous voulez.

L'huissier jetait en effet un coup d'œil rapide sur les quais, et il avait aperçu les hommes de Billot. Il se hâta donc d'aller prévenir le prévôt des marchands, auquel il montra, comme apostille à son message, les trois mille hommes en question.

Cela inspira au prévôt une sorte de respect pour celui qui voulait lui parler; il sortit du conseil, et vint dans l'antichambre, cherchant des yeux.

Il aperçut Billot, le devina, et sourit.

— C'est vous qui me demandez, dit-il.

— Vous êtes monsieur de Flesselles, prévôt des marchands? répliqua Billot.

— Oui, monsieur. Qu'y a-t-il pour votre service? Hâtez-vous seulement, car j'ai la tête fort occupée.

— Monsieur le prévôt, demanda Billot, combien y a-t-il de pouvoirs en France?

— Dame! c'est selon comme vous l'entendez, mon cher monsieur, répondit Flesselles.

— Dites comme vous l'entendez vous-même.

— Si vous consultez monsieur Bailly, il vous dira qu'il n'y en a qu'un : l'Assemblée nationale ; si vous consultez monsieur de Dreux-Brézé, il vous dira qu'il n'y en a qu'un : le roi.

— Et vous, monsieur le prévôt, entre ces deux opinions, quelle est la vôtre?

— Mon opinion, à moi, est aussi qu'en ce moment surtout il n'y en a qu'un.

— L'Assemblée, ou le roi? demanda Billot.

— Ni l'un ni l'autre : la nation, répondit Flesselles en chiffonnant son jabot.

— Ah! ah! la nation! fit le fermier.

— Oui, c'est-à-dire ces messieurs qui attendent en bas sur la place avec des couteaux et des broches ; la nation, c'est-à-dire pour moi tout le monde.

— Vous pourriez bien avoir raison, monsieur de Flesselles, répondit Billot, et ce n'est pas à tort que l'on me disait que vous étiez un homme d'esprit.

De Flesselles s'inclina.

— Auquel de ces trois pouvoirs comptez-vous en appeler, monsieur? demanda Flesselles.

— Ma foi! dit Billot, je crois que le plus simple, quand on a quelque chose à demander d'important, c'est de s'adresser au bon Dieu, et non pas à ses saints.

— Ce qui veut dire que vous allez vous adresser au roi?

— J'en ai envie.

— Et serait-ce indiscret de savoir ce que vous comptez demander au roi?

— La liberté du docteur Gilbert, qui est à la Bastille.

— Le docteur Gilbert? demanda insolemment Flesselles. N'est-ce pas un faiseur de brochures?

— Dites un philosophe, monsieur.

— C'est tout un, mon cher monsieur Billot. Je crois que vous avez peu de chances d'obtenir une pareille chose du roi.

— Et pourquoi?

— D'abord, parce que si le roi a fait mettre le docteur Gilbert à la Bastille, c'est qu'il a ses raisons pour cela.

— C'est bien ! dit Billot, il me donnera ses raisons, et je lui donnerai les miennes.

— Mon cher monsieur Billot, le roi est fort occupé, et ne vous recevra pas.

— Oh ! s'il ne me reçoit pas, je trouverai un moyen d'entrer sans sa permission.

— Alors, une fois entré, vous rencontrerez monsieur de Dreux-Brézé, qui vous fera jeter à la porte.

— Qui me fera jeter à la porte !

— Oui, il a bien voulu le faire pour l'Assemblée en masse ; il est vrai qu'il n'a pas réussi, mais raison de plus pour qu'il rage et qu'il prenne sa revanche sur vous.

— C'est bien ; alors je m'adresserai à l'Assemblée.

— Le chemin de Versailles est coupé.

— J'irai avec mes trois mille hommes.

— Prenez garde, mon cher monsieur, vous trouverez sur la route quatre ou cinq mille Suisses et deux ou trois mille Autrichiens qui ne feront qu'une bouchée de vous et de vos trois mille hommes ; en un clin d'œil vous serez avalés.

— Ah diable ! que dois-je faire alors ?

— Faites ce que vous voudrez ; mais rendez-moi le service d'emmener vos trois mille hommes, qui battent le pavé avec leurs hallebardes, et qui fument. Il y a sept ou huit milliers de poudre dans nos caves, et une étincelle peut nous faire sauter.

— En ce cas, je réfléchis, dit Billot, je ne m'adresserai ni au roi ni à l'Assemblée nationale, je m'adresserai à la nation, et nous prendrons la Bastille.

— Et avec quoi ?

— Avec les huit milliers de poudre que vous allez me donner, monsieur le prévôt.

— Ah ! vraiment ? dit Flesselles d'un ton goguenard.

— C'est comme cela. Monsieur, les clefs des caves, s'il vous plaît ?

— Hein ! Plaisantez-vous ? fit le prévôt.

— Non, monsieur, je ne plaisante pas, dit Billot.

Et saisissant Flesselles des deux mains au collet de son habit :

— Les clefs, dit-il, ou j'appelle mes hommes.

Flesselles devint pâle comme la mort. Ses lèvres et ses dents se serrèrent convulsivement, mais sans que sa voix subît la moindre altération, sans qu'il quittât le ton ironique qu'il avait pris.

— Au fait! monsieur, dit-il, vous me rendrez un grand service en me débarrassant de cette poudre. Je vais donc vous en faire remettre les clefs comme vous le désirez. Seulement, n'oubliez pas que je suis votre premier magistrat, et que si vous aviez le malheur de me faire devant du monde ce que vous venez de me faire seul à seul, une heure après vous seriez pendu par les gardes de la ville. Vous persistez à vouloir cette poudre?

— Je persiste, répondit Billot.

— Et vous la distribuerez vous-même?

— Moi-même.

— Quand cela?

— A l'instant.

— Pardon, entendons-nous; j'ai affaire ici pour un quart d'heure encore, et j'aime autant, si cela vous est indifférent, que la distribution ne commence que lorsque je serai parti. On m'a prédit que je mourrais de mort violente, mais j'ai une énorme répugnance à sauter en l'air, je l'avoue.

— Soit; dans un quart d'heure. Mais, à mon tour, une prière.

— Laquelle?

— Approchons-nous tous deux de cette fenêtre.

— A quel propos?

— Je veux vous rendre populaire.

— Grand merci; et de quelle façon?

— Vous allez voir.

Billot conduisit le prévôt à la fenêtre.

— Amis, dit-il, vous voulez toujours prendre la Bastille, n'est-ce pas?

— Oui, oui, oui! crièrent trois ou quatre mille voix.

— Mais il vous manque de la poudre, n'est-ce pas?

— Oui! De la poudre! de la poudre!

— Eh bien! voici monsieur le prévôt des marchands qui

veut bien nous donner celle qui est dans les caves de l'Hôtel-de-Ville. Remerciez-le, mes amis.

— Vive monsieur le prévôt des marchands! vive monsieur de Flesselles! hurla toute la foule.

— Merci! merci pour moi, merci pour lui!

— Maintenant, monsieur, dit Billot, je n'ai plus besoin de vous prendre au collet, ni seul à seul, ni devant tout le monde; car si vous ne me donnez pas la poudre, la nation, comme vous l'appelez, la nation vous mettra en pièces.

— Voici les clefs, monsieur, dit le prévôt; vous avez une manière de demander qui n'admet pas les refus.

— En ce cas, vous m'encouragez, dit Billot, qui paraissait mûrir un nouveau projet.

— Ah! diable! auriez-vous encore quelque chose à me demander?

— Oui. Connaissez-vous le gouverneur de la Bastille?

— Monsieur de Launay?

— Je ne sais pas comment il s'appelle.

— Il s'appelle monsieur de Launay.

— Soit. Connaissez-vous monsieur de Launay?

— C'est un de mes amis.

— En ce cas, vous devez désirer qu'il ne lui arrive pas malheur.

— Je le désire, en effet.

— Eh bien! un moyen qu'il ne lui arrive pas malheur, c'est qu'il me rende la Bastille, ou tout au moins le docteur.

— Vous n'espérez pas que j'aurai l'influence de l'amener à vous rendre ou son prisonnier, ou sa forteresse, n'est-ce pas?

— Cela me regarde; je ne vous demande qu'une introduction auprès de lui.

— Mon cher monsieur Billot, je vous préviens que si vous entrez à la Bastille, vous y entrerez seul.

— Très bien!

— Je vous préviens, en outre, qu'en y entrant seul vous n'en sortirez peut-être pas.

— A merveille!

— Je vais vous donner votre laissez-passer pour la Bastille.

— J'attends.

— Mais à une condition encore.

— Laquelle ?

— C'est que vous ne viendrez pas me demander demain un laissez-passer pour la lune. Je vous préviens que je ne connais personne dans ce monde-là.

— Flesselles ! Flesselles ! dit une voix sourde et grondante derrière le prévôt des marchands, si tu continues d'avoir deux visages, un qui rit aux aristocrates, et l'autre qui sourit au peuple, tu te seras peut-être, d'ici à demain, signé à toi-même un laissez-passer pour un monde dont nul ne revient.

Le prévôt se retourna frissonnant.

— Qui parle ainsi ? dit-il.

— Moi, Marat.

— Marat le philosophe ! Marat le médecin ! dit Billot.

— Oui, répondit la même voix.

— Oui, Marat le philosophe, Marat le médecin, dit Flesselles ; lequel, en cette dernière qualité, devrait bien se charger de guérir les fous. Ce qui serait pour lui un moyen d'avoir aujourd'hui bon nombre de pratiques.

— Monsieur de Flesselles, répondit le funèbre interlocuteur, ce brave citoyen vous demande un laissez-passer pour monsieur de Launay. Je vous ferai observer que non-seulement il vous attend, mais encore que trois mille hommes l'attendent.

— C'est bien, monsieur, il va l'avoir.

Flesselles s'approcha d'une table, passa une main sur son front, et de l'autre, saisissant la plume, il écrivit rapidement quelques lignes.

— Voici votre laissez-passer, dit-il en présentant le papier à Billot.

— Lisez, dit Marat.

— Je ne sais pas lire, dit Billot.

— Eh bien ! donnez ; je lirai, moi.

Billot passa le papier à Marat.

Le laissez-passer était conçu en ces termes :

« Monsieur le gouverneur,

» Nous, prévôt des marchands de la ville de Paris, nous
» vous envoyons M. Billot, à l'effet de se concerter avec
» vous sur les intérêts de ladite ville.

» 14 juillet 1789.

» DE FLESSELLES. »

— Bon ! dit Billot, donnez.
— Vous trouvez ce laissez-passer bon ainsi ? dit Marat.
— Sans doute.
— Attendez ; M. le prévôt va y ajouter un *post-scriptum* qui le rendra meilleur.

Et il s'approcha de Flesselles qui était resté debout, le poing appuyé sur la table, et qui regardait d'un air dédaigneux, et les deux hommes auxquels il avait particulièrement affaire, et un troisième à moitié nu qui venait d'apparaître debout à la porte, appuyé sur un mousqueton.

Ce troisième, c'était Pitou qui avait suivi Billot, et qui se tenait prêt à obéir aux ordres du fermier, quels qu'ils fussent.

— Monsieur, dit Marat à Flesselles, ce post-scriptum, que vous allez ajouter et qui rendra le laissez-passer meilleur, le voici.

— Dites, monsieur Marat.

Marat posa le papier sur la table, et indiquant du doigt la place où le prévôt devait tracer le post-scriptum demandé :

— Le citoyen Billot, dit-il, ayant caractère de parlementaire, je remets sa vie à votre honneur.

Flesselles regarda Marat en homme qui avait meilleure envie d'écraser cette plate figure d'un coup de poing, que de faire ce qu'elle demandait.

— Hésiteriez-vous, monsieur ? demanda Marat.

— Non, fit Flesselles, car au bout du compte vous ne demandez qu'une chose juste.

Et il écrivit le post-scriptum demandé.

— Cependant, messieurs, dit-il, notez bien ceci : c'est que je ne réponds pas de la sûreté de M. Billot.

— Et moi, j'en réponds, dit Marat, lui tirant le papier

des mains ; car votre liberté est là pour garantir sa liberté, votre tête pour garantir sa tête. Tenez, brave Billot, dit Marat, voici votre laissez-passer.

— Labrie ! cria monsieur de Flesselles, Labrie !

Un laquais en grande livrée entra.

— Mon carrosse ! dit-il.

— Il attend monsieur le prévôt dans la cour.

— Descendons, dit le prévôt. Vous ne désirez rien autre chose, messieurs ?

— Non, répondirent à la fois Billot et Marat.

— Faut-il laisser passer ? demanda Pitou.

— Mon ami, dit Flesselles, je vous ferai observer que vous êtes un peu trop indécemment vêtu pour monter la garde à la porte de ma chambre. Si vous tenez à y rester, mettez au moins votre giberne par devant, et appuyez-vous le derrière à la muraille.

— Faut-il laisser passer ? répéta Pitou, en regardant monsieur de Flesselles d'un air qui indiquait qu'il goûtait médiocrement la plaisanterie dont il venait d'être l'objet.

— Oui, dit Billot.

Pitou se rangea.

— Peut-être avez-vous tort de laisser aller cet homme, dit Marat ; c'était un excellent otage à conserver ; mais en tout cas, quelque part qu'il soit, soyez tranquille, je le retrouverai.

— Labrie, dit le prévôt des marchands en montant dans son carrosse, on va distribuer de la poudre ici. Si l'Hôtel de ville sautait, par hasard, je ne veux point d'éclaboussures ; hors de portée, Labrie, hors de portée.

La voiture roula sous la voûte et apparut sur la place, où grondaient quatre ou cinq mille personnes.

Flesselles craignait qu'on interprétât mal son départ, qui pouvait tout aussi bien être une fuite.

Il sortit à mi-corps par la portière.

— A l'assemblée nationale ! cria-t-il au cocher.

Ce qui lui valut de la part de la foule une salve colossale d'applaudissemens.

Marat et Billot étaient sur le balcon et avaient entendu les derniers mots de Flesselles.

— Ma tête contre la sienne, dit Marat, qu'il ne va pas à l'assemblée nationale, mais chez le roi.

— Faut-il le faire arrêter? dit Billot.

— Non, dit Marat avec son hideux sourire. Soyez tranquille, si vite qu'il aille, nous irons encore plus vite que lui. Et, maintenant, aux poudres !

— Oui, aux poudres! dit Billot.

Et tous deux descendirent, suivis par Pitou.

XV.

M. DE LAUNAY, GOUVERNEUR DE LA BASTILLE.

Comme l'avait dit monsieur de Flesselles, il y avait huit milliers de poudre dans les caves de l'Hôtel de ville.

Marat et Billot entrèrent dans la première cave avec une lanterne, qu'ils suspendirent au plafond.

Pitou monta la garde à la porte.

La poudre était dans des barils contenant vingt livres à peu près chacun. On établit des hommes sur l'escalier. Ces hommes firent la chaîne, et l'on commença le transport des barils.

Il y eut d'abord un moment de confusion. On ne savait pas s'il y aurait de la poudre pour tout le monde, et chacun se précipitait pour en prendre sa part. Mais les chefs nommés par Billot parvinrent à se faire écouter, et la distribution se fit avec une espèce d'ordre.

Chaque citoyen reçut une demi-livre de poudre, trente ou quarante coups à tirer à peu près.

Mais quand chacun eut la poudre, on s'aperçut que les fusils manquaient : à peine cinq cents hommes étaient-ils armés.

Pendant que la distribution continuait, une partie de cette population furieuse qui demandait des armes monta dans la chambre où les électeurs tenaient leurs séances. Ils étaient en train d'organiser cette garde nationale dont l'huissier avait dit un mot à Billot. On venait de décréter que cette milice serait de quarante-huit mille hommes. Cette milice n'existait encore que dans le décret, et déjà l'on disputait pour en nommer le général.

Ce fut au milieu de cette discussion que le peuple envahit l'Hôtel de ville. Il s'était organisé tout seul. Il demandait à marcher. Il ne lui manquait que des armes.

En ce moment, on entendit le bruit d'une voiture qui rentrait. C'était le prévôt des marchands, que l'on n'avait pas voulu laisser passer, quoiqu'il eût montré l'ordre du roi qui le mandait à Versailles, et que l'on ramenait de force à l'Hôtel de ville.

— Des armes ! des armes ! criait-on de toutes parts quand on l'aperçut.

— Des armes, dit-il, je n'en ai pas, mais il doit y en avoir à l'Arsenal.

— A l'Arsenal ! à l'Arsenal ! cria la foule.

Et cinq ou six mille hommes se ruèrent sur le quai de la Grève.

L'Arsenal était vide.

Ils revinrent vociférant à l'Hôtel de ville !

Le prévôt n'avait point d'armes, ou plutôt ne voulait pas en donner. Pressé par le peuple, il eut l'idée de les envoyer aux Chartreux.

Les chartreux ouvrirent leurs portes ; on fouilla partout; on ne trouva pas un pistolet de poche.

Pendant ce temps Flesselles, apprenant que Billot et Marat étaient encore dans les caves de l'Hôtel de ville et faisaient leur distribution de poudre, Flesselles proposa d'envoyer une députation d'électeurs à de Launay, pour lui proposer de faire disparaître ses canons.

Ce qui, la veille, avait le plus cruellement fait hurler la foule, c'étaient ces canons qui allongeaient leur cou à travers les créneaux. Flesselles espérait qu'en les faisant disparaître, le peuple se contenterait de cette concession et se retirerait satisfait.

La députation venait de partir quand le peuple revint furieux.

Aux cris qu'il poussait, Billot et Marat montèrent jusque dans la cour.

Flesselles, d'un balcon inférieur, essayait de calmer le peuple. Il proposait un décret qui autorisât les districts à faire forger cinquante mille piques.

Le peuple était prêt d'accepter.

— Décidément cet homme trahit, dit Marat.

Puis, se retournant vers Billot :

— Allez faire à la Bastille ce que vous avez à y faire, dit-il. Dans une heure, je vous y enverrai vingt mille hommes avec chacun un fusil.

Billot avait du premier coup pris grande confiance dans cet homme, dont le nom était si populaire qu'il était arrivé jusqu'à lui. Il ne lui demanda pas même comment il comptait se les procurer. Un abbé se trouvait là, partageant l'enthousiasme général, criant, comme tout le monde, A la Bastille ! Billot n'aimait pas les abbés ; mais celui-ci lui plut. Il le chargea de continuer la distribution, le brave abbé accepta.

Alors, Marat monta sur une borne. Il se faisait un tumulte effroyable.

— Silence, dit-il, je suis Marat, et je veux parler.

Chacun se tut comme par magie, et tous les yeux se tournèrent vers l'orateur.

— Vous voulez des armes ? dit-il.

— Oui ! oui ! répondirent des milliers de voix.

— Pour prendre la Bastille ?

— Oui ! oui ! oui !

— Eh bien ! venez avec moi, et vous en aurez.

— Où cela ?

— Aux Invalides, il y a vingt-cinq mille fusils. Aux Invalides !

— Aux Invalides ! aux Invalides ! aux Invalides ! crièrent toutes les voix.

— Maintenant, dit Marat à Billot qui venait d'appeler Pitou, vous allez à la Bastille ?

— Oui.

— Attendez. Il se peut qu'avant l'arrivée de mes hommes, vous ayez besoin d'aide.

— En effet, dit Billot ; c'est possible.

Marat déchira une feuille dans un petit carnet, et écrivit cinq mots au crayon :

De la part de Marat.

Puis il traça un signe sur le papier.

— Eh bien ! demanda Billot, que voulez-vous que je fasse de ce billet, puisqu'il n'y a ni le nom, ni l'adresse de celui auquel je dois le remettre.

— Quant à l'adresse, celui à qui je vous recommande n'en a pas ; quant à son nom, il est bien connu. Demandez au premier ouvrier que vous rencontrerez : Gonchon, le Mirabeau du peuple ?

— Gonchon, tu te rappelleras ce nom-là, Pitou.

— Goncho ou *Gonchonius*, dit Pitou, je me le rappellerai.

— Aux Invalides ! aux Invalides ! hurlaient les voix avec une férocité croissante.

— Allons, va, dit Marat à Billot, et que le génie de la liberté marche devant toi !

— Aux Invalides ! cria à son tour Marat.

Et il descendit le quai de Gèvres, suivi de plus de vingt mille hommes.

Billot, de son côté, en entraîna cinq ou six cents à sa suite. C'étaient ceux qui étaient armés.

Au moment où l'un allait descendre le cours de la rivière, où l'autre allait remonter vers le boulevard, le prévôt des marchand se mit à une fenêtre.

— Mes amis, dit-il, pourquoi donc vois-je à vos chapeaux la cocarde verte ?

C'était la feuille de tilleul de Camille Desmoulins, que beaucoup avaient arborée en la voyant arborer aux autres, mais sans même savoir ce qu'ils faisaient.

— Espérance ! espérance ! crièrent quelques voix.

— Oui ; mais la couleur de l'Espérance est en même temps celle du comte d'Artois. Voulez-vous avoir l'air de porter la livrée d'un prince ?

— Non, non, crièrent en chœur toutes les voix, et celle de Billot par-dessus toutes.

— Eh bien ! alors, changez cette cocarde, et, si vous

voulez porter une livrée, que ce soit au moins celle de la ville de Paris, notre mère à tous, — bleu et rouge, amis, bleu et rouge (1).

— Oui! oui! crièrent toutes les voix; oui! bleu et rouge.

A ces mots, chacun foule aux pieds sa cocarde verte; chacun demande des rubans; comme par enchantement, alors, les fenêtres s'ouvrent, et les rubans rouges et bleus pleuvent à flots.

Mais ce qui tombe de rubans suffit à peine à mille personnes.

Aussitôt, les tabliers, les robes de soie, les écharpes, les rideaux sont déchirés, lacérés, mis en lambeaux; leurs fragmens se façonnent en nœuds, en rosettes, en écharpes. Chacun en prend sa part.

Après quoi la petite armée de Billot se remit en route.

En route, elle se recruta: toutes les artères du faubourg Saint-Antoine lui envoyèrent, chemin faisant, ce qu'elles avaient de plus chaud et de plus vif en sang populaire.

On parvint en assez bon ordre à la hauteur de la rue Lesdiguières, où déjà une masse de curieux, les uns timides, les autres calmes, les autres insolens, regardaient les tours de la Bastille dévorées par un ardent soleil.

L'arrivée des tambours populaires par le faubourg Saint-Antoine;

L'arrivée d'une centaine de gardes françaises par le boulevard;

L'arrivée de Billot et de sa troupe, qui pouvait se composer de mille à douze cents hommes changèrent à l'instant même le caractère et l'aspect de la foule : les timides s'enhardirent, les calmes s'exaltèrent, les insolens commencèrent à menacer.

— A bas les canons! à bas les canons! criaient vingt

---

(1) Plus tard, monsieur de Lafayette fit de son côté l'observation que le bleu et le rouge étaient aussi la couleur de la maison d'Orléans, et y ajouta la couleur blanche, en disant à ceux qui la recevaient de lui : « Je vous donne une cocarde qu fera le tour du monde. »

mille voix en menaçant du poing les grosses pièces qui allongaient leurs cous de cuivre à travers les embrasures des plates-formes.

Juste en ce moment, comme si le gouverneur de la forteresse obéissait aux injonctions de la foule, les artilleurs s'approchèrent des pièces, et les canons reculèrent jusqu'à ce qu'ils fussent disparus tout à fait.

La foule battit des mains ; elle était donc une puissance, puisque l'on cédait à ses menaces.

Cependant les sentinelles continuaient à se promener sur les plates-formes. Un Invalide croisait un Suisse.

Après avoir crié : à bas les canons ! on cria : à bas les Suisses ! C'était la continuation du cri de la veille : à bas les Allemands !

Mais les Suisses n'en continuèrent pas moins de croiser les Invalides.

Un de ceux qui criaient à bas les Suisses s'impatienta ; il avait un fusil à la main ; il dirigea le canon de son arme vers la sentinelle et fit feu.

La balle alla mordre la muraille grise de la Bastille, à un pied au-dessous du couronnement de la tour, juste en face de l'endroit où passait la sentinelle. La morsure apparut comme un point blanc, mais la sentinelle ne s'arrêta même pas, ne détourna même pas la tête.

Une grande rumeur se fit autour de cet homme, qui venait de donner le signal d'une attaque inouïe, insensée. Il y avait plus d'effroi encore que de rage dans cette rumeur.

Beaucoup ne comprenaient point que ce ne fût pas un crime punissable de mort que de tirer un coup de fusil sur la Bastille.

Billot regardait cette masse verdâtre, pareille à ces monstres fabuleux que l'antiquité nous montre couverts d'écailles. Il comptait les embrasures où les canons pouvaient d'un moment à l'autre reprendre leurs places ; il comptait les fusils de rempart ouvrant leur œil sinistre pour regarder à travers les meurtrières.

Et Billot secouait la tête en se rappelant les paroles de Flesselles.

— Nous n'y arriverons jamais, murmura-t-il.

— Et pourquoi n'y arriverons-nous jamais? dit une voix auprès de lui.

Billot se retourna et vit un homme à mine farouche, vêtu de haillons, et faisant étinceler ses yeux comme deux étoiles.

— Parce qu'il me paraît impossible de prendre une pareille masse par la force.

— La prise de la Bastille, dit l'homme, n'est point un fait de guerre, c'est un acte de foi : crois, et tu réussiras.

— Patience, dit Billot en cherchant son laissez-passer dans sa poche; patience!

L'homme se trompa à son intention.

— Patience! lui dit-il. Oui, je comprends, tu es gras, toi; tu as l'air d'un fermier.

— Et j'en suis un, en effet, dit Billot.

— Alors je comprends que tu dises patience : tu as toujours été bien nourri; mais regarde un peu derrière toi tous ces spectres qui nous environnent; vois leurs veines arides, compte leurs os à travers les trous de leurs habits, et demande-leur, à eux, s'ils comprennent le mot patience?

— En voilà un qui parle très bien, dit Pitou; mais il me fait peur.

— Il ne me fait pas peur à moi, dit Billot.

Et se retournant vers l'homme :

— Oui, patience, dit-il; mais un quart d'heure encore, voilà tout.

— Ah! ah! fit l'homme en souriant; un quart d'heure! en effet, ce n'est pas trop; et que feras-tu d'ici un quart d'heure?

— D'ici un quart d'heure, j'aurai visité la Bastille; je saurai le chiffre de sa garnison, je saurai les intentions de son gouverneur, je saurai enfin par où l'on y entre.

— Oui, si tu sais par où l'on en sort.

— Eh bien! si je n'en sors pas, un homme viendra m'en faire sortir.

— Et quel est cet homme?

— Gonchon, le Mirabeau du peuple.

L'homme tressaillit; ses yeux lancèrent deux flammes.
— Le connais-tu? demanda-t-il.
— Non.
— Eh bien! alors.
— Eh bien! je vais le connaître; car on m'a dit que la première personne à laquelle je m'adresserais, sur la place de la Bastille, me conduirait à lui; tu es sur la place de la Bastille, conduis-moi à lui.
— Que lui veux-tu?
— Remettre ce papier.
— De qui est-il?
— De Marat, le médecin.
— De Marat! Tu connais Marat? s'écria l'homme.
— Je le quitte.
— Où cela?
— A l'Hôtel de ville.
— Que fait-il?
— Il est allé armer vingt mille hommes aux Invalides.
— En ce cas, donne-moi ce papier. Je suis Gonchon.

Billot recula d'un pas.
— Tu es Gonchon? demanda-t-il.
— Amis, dit l'homme en haillons, en voilà un qui ne me connaît pas, et qui demande si c'est bien vrai que je suis Gonchon.

La foule éclata de rire; il semblait à tous ces hommes qu'il était impossible que l'on ne connût pas son orateur favori.

— Vive Gonchon! crièrent deux ou trois mille voix.
— Tenez, dit Billot, en lui présentant le papier.
— Amis, dit Gonchon, après avoir lu, et il frappa sur l'épaule de Billot; — c'est un frère; Marat me le recommande. On peut donc compter sur lui. Comment t'appelles-tu?
— Je m'appelle Billot.
— Et moi, dit Gonchon, je m'appelle Hache; et, à nous deux, j'espère que nous allons faire quelque chose.

La foule sourit au sanglant jeu de mot.

— Oui, oui, nous allons faire quelque chose, dit-elle.

— Eh bien ! qu'allons-nous faire ? demandèrent quelques voix.

— Eh ! pardieu ! dit Gonchon, nous allons prendre la Bastille.

— A la bonne heure ! dit Billot, voilà qui s'appelle parler. Ecoute, brave Gonchon, de combien d'hommes disposes-tu ?

— De trente mille hommes à peu près.

— Trente mille hommes dont tu disposes, vingt mille qui vont nous arriver des Invalides, et dix mille qui sont déjà ici, c'est plus qu'il ne nous en faut pour réussir, ou nous ne réussirons jamais.

— Nous réussirons, dit Gonchon.

— Je le crois. Eh bien ! réunis tes trente mille hommes ; moi, j'entre chez le gouverneur, je le somme de se rendre ; s'il se rend, tant mieux, nous épargnons du sang ; s'il ne se rend pas, eh bien ! le sang versé retombera sur lui, et par le temps qui court le sang versé pour une cause injuste porte malheur. Demandez aux Allemands.

— Combien de temps resteras-tu avec le gouverneur ?

— Le plus longtemps que je pourrai, jusqu'à ce que la Bastille soit investie tout à fait; si c'est possible, quand je sortirai, l'attaque commencera.

— C'est dit.

— Tu ne te défies pas de moi ? demanda Billot à Gonchon en lui tendant la main.

— Moi ! répondit Gonchon avec un sourire de dédain et en serrant cette main que lui présentait le robuste fermier avec une vigueur que l'on ne se fût point attendu à trouver dans ce corps hâve et décharné ; moi, me défier de toi ? Et pourquoi ? Quand je voudrai, sur un mot, sur un signe, je te ferai piler comme verre, fusses-tu à l'abri de ces tours, qui demain n'existeront plus ; fusses-tu protégé par ces soldats, qui ce soir seront à nous ou auront cessé de vivre.— Va donc, et compte sur Gonchon comme il compte sur Billot.

Billot fut convaincu et marcha vers l'entrée de la Bastille, tandis que son interlocuteur s'enfonçait dans le faubourg, aux cris mille fois répétés de : Vive Gonchon! vive le Mirabeau du peuple?

— Je ne sais comment est le Mirabeau des nobles, dit Pitou au père Billot, mais je trouve le nôtre bien laid.

XVI.

LA BASTILLE ET SON GOUVERNEUR.

Nous ne décrivons pas la Bastille ; ce serait chose inutile.

Elle vit comme une éternelle image à la fois dans la mémoire des vieillards et des enfans.

Nous nous contenterons de rappeler que, vue du côté du boulevard, elle présentait à la place de la Bastille deux tours jumelles, tandis que les deux faces couraient parallèles aux deux rives du canal d'aujourd'hui.

L'entrée de la Bastille était défendue par un corps-de-garde d'abord, puis par deux lignes de sentinelles, puis par deux ponts-levis.

Après avoir traversé les différens obstacles, on arrivait à la cour du Gouvernement, logis du gouverneur.

De cette cour, une galerie conduisait aux fossés de la Bastille.

A cette autre entrée donnant encore sur les fossés, se trouvait un pont-levis, un corps-de-garde et une barrière de fer.

A la première entrée on veut arrêter Billot ; mais Billot montre son laissez-passer de Flesselles ; et on laisse passer Billot.

Billot s'aperçoit alors que Pitou le suit. Pitou n'avait pas d'initiative, mais, sur les pas du fermier, il fût descendu jusqu'en enfer ou eût monté dans la lune.

— Reste dehors, dit Billot ; si je ne sors pas, il est bon qu'il y ait quelqu'un qui rappelle au peuple que je suis entré.

— C'est juste, dit Pitou ; au bout de combien de temps faudra-t-il lui rappeler cela ?

— Au bout d'une heure.

— Et la cassette ? demanda Pitou.

— C'est juste. Eh bien ! si je ne sortais pas, si Gonchon ne prend pas la Bastille, ou enfin si, après l'avoir prise, on ne me retrouve pas, il y a à dire au docteur Gilbert, qu'on retrouvera peut-être, lui ! que des hommes venus de Paris m'ont enlevé la cassette qu'il m'avait confiée il y a cinq ans ; que je suis parti à l'instant même pour lui en donner avis ; qu'en arrivant à Paris j'ai appris qu'il était à la Bastille ; que j'ai voulu prendre la Bastille, et qu'en voulant la prendre, j'y ai laissé ma peau, qui était toute à son service.

— C'est bien, père Billot, dit Pitou ; seulement c'est bien long, et j'ai peur d'oublier.

— Ce que je dis là ?

— Oui.

— Je vais te le répéter.

— Non, dit une voix près de Billot, mieux vaut écrire.

— Je ne sais pas écrire, dit Billot.

— Je le sais, moi, je suis huissier.

— Ah ! vous êtes huissier ? demanda Billot.

— Stanislas Maillard, huissier au Châtelet.

Et il tira de sa poche un long encrier de corne, dans lequel il y avait plume, papier et encre, tout ce qu'il faut enfin pour écrire.

C'était un homme de quarante-cinq ans, long, mince, grave, tout vêtu de noir, comme il convenait à sa profession.

— En voilà un qui ressemble diablement à un croque-mort, murmura Pitou.

— Vous dites, demanda l'huissier impassible, que des hommes venus de Paris vous ont enlevé une cassette que vous a confiée le docteur Gilbert ?

— Oui.

— C'est un délit cela.

— Ces hommes appartenaient à la police de Paris.

— Infâme voleuse ! murmura Maillard.

Puis, donnant le papier à Pitou :

10.

— Tiens, jeune homme, dit-il, voilà la note demandée; et s'il est tué,—il montra Billot,—si tu es tué, il faut espérer que je ne serai pas tué, moi.

— Et si vous n'êtes pas tué, que ferez-vous? demanda Pitou.

— Je ferai ce que tu aurais dû faire.

— Merci, dit Billot.

Et il tendit la main à l'huissier.

L'huissier la lui serra avec une force qu'on n'eût pas cru rencontrer dans ce long corps maigre.

— Alors, je compte sur vous? demanda Billot.

— Comme sur Marat, comme sur Gonchon.

— Bon, dit Pitou, voilà une Trinité que je suis bien sûr de ne pas retrouver en Paradis.

Puis, revenant à Billot :

— Ah çà ! papa Billot, de la prudence, n'est-ce pas?

— Pitou, dit le fermier avec une éloquence qu'on était parfois étonné de trouver dans cette nature agreste, n'oublie pas une chose, c'est que ce qu'il y a de plus prudent en France, c'est le courage.

Et il traversa la première ligne de sentinelles, tandis que Pitou remontait vers la place.

Au pont-levis, il fallut parlementer encore.

Billot montra son laissez-passer; le pont-levis s'abaissa; la grille s'ouvrit.

Derrière la grille était le gouverneur.

Cette cour intérieure, dans laquelle le gouverneur attendait Billot, était la cour qui servait de promenade aux prisonniers. Elle était gardée par ses huit tours, c'est-à-dire par huit géans. Aucune fenêtre ne donnait dessus. Jamais le soleil ne pénétrait jusqu'à son pavé humide et presque vaseux; on eût dit le fond d'un vaste puits.

Dans cette cour, une horloge, soutenue par des captifs enchaînés, mesurait l'heure, laissant tomber le bruit lent et mesuré de ses minutes, comme un cachot laisse tomber sur la dalle qu'elle ronge la goutte d'eau qui suinte à son plafond.

Au fond de ce puits, le prisonnier, perdu dans un abîme

de pierre, contemplait un instant l'inexorable nudité des pierres, et demandait bientôt à rentrer dans sa prison.

Derrière la grille donnant dans cette cour était, nous l'avons déjà dit, monsieur de Launay.

Monsieur de Launay était un homme de quarante-cinq à cinquante ans; ce jour-là, il était vêtu d'un habit gris de lin, il portait le ruban rouge de la croix de Saint-Louis, et tenait à la main une canne à épée.

C'était un mauvais homme que ce monsieur de Launay: les mémoires de Linguet venaient de l'éclairer d'une triste célébrité; il était presqu'autant haï que la prison.

En effet, les de Launay, comme les Châteauneuf, les Lavrillière et les Saint-Florentin, qui tenaient les lettres de cachet de père en fils, les de Launay, de père en fils aussi, se transmettaient la Bastille.

Car on le sait, ce n'était pas le ministre de la guerre qui nommait les officiers de geôle. A la Bastille, toutes les places s'achetaient, depuis celle du gouverneur jusqu'à celle du marmiton. Le gouverneur de la Bastille, c'était un concierge en grand, un gargotier à épaulettes, qui ajoutait à ses 60,000 francs d'appointemens, 60,000 francs d'extorsions et de rapines.

Il fallait bien rentrer dans le capital et les intérêts de l'argent déboursé.

Monsieur de Launay, en fait d'avarice, avait enchéri sur ses prédécesseurs. Peut-être aussi avait-il payé la place plus cher, et prévoyait-il qu'il la devait garder moins longtemps.

Il nourrissait sa maison aux dépens des prisonniers. Il avait réduit le chauffage, doublé le prix de chaque pièce de leur mobilier.

Il avait le droit de faire entrer à Paris cent pièces de vin franches d'octroi. Il vendait ce droit à un cabaretier, qui faisait entrer ainsi d'excellens vins. Puis, avec la dixième partie de ce droit, il achetait le vinaigre qu'il faisait boire à ses prisonniers.

Une seule consolation restait aux malheureux enfermé à la Bastille: c'était un petit jardin créé sur un bastion. Là ils se promenaient; là, ils retrouvaient un instant l'air, les fleurs, la lumière, la nature enfin.

Il avait loué ce petit jardin à un jardinier, et, pour cinquante livres par an qu'il en recevait, il avait ôté aux prisonniers cette dernière jouissance.

Il est vrai que pour les prisonniers riches il avait des complaisances extrêmes; il conduisait l'un d'eux chez sa maîtresse à lui, qui était mise dans ses meubles et entretenue ainsi sans qu'il lui en coutât rien, à lui de Launay.

Voyez la *Bastille dévoilée*, et vous y trouverez ce fait e bien d'autres encore.

Avec cela cet homme était brave.

Depuis la veille l'orage grondait autour de lui. Depuis la veille il sentait la vague de l'émeute, qui venait montant toujours, battre le pied de ses murailles.

Et cependant il était pâle, mais calme.

Il est vrai qu'il avait derrière lui quatre pièces de canon prêtes à faire feu; autour de lui une garnison de Suisses et d'Invalides, devant lui seulement un homme désarmé.

Car, en entrant à la Bastille, Billot avait donné sa carabine à garder à Pitou.

Il avait compris que de l'autre côté de cette grille qu'il apercevait, une arme quelconque lui était plus dangereuse qu'utile.

Billot d'un coup d'œil remarqua tout, l'attitude calme et presque menaçante du gouverneur; les Suisses disposés dans les corps-de-gardes; les Invalides sur les plates-formes, et la silencieuse agitation des artilleurs qui garnissaient de gargousses les réservoirs de leurs fourgons.

Les sentinelles tenaient l'arme au bras, les officiers avaient l'épée nue.

Le gouverneur resta immobile, Billot fut forcé d'aller jusqu'à lui; la grille se referma derrière le parlementaire du peuple avec un bruit sinistre de fer grinçant qui lui fit, si brave qu'il fût, passer un frisson dans la moelle des os.

— Que me voulez-vous encore? demanda de Launay.

— Encore, répéta Billot, il me semble cependant que c'est la première fois que je vous vois, et que par conséquent vous n'avez pas le droit d'être fatigué de ma vue.

— C'est qu'on me dit que vous venez de l'Hôtel de ville.

— C'est vrai, j'en viens.

— Eh bien ! tout à l'heure, j'ai déjà reçu une députation de la municipalité.

— Que venait-elle faire ?

— Elle venait me demander la promesse de ne pas commencer le feu.

— Et vous avez promis ?

— Oui.

— Elle venait me demander de faire reculer les canons.

— Et vous les avez fait reculer. Je sais cela ; j'étais sur la place de la Bastille quand la manœuvre s'est opérée.

— Et vous avez cru sans doute que j'obéissais aux menaces de ce peuple ?

— Dame ! fit Billot, cela en avait bien l'air.

— Quand je vous le disais, messieurs, s'écria de Launay en se retournant vers les officiers ; quand je vous disais qu'on nous croirait capable de cette lâcheté.

Puis, se retournant vers Billot :

— Et vous, de quelle part venez-vous ?

— De la part du peuple ! répondit fièrement Billot.

— C'est bien, dit en souriant de Launay ; mais vous avez encore quelqu'autre recommandation, je suppose ; car, avec celle que vous invoquez, vous n'eussiez pas traversé la première ligne des sentinelles.

— Oui, j'ai un sauf-conduit de monsieur de Flesselles, votre ami.

— Flesselles ! Vous avez dit qu'il était mon ami, repartit de Launay en regardant Billot comme s'il eût voulu lire au plus profond de son cœur. D'où savez-vous si monsieur de Flesselles est mon ami ?

— Mais j'ai supposé qu'il l'était.

— Supposé. Voilà tout. C'est bien. Voyons le sauf-conduit.

Billot présenta le papier.

De Launay le lut une première fois, puis une seconde, l'ouvrit pour voir s'il ne contenait pas quelque *post-scriptum* caché entre les deux pages, le présenta au jour pour voir s'il ne cachait pas quelques lignes tracées entre les lignes.

— Et voilà tout ce qu'il me dit? demanda-t-il.
— Tout.
— Vous êtes sûr?
— Parfaitement sûr.
— Rien de verbal?
— Rien.
— C'est étrange! dit de Launay, en plongeant, par une des meurtrières, son regard sur la place de la Bastille.
— Mais que voulez-vous donc qu'il vous fît dire? demanda Billot.

De Launay fit un mouvement.

— Rien, au fait; rien. Voyons, dites ce que vous voulez; mais dépêchez-vous, je suis pressé.
— Eh bien! je veux que vous nous rendiez la Bastille.
— Plaît-il? fit de Launay en se retournant vivement comme s'il avait mal entendu ; vous dites?...
— Je dis qu'au nom du peuple je viens vous sommer de rendre la Bastille.

De Launay haussa les épaules.

— C'est en vérité un étrange animal que le peuple, dit-il.
— Hein! fit Billot.
— Et qu'en veut-il faire de la Bastille?
— Il veut la démolir.
— Et que diable lui fait la Bastille, à ce peuple? Est-ce qu'un homme du peuple a jamais été mis à la Bastille ? La Bastille! le peuple, au contraire, en devrait bénir chaque pierre. Qui met-on à la Bastille ? les philosophes, les savans, les aristocrates, les ministres, les princes, c'est-à-dire les ennemis du peuple.
— Eh bien ! cela prouve que le peuple n'est pas égoïste.
— Mon ami, dit de Launay avec une espèce de commisération, il est facile de voir que vous n'êtes pas soldat.
— Vous avez raison, je suis fermier.
— Que vous n'êtes pas de Paris.
— En effet, je suis de la province.
— Que vous ne connaissez pas à fond la Bastille.

— Vous avez raison, je ne connais que ce que j'en ai vu, c'est-à-dire les murs extérieurs.

— Eh bien! venez avec moi, je vais vous montrer ce que c'est que la Bastille.

— Oh! oh! fit Billot, il va me faire passer sur quelqu'oubliette qui s'ouvrira tout à coup sous mes pieds, et puis bonsoir, père Billot.

Mais l'intrépide fermier ne sourcilla point, et s'apprêta à suivre le gouverneur de la Bastille.

— D'abord, dit de Launay, vous saurez que j'ai dans mes caves assez de poudre pour faire sauter la Bastille, et avec la Bastille la moitié du faubourg Saint-Antoine.

— Je sais cela, répondit tranquillement Billot.

— Bien. Voyez d'abord ces quatre pièces de canon.

— Je les vois.

— Elles enfilent toute cette galerie, comme vous voyez encore, et cette galerie est défendue d'abord par un corps-de-garde, ensuite par deux fossés qu'on ne peut traverser qu'à l'aide de deux ponts-levis ; enfin par une grille.

— Oh! je ne dis pas que la Bastille est mal défendue, répondit tranquillement Billot ; seulement je dis qu'elle sera bien attaquée.

— Continuons, dit de Launay.

Billot fit de la tête un signe d'assentiment.

— Voici une poterne qui donne sur les fossés, dit le gouverneur ; voyez l'épaisseur des murs.

— Quarante pieds à peu près.

— Oui, quarante en bas et quinze en haut. Vous voyez bien que si bons ongles qu'ait le peuple, il se les retournera sur cette pierre.

— Je n'ai pas dit, reprit Billot, que le peuple démolirait la Bastille avant de la prendre, j'ai dit qu'il la démolirait après l'avoir prise.

— Montons, fit de Launay.

— Montons.

Ils montèrent une trentaine de marches.

Le gouverneur s'arrêta.

— Tenez, dit-il, voici encore une embrasure qui donne sur le passage par lequel vous voulez entrer; celle-ci n'est défendue que par un fusil de rempart ; mais il a une certaine réputation. Vous savez l'air :

> O ma tendre musette,
> Musette de mes amours.

— Certainement, dit Billot, que je le sais; mais je ne crois pas que ce soit l'heure de le chanter.
— Attendez donc. Eh bien ! le maréchal de Saxe appelait ce petit canon sa musette, parce que c'était lui qui chantait le plus juste l'air qu'il aimait le mieux. C'est un détail historique.
— Oh ! fit Billot.
— Montons, et ils continuèrent de monter.
On arriva sur la plate-forme de la tour de la Comté.
— Ah ! ah ! dit Billot.
— Quoi ? demanda de Launay.
— Vous n'avez pas fait descendre les canons.
— Je les ai fait reculer, voilà tout.
— Vous savez que je dirai au peuple que les canons sont toujours là.
— Dites !
— Vous ne voulez pas les descendre, alors ?
— Non.
— Décidément?
— Les canons du roi sont là par un ordre du roi, monsieur; ils n'en descendront que sur un ordre du roi.
— Monsieur de Launay, dit Billot, sentant la parole grandir et monter en lui-même à la hauteur de la situation, monsieur de Launay, le vrai roi auquel je vous conseille d'obéir, le voici.

Et il montra au gouverneur la foule grise, ensanglantée en certains endroits par le combat de la veille, et qui ondulait devant les fossés en faisant reluire ses armes au soleil.

— Monsieur, dit à son tour de Launay en rejetant la tête en arrière avec un air de hauteur, il se peut que vous connaissiez deux rois; mais moi, gouverneur de la Bastille, je n'en connais qu'un; c'est Louis, seizième du nom, qui a mis a signature au bas d'un brevet en vertu duquel je commande ici aux hommes et aux choses.

— Vous n'êtes donc pas citoyen ? cria Billot en colère.

— Je suis gentilhomme français, dit le gouverneur.

— Ah! c'est vrai, vous êtes un soldat, et vous parlez comme un soldat.

— Vous avez dit le mot, monsieur, répondit de Launay en s'inclinant. Je suis un soldat, et j'exécute ma consigne.

— Et moi, monsieur, dit Billot, je suis citoyen, et, comme mon devoir de citoyen est en opposition avec votre consigne de soldat, l'un de nous deux mourra : soit celui qui suivra sa consigne, soit celui qui accomplira son devoir.

— C'est probable, monsieur.

— Ainsi vous êtes décidé à tirer sur le peuple?

— Non pas; tant qu'il ne tirera pas sur moi. J'ai engagé ma parole aux envoyés de monsieur de Flesselles. Vous voyez bien que les canons sont retirés, mais au premier coup de feu tiré de la place sur mon château...

— Eh bien! au premier coup de feu?

— Je m'approcherai d'une de ces pièces, de celle-ci par exemple. Je la roulerai moi-même jusqu'à l'embrasure, je la pointerai moi-même, et moi-même je ferai feu avec la mèche que voici.

— Vous?

— Moi.

— Oh! si je croyais cela, dit Billot, avant que vous commettiez un pareil crime...

— Je vous ai déjà dit que j'étais soldat, monsieur, et que je ne connaissais que ma consigne.

— Eh bien ! regardez, dit Billot en entraînant de Launay jusqu'à une embrasure, et en désignant alternativement du doigt deux points différens, le faubourg Saint-Antoine et le boulevard; voilà qui vous la donnera désormais, votre consigne.

Et il montrait à de Launay deux masses noires, épaisses, hurlantes, qui, forcées de se plier en forme de lance et au moule des boulevards, ondulaient comme un immense serpent, dont on voyait la tête et le corps, mais dont les derniers anneaux se perdaient dans les replis du terrain sur lequel il rampait.

Et tout ce qu'on voyait du gigantesque reptile ruisselait d'écailles lumineuses.

C'était la double troupe à laquelle Billot avait donné rendez-vous sur la place de la Bastille, conduite, l'une, par Marat, l'autre, par Gonchon.

Des deux côtés elle s'avançait en agitant ses armes et en poussant des cris terribles.

De Launay pâlit à cette vue, et levant sa canne :

— A vos pièces ! cria-t-il.

Puis s'avançant sur Billot avec un geste de menace :

— Et vous, malheureux ! dit-il, vous qui venez ici sous prétexte de parlementer, tandis que les autres attaquent, savez-vous que vous méritez la mort?

Billot vit le mouvement, et, rapide comme l'éclair, saisissant de Launay au collet et à la ceinture :

— Et vous, dit-il en le soulevant de terre, vous mériteriez que je vous envoyasse par-dessus le parapet vous briser au fond des fossés. Mais, Dieu merci ! je vous combattrai d'une autre façon.

En ce moment, une clameur immense, universelle, montant de bas en haut, passa dans l'air comme un ouragan, et monsieur de Losme, major de la Bastille, apparut sur la plate-forme.

— Monsieur, s'écria-t-il, s'adressant à Billot ; monsieur, de grâce ! montrez-vous ; tout ce peuple croit qu'il vous est arrivé malheur, et vous redemande.

En effet, le nom de Billot, répandu par Pitou dans la foule, montait parmi les clameurs.

Billot lâcha monsieur de Launay, qui repoussa sa canne au fourreau.

Puis, il y eut, entre ces trois hommes, un moment d'hésitation pendant lequel se firent entendre des cris de menace et de vengeance.

— Montrez-vous donc, monsieur, dit de Launay, non pas que ces clameurs m'intimident, mais afin que l'on sache que je suis un homme loyal.

Alors Billot passa la tête à travers les créneaux, faisant un signe de la main.

A cette vue, le peuple éclata en applaudissemens. C'était, en quelque sorte, la révolution qui surgissait du front de la Bastille dans la personne de cet homme du peuple, qui le premier foulait sa plate-forme en dominateur.

— C'est bien, monsieur, dit alors de Launay : tout est fini entre nous ; vous n'avez plus rien à faire ici. On vous demande là-bas ; descendez.

Billot comprit cette modération de la part d'un homme au pouvoir duquel il se trouvait ; il descendit par le même escalier qu'il était monté, le gouverneur le suivit.

Quant au major, il resta : le gouverneur venait de lui donner tout bas quelques ordres.

Il était évident que monsieur de Launay n'avait plus qu'un désir, c'est que son parlementaire devînt au plus vite son ennemi.

Billot traversa la cour sans dire une parole. Il vit les canonniers à leurs pièces. La mèche fumait au bout de la lance.

Billot s'arrêta devant eux.

— Amis ! leur dit-il, souvenez-vous que je suis venu pour demander à votre chef d'éviter l'effusion du sang, et qu'il a refusé.

— Au nom du roi ! monsieur, dit de Launay en frappant du pied ; sortez d'ici.

— Prenez garde, dit Billot, si vous m'en faites sortir au nom du roi, j'y rentrerai au nom du peuple.

Puis se retournant vers le corps-de-garde des Suisses :

— Voyons, dit-il, pour qui êtes-vous ?

Les Suisses se turent.

De Launay lui montra du doigt la porte de fer.

Billot voulut tenter un dernier effort.

— Monsieur, dit-il à de Launay, au nom de la nation ! au nom de vos frères !

— De mes frères ! vous appelez mes frères ceux qui crient : A bas la Bastille ! mort à son gouverneur ! Ce sont peut-être vos frères, monsieur, mais, à coup sûr, ce ne sont pas les miens.

— Au nom de l'humanité! alors.

— Au nom de l'humanité? qui vous pousse à venir égorger, à cent mille, cent malheureux soldats enfermés dans ces murs.

— Justement, en rendant la Bastille au peuple, vous leur sauvez la vie.

— Et je perds mon honneur.

Billot se tut, cette logique du soldat l'écrasait; mais s'adressant de nouveau aux Suisses et aux Invalides :

— Rendez-vous, mes amis, s'écria-t-il; il en est temps encore. Dans dix minutes, il sera trop tard.

— Si vous ne sortez pas d'ici à l'instant même, monsieur, s'écria à son tour de Launay, foi de gentilhomme! je vous fais fusiller.

Billot s'arrêta un instant, croisa ses deux bras en signe de défi, heurtant une dernière fois son regard à celui de de Launay, et sortit.

XVII.

LA BASTILLE.

La foule attendait, brûlée par le soleil ardent de juillet, frémissante, enivrée. Les hommes de Gonchon venaient de faire leur jonction aux hommes de Marat. Le faubourg Saint-Antoine reconnaissait et saluait son frère le faubourg Saint-Marceau.

Gonchon était à la tête de ses patriotes. Quant à Marat, il avait disparu.

L'aspect de la place était terrible.

A la vue de Billot les cris redoublèrent.

— Eh bien! dit Gonchon en marchant à lui.

— Eh bien! cet homme est brave, dit Billot.

— Que voulez-vous dire par ce mot : « Cet homme est brave? » demanda Gonchon.

— Je veux dire qu'il s'entête.
— Il ne veut pas rendre la Bastille?
— Non.
— Il s'entête à soutenir le siége?
— Oui.
— Et vous croyez qu'il le soutiendra longtemps.
— Jusqu'à la mort.
— Soit ; il aura la mort.
— Mais que d'hommes nous allons faire tuer ! dit Billot doutant sans doute que Dieu lui eût donné le droit que s'arrogent les généraux, les rois, les empereurs : ces hommes brévetés pour répandre le sang.
— Bah ! dit Gonchon, il y a trop de monde, puisqu'il n'y a pas assez de pain pour la moitié de la population. N'est-ce pas, amis? continua Gonchon, en se tournant vers la foule.
— Oui! oui! cria la foule avec une abnégation sublime.
— Mais le fossé ? demanda Billot.
— Il n'a besoin d'être comblé qu'à un seul endroit, répondit Gonchon, et j'ai calculé qu'avec la moitié de nos corps on comblerait le fossé tout entier, n'est-ce pas, amis?
— Oui ! oui ! répéta la foule avec non moins d'élan que la première fois.
— Eh bien ! soit, dit Billot attéré.

En ce moment, de Launay parut sur une terrasse, suivi du major de Losme et de deux ou trois officiers.

— Commence ! cria Gonchon au gouverneur.

Celui-ci lui tourna le dos sans répondre.

Gonchon, qui peut-être eût supporté la menace, ne supporta pas le dédain ; il porta vivement la carabine à son épaule, et un homme de la suite du gouverneur tomba.

Cent coups, mille coups de fusil partirent à la fois, comme s'ils n'eussent attendu que ce signal, et marbrèrent de blanc les tours grises de la Bastille.

Un silence de quelques secondes succéda à cette décharge, comme si la foule elle-même eût été effrayée de ce qu'elle venait de faire.

Puis un jet de flamme perdu dans un nuage de fumée couronna la crête d'une tour ; une détonation retentit ;

des cris de douleur se firent entendre dans la foule pressée ; le premier coup de canon venait d'être tiré de la Bastille ; le premier sang était répandu. La bataille était engagée.

Ce qu'éprouva cette foule, un instant auparavant si menaçante, ressembla à de la terreur. Cette Bastille, en se mettant en défense par ce seul fait, apparaissait dans sa formidable inexpugnabilité. Le peuple avait sans doute espéré que dans ce temps de concessions à lui faites, celle-là aussi s'accomplirait sans effusion de sang.

Le peuple se trompait. Ce coup de canon tiré sur lui donnait la mesure de l'œuvre titanique qu'il avait entreprise.

Une mousqueterie bien dirigée, venant de la plate-forme de la Bastille, le suivit immédiatement.

Puis, un nouveau silence se fit, interrompu par quelques cris, quelques gémissemens, quelques plaintes poussées çà et là.

Alors on put voir un grand frémissement dans cette foule : c'était le peuple qui ramassait ses morts et ses blessés.

Mais le peuple ne songea point à fuir, ou, s'il y songea, il eut honte en se comptant.

En effet, les boulevards, la rue Saint-Antoine, le faubourg Saint-Antoine, n'étaient qu'une vaste mer humaine ; chaque vague avait une tête ; chaque tête deux yeux flamboyans, une bouche menaçante.

En un instant toutes les fenêtres du quartier furent garnies de tirailleurs, même celles qui se trouvaient hors de portée.

S'il paraissait aux terrasses ou dans les embrasures un Invalide ou un Petit Suisse, il était ajusté par cent fusils, et la grêle de balles venait écorner les angles de la pierre derrière laquelle s'abritait le soldat.

Mais on se lasse bientôt de tirer sur des murs insensibles. C'était à de la chair que visaient les coups. C'était du sang qu'on voulait voir jaillir sous le plomb, et non de la poussière.

Chacun donnait son avis au milieu de la foule et des clameurs.

On faisait cercle autour de l'orateur, et quand on s'apercevait que la proposition était insensée, on s'éloignait.

Un charron proposait de bâtir une catapulte sur le modèle des anciennes machines romaines, et de battre en brèche la Bastille.

Les pompiers proposaient d'éteindre avec leurs pompes les amorces des canons et les mèches des artilleurs, sans s'apercevoir que la plus forte de leurs pompes ne lancerait pas l'eau aux deux tiers de la hauteur des murs de la Bastille.

Un brasseur, qui commandait le faubourg Saint-Antoine, et dont le nom a acquis depuis une fatale célébrité, proposait d'incendier la forteresse en y lançant de l'huile d'œillette et d'aspic qu'on avait saisie la veille, et qu'on enflammerait avec du phosphore.

Billot écouta l'une après l'autre toutes ces propositions. A la dernière, il saisit une hache aux mains d'un charpentier, et s'avançant au milieu d'une grêle de balles, qui frappe et renverse autour de lui les hommes pressés comme les épis dans un champ de blé, il atteint un petit corps de garde voisin d'un premier pont-levis, et, au milieu de la mitraille qui siffle et pétille sur le toit, il abat les chaînes et fait tomber le pont.

Pendant un quart-d'heure que dura cette entreprise presque insensée, la foule resta haletante. A chaque détonation on s'attendait à voir rouler l'audacieux ouvrier. La foule oubliait le danger qu'elle courait elle-même, pour ne songer qu'au danger que courait cet homme. Quand le pont tomba, elle jeta un grand cri et s'élança dans la première cour.

Le mouvement fut si rapide, si impétueux, si irrésistible, qu'on n'essaya pas de la défendre.

Les cris d'une joie frénétique annoncèrent à de Launay ce premier avantage.

On ne fit pas même attention qu'un homme avait été broyé sous cette masse de bois.

Alors, comme au fond d'une caverne qu'elles éclairent, les quatre pièces de canon que le gouverneur a montrées à

Billot, éclatent à la fois avec un bruit terrible, et balayent toute cette première cour.

L'ouragan de fer a tracé dans la foule un long sillon de sang ; dix ou douze morts, quinze ou vingt blessés, sont restés sur le passage de la mitraille.

Billot s'est laissé glisser de son toit à terre ; mais à terre il a trouvé Pitou, qui s'est trouvé là il ne sait comment. Pitou a l'œil alerte ; c'est une habitude de braconnier. Il a vu les artilleurs approcher la mèche de la lumière ; il a pris Billot par le pan de sa veste, et l'a tiré vivement en arrière. Un angle de muraille les a mis tous les deux à l'abri de cette première décharge.

A partir de ce moment, la chose est sérieuse ; le tumulte devient effroyable ; la mêlée mortelle ; dix mille coups de fusil éclatent à la fois autour de la Bastille, plus dangereux pour les assiégeans que pour les assiégés. Enfin un canon, servi par les gardes françaises, vient mêler son grondement au pétillement de cette mousqueterie.

C'est un bruit effroyable auquel la foule s'enivre, et ce bruit commence à effrayer les assiégeans, qui se comptent, et qui comprennent que jamais ils ne pourront faire un bruit semblable à celui qui les assourdit.

Les officiers de la Bastille sentent instinctivement que leurs soldats faiblissent ; ils prennent des fusils et font le coup de feu.

En ce moment, au milieu de ce bruit d'artillerie et de fusillades, au milieu des hurlemens de la foule, comme le peuple se précipite de nouveau pour ramasser les morts et se faire une nouvelle arme de ces cadavres qui crieront vengeance par la bouche de leurs blessures, apparaît, à l'entrée de la première cour, une petite troupe de bourgeois calmes, sans armes ; ils fendent la foule et s'avancent prêts à sacrifier leur vie, protégée seulement par le drapeau blanc qui les précède et qui indique des parlementaires.

C'est une députation de l'hôtel de ville ; les électeurs savent que les hostilités sont engagées ; ils veulent arrêter l'effusion du sang, et on force Flesselles à faire de nouvelles propositions au gouverneur.

Ces députés viennent, au nom de la ville, sommer monsieur de Launay de faire cesser le feu, et, pour garantir à la fois la vie des citoyens, la sienne et celle de la garnison, de recevoir cent hommes de garde bourgeoise dans l'intérieur de la forteresse.

Voilà ce que répandent les députés sur leur route. Le peuple, effrayé lui-même de l'entreprise qu'il a commencée, le peuple, qui voit passer les blessés et les morts sur des civières, est prêt à appuyer cette proposition ; que de Launay accepte une demi-défaite, il se contentera d'une demi-victoire.

A leur vue le feu de la seconde cour cesse ; on leur fait signe qu'ils peuvent approcher, et ils approchent en effet, glissant dans le sang, enjambant les cadavres, tendant la main aux blessés.

A leur abri, le peuple se groupe. Cadavres et blessés sont emportés, le sang reste seul, marbrant de larges taches pourprées le pavé des cours.

Du côté de la forteresse, le feu a cessé. Billot sort pour essayer de faire cesser le feu des assiégeans. A la porte, il rencontre Gonchon. Gonchon sans armes, s'exposant comme un inspiré, calme comme s'il était invulnérable.

— Eh bien ! demanda-t-il à Billot, qu'est devenue la députation ?

— Elle est entrée à la Bastille, répond Billot ; faites cesser le feu.

— C'est inutile, dit Gonchon, avec la même certitude que si Dieu lui eût donné la faculté de lire dans l'avenir. Il ne consentira point.

— N'importe, respectons les habitudes de la guerre, puisque nous nous sommes faits soldats.

— Soit, dit Gonchon.

Puis, s'adressant à deux hommes du peuple qui semblaient commander sous lui à toute cette masse :

— Allez, Elie, allez, Hullin, dit-il, et que pas un coup de fusil soit tiré.

Les deux aides de camp s'élancèrent, fendant les flots du peuple, à la voix de leur chef, et bientôt le bruit de la mousqueterie diminua peu à peu, puis s'éteignit tout à fait.

11.

Un instant de repos s'établit. On en profita pour soigner les blessés, dont le nombre s'élevait déjà à trente-cinq ou quarante.

Pendant ce moment de repos, on entend sonner deux heures. L'attaque a commencé à midi. Voilà déjà deux heures que l'on se bat.

Billot est retourné à son poste, et c'est à son tour Gonchon qui l'a suivi.

Son œil se tourne avec inquiétude vers la grille ; son impatience est visible.

— Qu'avez-vous ? lui demande Billot.

— J'ai que si la Bastille n'est pas prise dans deux heures, répond Gonchon, tout est perdu.

— Et pourquoi cela ?

— Parce que la cour apprendra à quelle besogne nous sommes occupés, et qu'elle nous enverra les Suisses de Bezenval et les dragons de Lambescq, et qu'alors nous serons pris entre trois feux.

Billot fut forcé d'avouer qu'il y avait du vrai dans ce que Gonchon disait là.

Enfin les députés reparurent. A leur air morne, on jugea qu'ils n'avaient rien obtenu.

— Eh bien ! dit Gonchon rayonnant de joie, qu'avais-je dit ? les choses prédites arriveront : la forteresse maudite est condamnée.

Puis, sans même interroger la députation, il s'élança hors de la première cour, en criant :

— Aux armes ! enfans, aux armes ! le commandant refuse.

En effet, à peine le commandant a-t-il lu la lettre de Flesselles, que son visage s'est éclairé et qu'au lieu de céder aux propositions faites, il s'est écrié :

— Messieurs les Parisiens, vous avez voulu le combat, maintenant il est trop tard.

Les parlementaires ont insisté, lui ont représenté tous les malheurs que sa défense peut amener. Mais il n'a voulu entendre à rien, et il a fini par dire aux parlementaires ce que deux heures auparavant il a déjà dit à Billot.

— Sortez, ou je vous fais fusiller.

Et les parlementaires sont sortis.

Cette fois, c'est de Launay qui a repris l'offensive. Il paraît ivre d'impatience. Avant que les députés aient franchi le seuil de la cour, la musette du duc de Saxe a joué un air. Trois personnes sont tombées : l'une morte, les deux autres blessées.

Ces deux blessés sont, l'un un garde française, l'autre un parlementaire.

A la vue de cet homme que son caractère rendait sacré, et que l'on emporte couvert de sang, la foule s'exalte de nouveau.

Les deux aides de camp de Gonchon sont revenus prendre place à ses côtés; mais chacun d'eux a eu le temps d'aller chez lui changer de costume.

Il est vrai que l'un demeure près de l'Arsenal, et l'autre rue de Charonne.

Hullin, d'abord horloger de Genève, puis chasseur du marquis de Conflans, revient avec son habit de livrée qui ressemble à un costume d'officier hongrois.

Elie, ex-officier au régiment de la reine, a été revêtir son uniforme, qui donnera plus de confiance au peuple, en lui faisant croire que l'armée est pour lui et avec lui.

Le feu recommence avec plus d'acharnement que jamais

En ce moment, le major de la Bastille, monsieur de Losme, s'approcha du gouverneur.

C'était un brave et honnête soldat, mais il était resté du citoyen en lui, et il voyait avec douleur ce qui se passait, et surtout ce qui allait se passer.

— Monsieur, lui dit-il, nous n'avons pas de vivres, vous le savez.

— Je le sais, répliqua de Launay.

— Vous savez aussi que nous n'avons pas d'ordre.

— Je vous demande pardon, monsieur de Losme, j'ai ordre de fermer la Bastille, voilà pourquoi on m'en donne les clefs.

— Monsieur, les clefs servent aussi bien à ouvrir les portes qu'à les fermer. Prenez garde de faire massacrer toute la garnison sans sauver le château. Deux triomphes pour le même jour. Regardez ces hommes que nous tuons, ils repoussent sur le pavé. Ce matin ils étaient cinq cents, il y a trois heures ils étaient dix mille, ils sont plus de soixante mille à présent, demain ils seront cent mille. Quand nos canons se tairont, et il faudra bien qu'ils finissent par là, ils seront assez forts pour démolir la Bastille avec leurs mains.

— Vous ne parlez pas comme un militaire, monsieur de Losme.

— Je parle comme un Français, monsieur. Je dis que Sa Majesté ne nous ayant donné aucun ordre... Je dis que monsieur le prévôt des marchands nous ayant fait faire une proposition fort acceptable, qui était celle d'introduire cent hommes de garde bourgeoise dans le château; vous pouvez, pour éviter les malheurs que je prévois, accéder à la proposition de monsieur de Flesselles.

— A votre avis, monsieur de Losme, le pouvoir représentant la ville de Paris est donc une autorité à laquelle nous devons obéir.

— En l'absence de l'autorité directe de Sa Majesté, oui, monsieur, c'est mon avis.

— Eh bien ! dit de Launay, en attirant le major dans un angle de la cour : lisez, monsieur de Losme.

Et il lui présenta un petit carré de papier.

Le major lut :

« Tenez bon ; j'amuse les Parisiens avec des cocardes et
» des promesses. Avant la fin de la journée, monsieur de
» Bezenval vous enverra du renfort.

» DE FLESSELLES. »

— Comment ce billet vous est-il donc parvenu, monsieur? demanda le major.

— Dans la lettre que m'ont apportée messieurs les parlementaires. Ils croyaient me remettre l'invitation de rendre la Bastille, ils me remettaient l'ordre de la défendre.

Le major baissa la tête.

— Allez à votre poste, monsieur, dit de Launay, et ne le quittez pas que je ne vous fasse appeler.

Monsieur de Losme obéit.

Monsieur de Launay plia froidement la lettre, la remit dans sa poche, et revint à ses canonniers en leur commandant de pointer bas et juste.

Les canonniers obéirent, comme avait obéi monsieur de Losme.

Mais le destin de la forteresse était fixé. Nulle puissance humaine n'en pouvait reculer l'accomplissement.

A chaque coup de canon, le peuple répondait : Nous voulons la Bastille !

Et tandis que les voix demandaient, les bras agissaient.

Au nombre des voix qui demandaient le plus énergiquement, au nombre des bras qui agissaient le plus efficacement, étaient les voix et les bras de Pitou et de Billot.

Seulement, chacun procédait selon sa nature.

Billot, courageux et confiant, à la manière du bull-dog, s'était jeté du premier coup en avant, bravant balles et mitraille.

Pitou, prudent et circonspect comme le renard, Pitou, doué au suprême degré de l'instinct de la conservation, utilisait toutes ses facultés pour surveiller le danger et l'éviter.

Ses yeux connaissaient les plus meurtrières embrasures, ils distinguaient l'imperceptible mouvement du bronze qui va tirer. Il avait fini par deviner le moment précis où la batterie du fusil de rempart allait jouer au travers du pont-levis.

Alors, ses yeux ayant fait leur office, c'était au tour de ses membres à travailler pour leur propriétaire.

Les épaules s'effaçaient, la poitrine rentrait, tout son corps n'offrait pas une surface plus considérable qu'une planche vue de côté.

Dans ces momens-là, de Pitou, du grassouillet Pitou, car Pitou n'était maigre que des jambes, il ne restait plus qu'une arête pareille à la ligne géométrique, ni largeur ni épaisseur.

Il avait adopté un recoin dans le passage du premier pont-levis au second, une sorte de parapet vertical formé par des saillies de pierre ; sa tête se trouvait garantie par une de ces pierres, son ventre par une autre ; ses genoux par une troisième, et Pitou s'applaudissait que la nature et l'art des fortifications se fussent si agréablement combinés qu'une pierre lui fût donnée pour garantir chacun des endroits où une blessure pouvait être mortelle.

De son angle, où il était rasé comme un lièvre dans son gîte, il tirait çà et là un coup de fusil par acquit de conscience, car il n'avait en face de lui que des murs et des morceaux de bois ; mais cela faisait évidemment plaisir au père Billot, qui lui criait :

— Tire donc, paresseux, tire !

Et lui, à son tour, interpellant le père Billot pour calmer son ardeur, au lieu de l'exciter, lui criait :

— Mais ne vous découvrez pas ainsi, père Billot.

Ou bien :

— Prenez garde à vous, monsieur Billot, rentrez ; voilà le canon qui tire, à vous, voilà le chien de la musette qui claque.

Et à peine Pitou avait-il prononcé ces paroles pleines de prévoyance, que la canonnade ou la fusillade éclatait, et que la mitraille balayait le passage.

Malgré toutes ces injonctions, Billot faisait des prodiges de force et de mouvemens, le tout en pure perte. Ne pouvant dépenser son sang, et certes ce n'était pas sa faute, il dépensait sa sueur en larges gouttes.

Dix fois Pitou le saisit par la basque de son habit, et le coucha malgré lui à terre, juste au moment où une décharge l'eût écrasé.

Mais Billot se relevait toujours, non-seulement comme Antée, plus fort qu'auparavant, mais avec une nouvelle idée.

Tantôt cette idée consistait à aller, sur le bois même du tablier du pont, hacher les soliveaux qui retenaient les chaînes, comme il avait déjà fait.

Alors Pitou poussait des hurlemens pour retenir le fermier, puis voyant que ces hurlemens étaient inutiles, il s'élançait hors de son abri en disant :

— Monsieur Billot, cher monsieur Billot, mais madame Billot sera veuve, si vous êtes tué.

Et l'on voyait les Suisses passer obliquement le canon de

leurs fusils par la meurtrière de la musette, pour atteindre l'audacieux qui essayait de mettre leur pont en copeaux.

Tantôt Billot appelait du canon pour enfoncer le tablier ; mais alors la musette jouait, les artilleurs reculaient, et Billot restait seul pour servir la pièce, ce qui tirait encore Pitou de sa retraite.

— Monsieur Billot, criait-il, monsieur Billot, au nom de mademoiselle Catherine ! mais songez donc que si vous vous faites tuer, mademoiselle Catherine va être orpheline.

Et Billot se rendait à cette raison, qui semblait plus puissante sur son esprit que la première.

Enfin l'imagination féconde du fermier enfanta une dernière idée.

Il courut vers la place en criant :

— Une charrette ! une charrette !

Pitou réfléchit que ce qui était bon devenait excellent en se doublant. Il suivit Billot en criant :

— Deux charrettes ! deux charrettes !

On amena immédiatement dix charrettes.

— De la paille et du foin sec ! cria Billot.

— De la paille et du foin sec ! répéta Pitou.

Et, sur-le-champ, deux cents hommes apportèrent chacun sa botte de foin ou de paille.

D'autres entassèrent du fumier desséché sur des civières.

On fut obligé de crier qu'on en avait dix fois plus qu'il n'en fallait. En une heure on eût eu un amas de fourrage qui eût égalé la Bastille en hauteur.

Billot se mit dans les brancards d'une charrette chargée de paille, et, au lieu de la traîner, la poussa en avant.

Pitou en fit autant sans savoir ce qu'il faisait, mais pensant qu'il était bien d'imiter le fermier.

Élie et Hullin devinèrent ce que préparait Billot ; ils saisirent chacun une charrette, et la poussèrent dans la cour.

A peine eurent-ils dépassé le seuil, qu'une mitraillade les accueillit ; on entendit alors les balles et les biscaïens se loger avec un bruit strident dans la paille ou dans le bois des ridelles et des roues. Mais aucun des assaillans ne fut touché.

Aussitôt cette décharge passée, deux ou trois cents fusiliers s'élancèrent derrière les meneurs de charrettes, et, se faisant un abri de ce rempart, ils vinrent se loger sous le tablier même.

Là, Billot tira de sa poche un briquet et de l'amadou, prépara une pincée de poudre au milieu d'un papier, et mit le feu à la poudre.

La poudre alluma le papier, le papier alluma la paille.

Chacun se partagea un brandon, et les quatre charrettes s'enflammèrent à la fois.

Pour éteindre le feu, il fallait sortir ; en sortant on s'exposait à une mort certaine.

La flamme gagna le tablier, mordit le bois de ses dents acérées, et courut en serpentant le long des charpentes.

Un cri de joie, parti de la cour, fut répété par toute la place Saint-Antoine. On voyait monter la fumée au-dessus des tours. On se doutait que quelque chose de fatal aux assiégés s'accomplissait.

En effet, les chaînes rougies se détachèrent des madriers. Le pont tomba, à moitié brisé, à moitié brûlé, fumant et pétillant.

Les pompiers accoururent avec leurs pompes. Le gouverneur commanda de faire feu ; mais les Invalides refusèrent.

Les Suisses seuls obéirent. Mais les Suisses n'étaient pas artilleurs, il fallut abandonner les pièces.

Les gardes françaises, au contraire, voyant le feu de l'artillerie éteint, mirent leur pièce en batterie : leur troisième boulet brisa la grille.

Le gouverneur était monté sur la plate-forme du château, pour voir si les secours promis arrivaient, quand il se vit tout à coup enveloppé de fumée. Ce fut alors qu'il descendit précipitamment et ordonna aux artilleurs de faire feu.

Le refus des Invalides l'exaspéra. La grille en se brisant lui fit comprendre que tout était perdu.

Monsieur de Launay se sentait haï. Il devina qu'il n'y avait plus de salut pour lui. Pendant tout le temps qu'avait duré le combat, il avait nourri cette pensée de s'ensevelir sous les ruines de la Bastille.

Au moment où il sent que toute défense est inutile, il arrache une mèche des mains d'un artilleur, et bondit vers la cave où sont les munitions.

— Les poudres ! s'écrient vingt voix épouvantées ; les poudres ! les poudres !

On a vu la mèche briller aux mains du gouverneur. On devine son intention. Deux soldats s'élancent et croisent la baïonnette sur sa poitrine au moment où il ouvre la porte.

— Vous pouvez me tuer, dit de Launay, mais vous ne me tuerez pas si vite que je n'aie le temps de jeter cette mèche au milieu des tonneaux ; et alors, assiégés et assiégeans, vous sautez tous.

Les deux soldats s'arrêtent. Les baïonnettes restent croisées sur la poitrine de de Launay, mais c'est toujours de Launay qui commande, car on sent qu'il a la vie de tout le monde entre ses mains. Son action a cloué tout le monde à sa place. Les assaillans s'aperçoivent qu'il se passe quelque chose d'extraordinaire. Ils plongent leurs regards dans l'intérieur de la cour, et voient le gouverneur menacé et menaçant.

— Écoutez-moi, dit de Launay ; aussi vrai que je tiens à la main votre mort à tous, si un seul de vous fait un pas pour pénétrer dans cette cour, je mets le feu aux poudres.

Ceux qui entendirent ces paroles crurent sentir le sol trembler sous leurs pieds.

— Que voulez-vous ? que demandez-vous ? crièrent plusieurs voix avec l'accent de la terreur.

— Je veux une capitulation, et une capitulation honorable.

Les assaillans ne tiennent pas compte des paroles de de Launay ; ils ne croient pas à cet acte de désespoir ; ils veulent entrer. Billot est à leur tête. Tout à coup, Billot tremble, pâlit ; il a pensé au docteur Gilbert.

Tant que Billot n'a pensé qu'à lui, peu lui a importé que la Bastille sautât et qu'il sautât avec elle ; mais le docteur Gilbert, à tout prix il faut qu'il vive.

— Arrêtez ! s'écria Billot en se jetant au-devant d'Élie et d'Hullin ; arrêtez, au nom des prisonniers !

Et ces hommes, qui ne craignaient pas la mort pour eux, reculèrent blêmes et tremblans à leur tour.

— Que voulez-vous? demandent-ils, renouvelant au gouverneur la question qui lui a déjà été faite par la garnison.

— Je veux que tout le monde se retire, dit de Launay. Je n'accepterai aucune proposition tant qu'il y aura un étranger dans les cours de la Bastille.

— Mais, dit Billot, ne profiterez-vous pas de notre absence pour remettre tout en état?

— Si la capitulation est refusée, vous retrouverez toutes choses comme elles sont : vous à cette porte, moi à celle-ci.

— Vous nous donnez votre parole?

— Foi de gentilhomme !

Quelques-uns secouèrent la tête.

— Foi de gentilhomme! répète de Launay. Y a-t-il quelqu'un ici qui doute quand un gentilhomme a juré sur sa parole ?

— Non, non, personne ! répétèrent cinq cents voix.

— Que l'on m'apporte ici un papier, une plume et de l'encre.

Les ordres du gouverneur furent exécutés à l'instant.

— C'est bien ! dit de Launay.

Puis se retournant vers les assaillans :

— Et maintenant, vous autres, retirez-vous.

Billot, Hullin et Élie donnèrent l'exemple, et se retirèrent les premiers.

Tous les autres les suivirent.

De Launay mit la mèche de côté, et commença d'écrire la capitulation sur son genou.

Les Invalides et les Suisses, qui comprenaient que c'était de leur salut qu'il s'agissait, le regardaient faire en silence et dans une sorte de respectueuse terreur.

De Launay se retourna avant de poser la plume sur le papier. Les cours étaient libres.

En un instant on sut au dehors tout ce qui venait de se passer au dedans.

Comme l'avait dit monsieur de Losme, la population

sortait de dessous les pavés. Cent mille hommes entouraient la Bastille.

Ce n'étaient plus seulement des ouvriers, c'étaient des citoyens de toutes les classes. Ce n'étaient plus seulement des hommes, c'étaient des enfans, c'étaient des vieillards.

Et tous avaient une arme, tous poussaient un cri.

De place en place, au milieu des groupes, on voyait une femme éplorée, échevelée, les bras tordus, maudissant le géant de pierre avec un geste désespéré.

C'était quelque mère dont la Bastille venait de foudroyer le fils, quelque femme dont la Bastille venait de foudroyer le mari.

Mais, depuis un instant, la Bastille n'avait plus de bruit, plus de flamme, plus de fumée. La Bastille était éteinte. La Bastille était muette comme un tombeau.

On eût voulu compter inutilement toutes les taches de balles qui marbraient sa surface. Chacun avait voulu envoyer son coup de fusil à ce monstre de granit, symbole visible de la tyrannie.

Aussi, lorsque l'on sut que la terrible Bastille allait capituler, que son gouverneur avait promis de la rendre, personne ne voulait y croire.

Au milieu du doute général, comme on n'osait point encore se féliciter, comme on attendait en silence, on vit, par une meurtrière, passer une lettre piquée à la pointe d'une épée.

Seulement, entre le billet et les assiégeans, il y avait le fossé de la Bastille, large, profond, plein d'eau.

Billot demande une planche : trois sont essayées et apportées sans pouvoir atteindre le but qu'il se propose, trop courtes qu'elles sont. Une quatrième touche les deux lèvres du fossé.

Billot l'assujétit de son mieux, et se hasarde, sans hésiter, sur le pont tremblant.

Toute la foule reste muette ; tous les yeux sont fixés sur cet homme, qui semble suspendu au-dessus du fossé, dont l'eau stagnante semble celle du Cocyte. Pitou, tremblant, s'assied au revers du talus, et cache sa tête entre ses deux genoux.

Le cœur lui manque, il pleure.

Tout à coup, au moment où Billot a atteint les deux tiers du trajet, la planche vacille, Billot étend les bras, tombe, et disparaît dans le fossé.

Pitou pousse un rugissement, et se précipite après lui comme un terre-neuve après son maître.

Un homme alors s'approche de la planche du haut de laquelle vient d'être précipité Billot.

Puis, sans hésitation, il prend le même chemin. Cet homme, c'est Stanislas Maillard, l'huissier au Châtelet.

Arrivé à l'endroit où Pitou et Billot se débattent dans la vase, il regarde un instant au-dessous de lui, et voyant qu'ils atteindront le bord sains et saufs, il continue son chemin.

Une demi-minute après, il est de l'autre côté du fossé, et tient le billet qu'on lui présente au bout de l'épée.

Alors, avec la même tranquillité, la même fermeté d'allure, il repasse sur la même planche où il a déjà passé.

Mais au moment où tout le monde se presse autour de lui pour lire, une grêle de balles pleut des créneaux, en même temps qu'une effroyable détonation se fait entendre.

Un seul cri, mais un de ces cris qui annoncent la vengeance d'un peuple, est sorti de toutes les poitrines.

— Fiez-vous aux tyrans ! crie Gonchon.

Et sans plus s'occuper de la capitulation, sans plus s'occuper des poudres, sans songer à soi, sans songer aux prisonniers, sans rêver, sans désirer, sans demander autre chose que la vengeance, le peuple se précipite dans les cours, non plus par centaines d'hommes, mais par milliers.

Ce qui empêche la foule d'entrer, ce n'est plus la mousqueterie, c'est que les portes sont trop étroites.

A cette détonation, les deux soldats, qui n'ont pas quitté monsieur de Launay, se jettent sur lui, un troisième s'empare de la mèche et l'écrase sous son pied.

De Launay tire l'épée cachée dans sa canne, et veut s'en frapper ; on brise l'épée entre ses mains.

Il comprend alors qu'il n'a plus rien à faire qu'à attendre : il attend.

Le peuple se précipite, la garnison lui tend les bras, et la Bastille est prise d'assaut, de vive force, sans capitulation.

C'est que depuis cent ans ce n'est plus seulement la matière inerte qu'on enferme dans la forteresse royale : c'est la pensée. La pensée a fait éclater la Bastille, et le peuple est entré par la brèche.

Quant à cette décharge, faite au milieu du silence, pendant la suspension d'armes ; quant à cette agression imprévue, impolitique, mortelle, nul ne sut jamais qui en avait donné l'ordre, qui l'avait excitée, accomplie.

Il y a des momens où l'avenir de toute une nation se pèse dans la balance du destin. Un des plateaux l'emporte. Déjà chacun croit avoir atteint le but proposé. Tout à coup une main invisible laisse tomber dans l'autre plateau, ou la lame d'un poignard, ou la balle d'un pistolet. Alors tout change, et l'on n'entend plus qu'un seul cri : Malheur aux vaincus !

XVIII.

LE DOCTEUR GILBERT.

Pendant que le peuple s'élance, rugissant à la fois de joie et de colère, dans les cours de la Bastille, deux hommes barbottent dans l'eau bourbeuse des fossés.

Ces deux hommes sont Pitou et Billot.

Pitou soutient Billot ; aucune balle ne l'a frappé, aucun coup ne l'a atteint ; mais sa chute a tant soit peu étourdi le bon fermier.

On leur jette des cordes, on leur tend des perches.

Pitou attrape une perche, Billot une corde.

Cinq minutes après, ils sont portés en triomphe et embrassés, tout fangeux qu'ils soient.

L'un donne à Billot un coup d'eau-de-vie ; l'autre bourre Pitou de saucisson et de vin.

Un troisième les bouchonne et les conduit au soleil.

Tout à coup une idée ou plutôt un souvenir traverse l'esprit de Billot ; il s'arrache à ces soins empressés, et s'élance vers la Bastille.

— Aux prisonniers ! crie-t-il en courant, aux prisonniers !

— Oui, aux prisonniers ! crie Pitou en s'élançant à son tour derrière le fermier.

La foule, qui jusque-là n'avait pensé qu'aux bourreaux, tressaille en pensant aux victimes.

Elle répète d'un seul cri : Oui, oui, oui, aux prisonniers !

Et un nouveau fleuve d'assaillans rompt les digues, et semble élargir les flancs de la forteresse pour y porter la liberté.

Un spectacle terrible s'offrit alors aux yeux de Billot et de Pitou. La foule ivre, enragée, furieuse, s'était ruée dans la cour. Le premier soldat qui lui était tombé sous la main, elle l'avait mis en morceaux.

Gonchon regardait faire. Sans doute, pensait-il, que la colère du peuple est comme le cours des grands fleuves, qu'elle fait plus de mal si on essaie de l'arrêter que si on la laisse tranquillement s'écouler.

Elie et Hullin, au contraire, s'étaient jetés en avant des massacreurs : ils priaient, ils suppliaient, disant, sublime mensonge ! qu'ils avaient promis la vie sauve à la garnison.

L'arrivée de Billot et de Pitou fut un renfort pour eux.

Billot qu'on vengeait, Billot était vivant ; Billot n'était pas même blessé ; la planche avait tourné sous son pied, voilà tout. Il avait pris un bain de fange, et pas autre chose.

C'était surtout aux Suisses qu'on en voulait particulièrement, mais l'on ne trouvait plus de Suisses. Ils avaient eu le temps de passer des sarreaux de toile grise, et on les prenait pour des domestiques ou des prisonniers. La foule brisa à coups de pierre les deux captifs du cadran. La foule s'élança au haut des tours pour insulter ces canons qui avaient vomi la mort. La foule s'en prenait aux pierres, et s'ensanglantait les mains en voulant les arracher.

Quand on vit apparaître les premiers vainqueurs sur la plate-forme, tout ce qui était en dehors, c'est-à-dire cent mille hommes, jeta une immense clameur.

Cette clameur s'éleva sur Paris, et s'élança sur la France comme un aigle aux ailes rapides :

La Bastille est prise !

A ce cri les cœurs se fondirent, les yeux se mouillèrent, les bras s'ouvrirent ; il n'y eut plus de partis opposés, il n'y eut plus de castes ennemies, tous les Parisiens sentirent qu'ils étaient frères, tous les hommes comprirent qu'ils étaient libres.

Un million d'hommes s'étreignit dans un mutuel embrassement.

Billot et Pitou étaient entrés à la suite des uns et précédant les autres ; ce qu'ils voulaient, eux, ce n'était pas leur part du triomphe, c'était la liberté des prisonniers.

En traversant la cour du Gouvernement, ils passèrent près d'un homme en habit gris, qui se tenait calme et la main appuyée sur une canne à pomme d'or.

Cet homme, c'était le gouverneur. Il attendait tranquillement ou que ses amis le sauvassent ou que ses ennemis vinssent le frapper.

Billot, en l'apercevant, le reconnut, poussa un cri, et marcha droit à lui.

De Launay, lui aussi, le reconnut. Il se croisa les bras et attendit, regardant Billot comme pour lui dire :

« — Voyons, est-ce vous qui me porterez le premier coup ? »

Billot comprit et s'arrêta.

« — Si je lui parle, dit-il, je le fais reconnaître ; s'il est reconnu, il est mort. »

Et cependant comment trouver le docteur Gilbert au milieu de ce chaos ? Comment arracher à la Bastille le secret enfermé dans ses entrailles ?

Toute cette hésitation, tout ce scrupule héroïque, de Launay le comprit de son côté.

— Que voulez-vous ? demanda à demi-voix de Launay.

— Rien, dit Billot en lui montrant du doigt la porte pour lui indiquer que la fuite était encore possible, rien. Je saurai bien trouver le docteur Gilbert.

— Troisième Bertaudière, répondit de Launay d'une voix douce, presque attendrie.

Et il demeura à la même place.

Tout à coup, derrière Billot, une voix prononça ces mots :
— Ah ! voilà le gouverneur !

Cette voix était calme comme si elle n'eût pas appartenu à ce monde, et cependant, on sentait que chaque mot qu'elle avait prononcé était un poignard acéré tourné contre la poitrine de de Launay.

Celui qui avait parlé, c'était Gonchon.

A ces mots, comme au tintement d'une cloche d'alarme, tous ces hommes, ivres de vengeance, tressaillirent, regardèrent avec des yeux flamboyans, aperçurent de Launay et se précipitèrent sur lui.

— Sauvez-le, dit Billot en passant près d'Elie et de Hullin, ou il est perdu.

— Aidez-nous, répondirent les deux hommes.

— Moi, il faut que je reste ici, j'ai aussi quelqu'un à sauver.

En un clin d'œil, de Launay, saisi par mille mains furieuses, était enlevé, entraîné, emporté.

Elie et Hullin s'élancèrent après lui, en criant :
— Arrêtez ! nous lui avons promis la vie sauve.

Ce n'était pas vrai ; mais ce mensonge sublime s'élançait à la fois de ces deux nobles cœurs.

En une seconde, de Launay, suivi d'Elie et d'Hullin, disparut par le passage qui donnait sortie à la Bastille, au milieu des cris : — A l'Hôtel-de-Ville ! à l'Hôtel-de-Ville !

De Launay, proie vivante, valait bien, pour certains vainqueurs, cette proie morte de la Bastille vaincue.

Au reste, c'était un étrange spectacle que le triste et silencieux monument, visité depuis quatre siècles par les gardes, par les geôliers, et par un sombre gouverneur seulement, devenu la proie du peuple, qui courait dans les préaux, montait et descendait les escaliers, bourdonnant comme un essaim de mouches, et emplissant la ruche de granit de mouvement et de rumeurs.

Billot suivit un instant des yeux de Launay, qui, emporté plutôt que conduit, semblait planer au-dessus de la foule.

Mais, en une seconde, il disparut. Billot poussa un soupir, regarda autour de lui, aperçut Pitou, et s'élança vers une tour en criant :

— Troisième Bertaudière.

Un geôlier tremblant se trouva sur son chemin.

— Troisième Bertaudière? dit Billot.

— Par ici, monsieur, dit le geôlier ; mais je n'ai plus les clefs.

— Où sont-elles?

— Ils me les ont prises.

— Citoyen, prête-moi ta hache, dit Billot à un faubourien.

— Je te la donne, répondit celui-ci ; je n'en ai plus besoin, puisque la Bastille est prise.

Billot saisit la hache et s'élança dans un escalier, conduit par le geôlier.

Le geôlier s'arrêta devant une porte.

— Troisième Bertaudière? demanda-t-il.

— Oui. C'est ici.

— Le prisonnier que renferme cette chambre s'appelle le docteur Gilbert?

— Je ne sais pas.

— Arrivé depuis cinq ou six jours seulement?

— Je ne sais pas.

— Eh bien! dit Billot, je vais le savoir, moi.

Et il entama la porte à grands coups de hache.

Elle était de chêne, mais sous les coups du robuste fermier le chêne volait en éclats.

Au bout d'un instant, le regard put pénétrer dans la cellule.

Billot appliqua son œil par l'ouverture. Par l'ouverture, son regard plongea dans la prison.

Dans la ligne du rayon de jour qui pénétrait dans le cachot par la fenêtre grillée de la tour, un homme était debout, un peu renversé en arrière, tenant à la main une des traverses arrachées à son lit, dans l'attitude de la défense.

Cet homme se tenait évidemment prêt à assommer le premier qui entrerait.

Malgré sa barbe longue, malgré son visage pâle, malgré ses cheveux coupés courts, Billot le reconnut. C'était le docteur Gilbert.

— Docteur! docteur! s'écria Billot, est-ce vous?

— Qui m'appelle? demanda le prisonnier.

— Moi, moi, Billot, votre ami.

— Vous, Billot?

— Oui! oui! lui! lui! nous! nous! crièrent vingt voix d'hommes qui s'étaient arrêtés sur le palier, aux coups terribles que frappait Billot.

— Qui, vous?

— Nous, les vainqueurs de la Bastille! La Bastille est prise, vous êtes libre!

— La Bastille est prise! je suis libre! s'écria le docteur.

Et passant ses deux mains par l'ouverture, il secoua si fortement la porte que les gonds et la serrure parurent prêts à se desceller, et qu'un pan de chêne, déjà ébranlé par Billot, craqua, se rompit, et resta aux mains du prisonnier.

— Attendez, attendez, dit Billot qui comprit qu'un second effort pareil au premier épuiserait ses forces, un instant surexcitées; attendez.

Et il redoubla ses coups.

En effet, à travers l'ouverture qui allait s'agrandissant, il put voir le prisonnier qui était retombé assis sur son escabeau, pâle comme un spectre et incapable de soulever cette traverse de bois gisante près de lui qui, pareil à un Samson, avait manqué d'ébranler la Bastille.

— Billot! Billot! murmurait-il.

— Oui! oui! et moi aussi, moi, Pitou, monsieur le docteur; vous vous rappelez bien le pauvre Pitou, que vous aviez mis en pension chez tante Angélique, Pitou qui vient vous délivrer.

— Mais je puis passer par ce trou! cria le docteur.

— Non! non! répondirent toutes les voix; attendez!

Chacun des assistans réunissant ses forces dans un commun effort, les uns glissant une pince entre la muraille et la porte, les autres faisant jouer un levier à l'endroit de la serrure, les autres enfin poussant avec leurs épaules raidies et leurs mains crispées, le chêne fit entendre un dernier craquement, la muraille s'écailla, et tous ensemble, par la porte brisée, par la muraille écornée, se ruèrent comme un torrent dans l'intérieur de la prison.

Gilbert se trouva entre les bras de Pitou et de Billot.

Gilbert, le petit paysan du château de Taverney, Gilbert, que nous avons laissé baigné dans son sang, dans une grotte des Açores, était alors un homme de trente-quatre à trente-cinq ans, au teint pâle sans être maladif, aux cheveux noirs, aux yeux fixes et volontaires ; jamais son regard ne se perdait dans le vague, n'errait dans l'espace ; quand il ne se fixait pas sur quelque objet extérieur digne de l'arrêter, il se fixait sur sa propre pensée, et n'en devenait que plus sombre et plus profond ; son nez était droit, s'attachant à son front par une ligne directe ; il surmontait une lèvre dédaigneuse qui, comme altérée par lui, laissait apercevoir l'émail éblouissant de ses dents. — Dans les temps ordinaires sa mise était simple et sévère comme celle d'un quaker ; mais cette sévérité touchait à l'élégance par l'extrême propreté. Sa taille, un peu au-dessus de la moyenne, était bien prise ; quant à sa force — toute nerveuse, — nous avons vu tout à l'heure jusqu'où elle pouvait aller dans un premier mouvement de surexcitation, que ce mouvement eût pour cause la colère ou l'enthousiasme.

Quoiqu'en prison depuis cinq ou six jours, le prisonnier avait pris les mêmes soins de lui : sa barbe, longue de plusieurs lignes, faisait d'autant mieux ressortir le mat de son teint, et indiquait seule une négligence qui ne venait pas du prisonnier, mais du refus qu'on lui avait fait de lui donner un rasoir ou de lui faire la barbe.

Quand il eut serré dans ses bras Billot et Pitou, il se retourna vers la foule qui encombrait son cachot. Puis, comme si un instant avait suffi pour lui rendre toute sa puissance sur lui-même :

— Le jour que j'avais prévu est donc arrivé ! dit-il. Merci à vous, mes amis, merci au génie éternel qui veille sur la iberté des peuples !

Et il tendit ses deux mains à la foule qui, reconnaissant

à la hauteur de son regard, à la dignité de sa voix un homme supérieur, osa à peine les toucher.

Et, sortant du cachot, il marcha devant tous ces hommes, appuyé sur l'épaule de Billot, et suivi de Pitou et de ses libérateurs.

Le premier moment avait été donné par Gilbert à l'amitié et à la reconnaissance, le second avait établi la distance qui existe entre le savant docteur et l'ignorant fermier, le bon Pitou et toute cette foule qui venait de le délivrer.

Arrivé à la porte, Gilbert s'arrêta devant la lumière du ciel qui venait l'inonder. Il s'arrêta, croisant les bras sur sa poitrine et levant les yeux au ciel :

— Salut, belle liberté ! dit-il ; je t'ai vu naître sur un autre monde, et nous sommes de vieux amis. Salut, belle liberté !

Et le sourire du docteur disait, en effet, que ce n'était pas chose nouvelle pour lui que ces cris qu'il entendait de tout un peuple ivre d'indépendance.

Puis se recueillant quelques secondes :

— Billot, dit-il, le peuple a donc vaincu le despotisme ?
— Oui, monsieur.
— Et vous êtes venu vous battre ?
— Je suis venu pour vous délivrer.
— Vous saviez donc mon arrestation ?
— Votre fils me l'a apprise ce matin.
— Pauvre Émile ! l'avez-vous vu ?
— Je l'ai vu.
— Il est demeuré tranquille à sa pension ?
— Je l'ai laissé se débattant aux mains de quatre infirmiers.
— Est-il malade ? a-t-il le délire ?
— Il voulait venir se battre avec nous.
— Ah ! dit le docteur.

Et un sourire de triomphe passa sur ses lèvres. Son fils était selon son espoir.

— Alors vous avez dit... demanda-t-il interrogeant Billot.

— J'ai dit, puisque le docteur Gilbert est à la Bastille,

prenons la Bastille. Maintenant la Bastille est prise. Ce n'est pas le tout.

— Qu'y a-t-il ? demanda le docteur.

— La cassette est volée.

— La cassette que je vous avais confiée ?

— Oui.

— Et volée par qui ?

— Par des hommes noirs qui se sont introduits à la maison sous prétexte de saisir votre brochure, qui m'ont arrêté, enfermé dans la cave, ont fait perquisition dans la maison, ont trouvé la cassette et l'ont emportée.

— Quel jour ?

— Hier.

— Oh ! oh ! il y a coïncidence évidente entre mon arrestation et le vol. C'est la même personne qui m'a fait arrêter qui a fait en même temps voler la cassette. Que je sache l'auteur de l'arrestation et je connaîtrai l'auteur du vol. — Où sont les archives ? continua le docteur Gilbert en se retournant du côté du geôlier.

— Cour du Gouvernement, monsieur, répondit celui-ci.

— Alors, aux archives ! amis, aux archives ! cria le docteur.

— Monsieur, dit le geôlier en l'arrêtant, laissez-moi vous suivre, ou recommandez-moi à ces braves gens, afin qu'il ne m'arrive pas malheur.

— Soit, dit Gilbert.

Alors, se retournant vers la foule qui l'entourait avec une curiosité mêlée de respect :

— Amis, dit-il, je vous recommande ce brave homme ; il faisait son métier en ouvrant et fermant les portes ; mais il était doux aux prisonniers : qu'il ne lui soit fait aucun mal.

— Non, non, cria-t-on de toutes parts ; non, qu'il ne craigne rien, qu'il n'ait pas peur, qu'il vienne.

— Merci, monsieur, dit le geôlier ; mais si vous en voulez aux archives, hâtez-vous, je crois qu'on brûle les papiers.

— Oh ! alors, pas un instant à perdre, s'écria Gilbert ; aux archives !

12.

Et il s'élança vers la cour du Gouvernement, entraînant derrière lui la foule, à la tête de laquelle marchaient toujours Billot et Pitou.

XIX.

LE TRIANGLE.

A la porte de la salle des archives brûlait effectivement un immense feu de paperasses.

Malheureusement un des premiers besoins du peuple après la victoire, c'est la destruction.

Les archives de la Bastille étaient envahies.

C'était une vaste salle encombrée de registres et de plans ; les dossiers de tous les prisonniers enfermés depuis cent ans à la Bastille y étaient confusément enfermés.

Le peuple lacérait ces papiers avec rage, il lui semblait sans doute qu'en déchirant tous ces registres d'écrou, il rendait légalement la liberté aux prisonniers.

Gilbert entra ; secondé par Pitou, il se mit à compulser les registres encore debout sur les rayons ; le registre de l'année courante ne s'y trouvait pas.

Le docteur, l'homme calme et froid, pâlit et frappa du pied avec impatience.

En ce moment, Pitou avisa un de ces héroïques gamins comme il y en a toujours dans les victoires populaires, qui emportait sur sa tête, en courant vers le feu, un volume de forme et de reliure pareilles à celui que feuilletait le docteur Gilbert.

Il courut à lui, et, avec ses longues jambes, l'eut bientôt rejoint.

C'était le registre de l'année 1789.

La négociation ne fut pas longue. Pitou se fit connaître comme vainqueur, expliqua le besoin qu'un prisonnier avait de ce registre, lequel lui fut cédé par le gamin, qui se consola en disant :

— Bah! j'en brûlerai un autre.

Pitou ouvrit le registre, chercha, feuilleta, lut, et arrivé à la dernière page, il trouva ces mots :

« Aujourd'hui, 9 juillet 1789, est entré le sieur G., philosophe et publiciste très dangereux : le mettre au secret le plus absolu. »

Il porta le registre au docteur.

— Tenez, monsieur Gilbert, n'est-ce pas cela que vous cherchez ?

— Oh! s'écria le docteur en saisissant le registre, oui, c'est cela.

Et il lut les mots que nous avons dit.

— Et maintenant, voyons de qui vient l'ordre.

Et il chercha à la marge.

— Necker! s'écria-t-il, l'ordre de m'arrêter signé par Necker, mon ami. Oh! bien certainement il y a ici quelque surprise.

— Necker est votre ami? s'écria la foule avec respect, car on se rappelle quelle influence avait ce nom sur le peuple.

— Oui, oui, mon ami, je le soutiens, dit le docteur, et Necker, j'en suis convaincu, ignorait que j'étais en prison. Mais je vais aller le trouver, et...

— Le trouver, où? demanda Billot.

— A Versailles, donc!

— Monsieur Necker n'est point à Versailles; monsieur Necker est exilé.

— Où cela?

— A Bruxelles.

— Mais sa fille?

— Ah! je ne sais pas, dit Billot.

— La fille habite la campagne de Saint-Ouen, dit une voix dans la foule.

— Merci, dit Gilbert, sans même savoir à qui il adressait son remercîment.

Puis se retournant vers les brûleurs :

— Amis, dit-il, au nom de l'histoire, qui trouvera dans

ces archives la condamnation des tyrans, assez de dévastation comme cela, je vous en supplie ; démolissez la Bastille pierre à pierre, qu'il n'en reste point trace, qu'il n'en reste point vestige, mais respectez les papiers, respectez les registres, la lumière de l'avenir est là.

A peine la foule eut-elle entendu ces paroles, qu'elle les pesa avec sa suprême intelligence.

— Le docteur a raison, crient cent voix ; pas de dévastations ! A l'Hôtel-de-Ville tous les papiers !

Un pompier, qui était entré dans la cour avec cinq ou six de ses camarades, traînant une pompe, dirigea le tuyau de son instrument vers le foyer qui, pareil à celui d'Alexandrie, était en train de dévorer les archives d'un monde, et l'éteignit.

— Et à la requête de qui avez-vous été arrêté ? demanda Billot.

— Ah ! voilà justement ce que je cherche, et ce que je ne puis savoir ; le nom est en blanc.

Puis, après un instant de réflexion :

— Mais je le saurai, dit-il.

Et, arrachant la feuille qui le concernait, il la plia en quatre et la mit dans sa poche. Puis s'adressant à Billot et à Pitou :

— Amis, dit-il, sortons, nous n'avons plus rien à faire ici.

— Sortons, dit Billot ; seulement c'est chose plus facile à dire qu'à exécuter.

En effet la foule, poussée dans l'intérieur des cours par la curiosité, affluait à l'entrée de la Bastille, dont elle encombrait les portes. C'est qu'à l'entrée de la Bastille étaient les autres prisonniers.

Huit prisonniers, y compris Gilbert, avaient été délivrés.

Ils s'appelaient : Jean Bechade, Bernard Laroche, Jean Lacaurège, Antoine Pujade, de White, le comte de Solage, et Tavernier.

Les quatre premiers n'inspiraient qu'un intérêt secondaire. Ils étaient accusés d'avoir falsifié une lettre de change, sans que jamais aucune preuve se soit élevée contre eux, ce qui ferait croire que l'accusation était fausse ; ils étaient à la Bastille depuis deux ans seulement.

Les autres étaient le comte de Solage, de White et Tavernier.

Le comte de Solage était un homme de trente ans à peu près, plein de joie et d'expansion ; il embrassait ses libérateurs, exaltait leur victoire, leur racontait sa captivité. Arrêté en 1782 et enfermé à Vincennes à la suite d'une lettre de cachet obtenue par son père, il avait été transporté de Vincennes à la Bastille, où il était resté cinq ans sans avoir vu un juge, sans avoir été interrogé une fois ; depuis deux ans, son père était mort et nul n'avait songé à lui. Si la Bastille n'eût point été prise, il est probable que nul n'y eût jamais songé.

De White était un vieillard de soixante ans ; il prononçait avec un accent étranger des paroles incohérentes. Aux interrogations qui se croisaient, il répondait qu'il ignorait depuis combien de temps il était arrêté, et pour quelle cause il avait été arrêté. Il se souvenait qu'il était cousin de monsieur de Sartines, voilà tout. Un porte-clefs, nommé Guyon, avait vu, en effet, monsieur de Sartines entrer une fois dans le cachot de de White, et lui faire signer une procuration. Mais le prisonnier avait complétement oublié cette circonstance.

Tavernier était le plus vieux de tous, il comptait dix ans de réclusion aux îles Sainte-Marguerite, trente ans de captivité à la Bastille ; c'était un vieillard de quatre-vingt-dix ans, à cheveux blancs, à barbe blanche ; ses yeux s'étaient usés dans l'obscurité, et il ne voyait plus qu'à travers un nuage. Lorsqu'on entra dans sa prison, il ne comprit pas ce qu'on venait y faire ; quand on lui parla de liberté, il secoua la tête ; puis, enfin, quand on lui dit que la Bastille était prise :

— Oh ! oh ! dit-il, que vont dire de cela le roi Louis XV, madame de Pompadour et le duc de la Vrillière ?

Tavernier n'était même plus fou, comme de White : il était idiot.

La joie de ces hommes était terrible à voir, car elle criait vengeance, tant elle ressemblait à de l'effroi. Deux ou trois semblaient près d'expirer au milieu de ce tumulte composé de cent mille clameurs réunies, eux que jamais la voix de deux hommes parlant à la fois n'avait frappés depuis leur entrée à la Bastille ; eux qui n'étaient plus accoutumés qu'aux bruits lents et mystérieux du bois qui joue dans l'humidité, de l'araignée qui tisse sa toile, inaperçue, avec un battement pareil à celui d'une pendule invisible ou du rat effaré qui gratte et passe.

Au moment où Gilbert parut, les enthousiastes proposaient de porter les prisonniers en triomphe, proposition qui fut acceptée à l'unanimité.

Gilbert eût fort désiré échapper à cette ovation, mais il n'y avait pas moyen ; il était déjà reconnu ainsi que Billot et Pitou.

Les cris : A l'Hôtel-de-Ville ! à l'Hôtel-de-Ville ! retentirent, et Gilbert se trouva soulevé sur les épaules de vingt personnes à la fois.

En vain le docteur voulut-il résister, en vain Billot et Pitou distribuèrent-ils à leurs frères d'armes leurs plus braves coups de poing, la joie et l'enthousiasme avaient durci l'épiderme populaire. Coups de poing, coups de bois de piques, coups de crosses de fusil, parurent aux vainqueurs doux comme des caresses, et ne firent que redoubler leur enivrement.

Force fut donc à Gilbert de se laisser élever sur le pavois.

Le pavois était une table au milieu de laquelle on avait planté une lance destinée à servir de point d'appui au triomphateur.

Le docteur domina donc cet océan de têtes ondulant de la Bastille à l'arcade Saint-Jean, mer pleine d'orages, dont les flots emportaient, au milieu des piques, des baïonnettes et des armes de toute espèce, de toute forme et de toute époque, les prisonniers triomphateurs.

Mais en même temps qu'eux, cet océan terrible et irrésistible roulait un autre groupe, tellement serré, qu'il semblait une île.

Ce groupe, c'était celui qui emmenait de Launay prisonnier.

Autour de ce groupe, des cris non moins bruyans, non moins enthousiastes que ceux qui accompagnaient les prisonniers se faisaient entendre, mais ce n'étaient pas des cris de triomphe, c'étaient des menaces de mort.

Gilbert, du point élevé où il se trouvait, ne perdait pas un détail de ce terrible spectacle.

Seul, parmi tous ces prisonniers qu'on venait de rendre à la liberté, il jouissait de la plénitude de ses facultés. Cinq jours de captivité ne faisaient qu'un point obscur dans sa vie. Son œil n'avait pas eu le temps de s'éteindre ou de s'affaiblir dans l'obscurité de la Bastille.

Le combat, d'ordinaire, ne rend les combattans impitoyables que pendant le temps qu'il dure. En général, les hommes sortant du feu où ils viennent de risquer leur propre vie, sont pleins de mansuétude pour leurs ennemis.

Mais dans ces grandes émeutes populaires, comme la France en a tant vues depuis la Jacquerie jusqu'à nous, les masses que la peur a retenues loin du combat, que le bruit a irritées, les masses, à la fois féroces et lâches, cherchent après la victoire à prendre une part quelconque à ce combat qu'elles n'ont osé affronter en face.

Elles prennent leur part de la vengeance.

Depuis sa sortie de la Bastille, la marche du gouverneur était le commencement de son supplice.

Elie, qui avait pris la vie de monsieur de Launay sous sa responsabilité, marchait en tête, protégé par son uniforme et par l'admiration populaire qui l'avait vu marchant le premier au feu. Il tenait à la main, au bout de son épée, le billet que monsieur de Launay avait fait passer au peuple par une des meurtrières de la Bastille, et que lui avait remis Maillard.

Après lui venait le garde des impositions royales, tenant à la main les clés de la forteresse ; puis Maillard, portant le drapeau ; puis enfin un jeune homme montrant à tous les yeux, percé par sa baïonnette, le réglement de la Bastille, odieux rescrit en vertu duquel avaient coulé tant de larmes.

Puis enfin venait le gouverneur, protégé par Hullin et

par deux ou trois autres, mais qui disparaissait au milieu des poings menaçans, des sabres agités, des piques frémissantes.

A côté de ce groupe, et roulant presque parallèlement à lui dans cette grande artère de la rue Saint-Antoine, qui communique des boulevards au fleuve, on en distinguait un autre non moins menaçant, non moins terrible, c'était celui qui entraînait le major de Losme, que nous avons vu apparaître un instant pour lutter contre la volonté du gouverneur, et qui avait enfin plié la tête sous la détermination prise par celui-ci de se défendre.

Le major de Losme était un bon, brave et excellent garçon. Bien des douleurs lui avaient dû un adoucissement depuis qu'il était à la Bastille. Mais le peuple ignorait cela. Le peuple, à son brillant uniforme, le prenait pour le gouverneur. Tandis que le gouverneur, grâce à son habit gris, sans broderie aucune, et dont il avait arraché le ruban de Saint-Louis, se réfugiait dans un certain doute protecteur que pouvaient éclairer seulement ceux qui le connaissaient.

Voilà le spectacle sur lequel dominait le regard sombre de Gilbert, ce regard toujours observateur et calme, même au milieu des dangers qui étaient personnels à cette puissante organisation.

Hullin, en sortant de la Bastille, avait appelé à lui ses amis les plus sûrs et les plus dévoués, les plus vaillans soldats populaires de cette journée, et quatre ou cinq avaient répondu à son appel, et tentaient de seconder son généreux dessein, en protégeant le gouverneur. C'étaient trois hommes dont l'impartiale histoire a consacré le souvenir, ils se nommaient Arné, Chollat et de Lépine.

Ces quatre hommes, précédés, comme nous l'avons dit, par Hullin et Maillard, tentaient donc de défendre la vie d'un homme dont cent mille voix demandaient la mort.

Autour d'eux s'étaient groupés quelques grenadiers des gardes françaises, dont l'uniforme, devenu plus populaire depuis trois jours, était un objet de vénération pour le peuple.

Monsieur de Launay avait échappé aux coups tant que les bras de ses généreux défenseurs avaient pu parer les coups;

mais il n'avait pu échapper aux injures et aux menaces.

Au coin de la rue de Jouy, des cinq grenadiers des gardes françaises qui s'étaient joints au cortége à la sortie de la Bastille, pas un ne restait. Ils avaient, l'un après l'autre, été enlevés sur la route par l'enthousiasme de la foule, et peut-être aussi par le calcul des assassins, et Gilbert les avait vus disparaître l'un après l'autre, comme les boules d'un chapelet qui s'égrène.

Dès lors, il avait prévu que la victoire allait se ternir en s'ensanglantant ; il avait voulu s'arracher à cette table qui lui servait de pavois, mais des bras de fer l'y tenaient rivé. Dans son impuissance, il avait lancé Billot et Pitou à la défense du gouverneur, et tous deux, obéissant à sa voix, faisaient tous leurs efforts pour fendre ces vagues humaines et pénétrer jusqu'à lui.

En effet, le groupe de ses défenseurs avait besoin de secours. Chollat, qui n'avait rien mangé depuis la veille, avait senti ses forces s'épuiser, et était tombé en défaillance ; à grand'peine l'avait-on relevé et empêché d'être foulé aux pieds.

Mais c'était une brèche à la muraille, une rupture à la digue.

Un homme s'élança par cette brèche, et faisant tournoyer son fusil par le canon, il en asséna un coup terrible sur la tête nue du gouverneur.

Mais de Lépine vit s'abaisser la massue, il eut le temps de se jeter les bras étendus entre de Launay et elle, et reçut au front le coup qui était destiné au prisonnier.

Etourdi par le choc, aveuglé par le sang, il porta en chancelant ses mains à son visage, et quand il put voir, il était déjà à vingt pas du gouverneur.

Ce fut en ce moment que Billot arriva près de lui, tirant Pitou à la remorque.

Il s'aperçut que le signe auquel on reconnaissait surtout de Launay, c'était que seul le gouverneur était tête nue.

Billot prit son chapeau, étendit le bras et le posa sur la tête du gouverneur.

De Launay se retourna et reconnut Billot.

— Merci, dit-il, mais quelque chose que vous fassiez, vous ne me sauverez pas.

— Atteignons seulement l'Hôtel-de-Ville, dit Hullin, et je réponds de tout.

— Oui, dit de Launay, mais l'atteindrons-nous ?

— Avec l'aide de Dieu, nous le tenterons au moins, dit Hullin.

En effet, on pouvait l'espérer, on commençait à déboucher sur la place de l'Hôtel-de-Ville ; mais cette place était encombrée d'hommes aux bras nus, agitant des sabres et des piques. La rumeur qui courait par les rues avait annoncé qu'on leur amenait le gouverneur et le major de la Bastille, et comme une meute, longtemps retenue le nez au vent, les dents grinçantes, ils attendaient.

Aussitôt qu'ils virent paraître le cortége, ils se ruèrent sur lui.

Hullin vit que là était le danger suprême, la dernière lutte ; s'il pouvait faire monter les escaliers du perron à de Launay, et lancer de Launay dans les escaliers, le gouverneur était sauvé.

— A moi, Élie ; à moi, Maillard ; à moi, les hommes de cœur, cria-t-il, il y va de notre honneur à tous !

Elie et Maillard entendirent l'appel ; ils firent une pointe au milieu du peuple ; mais le peuple ne les seconda que trop bien : il s'ouvrit devant eux, et se referma derrière eux.

Elie et Maillard se trouvèrent séparés du groupe principal, qu'ils ne purent rejoindre.

La foule vit ce qu'elle venait de gagner et fit un furieux effort. Comme un boa gigantesque, elle roula ses anneaux autour du groupe. Billot fut soulevé, entraîné, emporté ; Pitou, tout entier à Billot, se laissa aller au même tourbillon. Hullin butta aux premières marches de l'Hôtel-de-Ville, et tomba. Une première fois il se releva, mais ce fut pour retomber presqu'aussitôt, et cette fois de Launay le suivit dans sa chute.

Le gouverneur resta ce qu'il était ; jusqu'au dernier moment il ne jeta pas une plainte, il ne demanda point grâce ; il cria seulement d'une voix stridente :

— Au moins, tigres que vous êtes, ne me faites pas languir : tuez-moi sur-le-champ.

Jamais ordre ne fut exécuté avec plus de ponctualité que cette prière ; en un instant, autour de de Launay tombé, les têtes s'inclinèrent menaçantes, les bras se levèrent armés. On ne vit plus, pendant un instant, que des mains crispées, des fers plongeant ; puis une tête sortit, détachée du tronc, et s'éleva dégoutante de sang au bout d'une pique ; elle avait conservé son sourire livide et méprisant.

Ce fut la première.

Gilbert avait dominé tout ce spectacle ; Gilbert, cette fois encore, avait voulu s'élancer pour lui porter secours, mais deux cents bras l'avaient arrêté.

Il détourna la tête et soupira.

Cette tête, aux yeux ouverts, se leva juste, et comme pour le saluer d'un dernier regard, en face de la fenêtre où se tenait Flesselles, entouré et protégé par les électeurs.

Il eût été difficile de dire lequel était le plus pâle du vivant ou du mort.

Tout à coup une immense rumeur s'éleva à l'endroit où gisait le corps de de Launay. On l'avait fouillé, et dans la poche de sa veste on avait trouvé le billet que lui avait adressé le prévôt des marchands, et qu'il avait montré à de Losme.

Ce billet était conçu en ces termes, on se le rappelle :

« Tenez bon : j'amuse les Parisiens avec des cocardes et des promesses. A la fin de la journée, monsieur de Bezenval vous enverra du renfort.

» DE FLESSELLES. »

Un horrible blasphème monta du pavé de la rue à la fenêtre de l'Hôtel-de-Ville où se tenait Flesselles.

Sans en deviner la cause, il comprit la menace et se rejeta en arrière.

Mais il avait été vu, on le savait là ; on se précipita par les escaliers, et cette fois d'un mouvement si universel, que les hommes qui portaient le docteur Gilbert l'abandonnèrent pour suivre cette marée qui montait sous le souffle de la colère.

Gilbert voulut, lui aussi, entrer à l'Hôtel-de-Ville, non pour menacer, mais pour protéger Flesselles. Il avait déjà franchi les trois ou quatre premières marches du perron, quand il se sentit violemment tiré en arrière. Il se retourna pour se débarrasser de cette nouvelle étreinte ; mais, cette fois, il reconnut Billot et Pitou.

— Oh ! s'écria Gilbert, qui, du point élevé où il se trouvait, dominait toute la place, que se passe-t-il donc là-bas?

Et il indiquait de sa main crispée la rue de la Tixeranderie.

— Venez, docteur, venez, dirent à la fois Billot et Pitou.
— Oh ! les assassins ! s'écria le docteur, les assassins !...

En effet, en ce moment, le major de Losme tombait frappé d'un coup de hache ; le peuple confondait dans sa colère et le gouverneur égoïste et barbare qui avait été le persécuteur des malheureux prisonniers, et l'homme généreux qui en avait constamment été l'appui.

— Oh ! oui, oui, dit-il, allons-nous-en, car je commence à être honteux d'avoir été délivré par de pareils hommes.

— Docteur, dit Billot, soyez tranquille. Ce ne sont pas ceux qui ont combattu là-bas qui massacrent ici.

Mais, au moment même où le docteur descendait les marches qu'il avait montées pour courir au secours de Flesselles, le flot qui s'était engouffré sous la voûte était vomi par elle. Au milieu de ce torrent d'hommes, un homme se débattait entraîné.

— Au Palais-Royal ! au Palais-Royal ! cria la foule.
— Oui, mes amis, oui, mes bons amis, au Palais-Royal ! répétait cet homme.

Et il roulait vers le fleuve, comme si l'inondation humaine eût voulu, non pas le conduire au Palais-Royal, mais l'entraîner dans la Seine.

— Oh ! s'écria Gilbert, encore un qu'ils vont égorger ! tâchons de sauver celui-là du moins.

Mais à peine ces paroles étaient-elles prononcées, qu'un

coup de pistolet se faisait entendre, et que Flesselles disparaissait dans la fumée.

Gilbert couvrit ses yeux de ses deux mains avec un mouvement de sublime colère ; il maudissait ce peuple qui, étant si grand, n'avait pas la force de rester pur, et qui souillait sa victoire par un triple assassinat.

Puis, quand ses mains s'écartèrent de ses yeux, il vit trois têtes au bout de trois piques.

La première était celle de Flesselles, la seconde celle de de Losme, la troisième celle de de Launay.

L'une s'élevait sur les degrés de l'Hôtel-de-Ville, l'autre au milieu de la rue de la Tixéranderie, la troisième sur le quai Pelletier.

Par leur position elles figuraient un triangle.

— Oh! Balsamo! Balsamo! murmura le docteur avec un soupir, est-ce donc avec un pareil triangle que l'on symbolise la Liberté?

Et il s'enfuit par la rue de la Vannerie, entraînant après lui Billot et Pitou.

XX.

SÉBASTIEN GILBERT.

Au coin de la rue Planche-Mibray, le docteur rencontra un fiacre auquel il fit signe de s'arrêter, et dans lequel il monta.

Billot et Pitou prirent place auprès de lui.

— Au collége Louis-le-Grand ! dit Gilbert, et il se jeta dans le fond de la voiture, où il tomba dans une profonde rêverie, que respectèrent Billot et Pitou.

On traversa le Pont-au-Change, on prit la rue de la Cité, la rue Saint-Jacques, et l'on arriva au collége Louis-le-Grand.

Paris était tout frissonnant. La nouvelle était répandue

de tous côtés ; les bruits des assassinats de la Grève se mêlaient aux récits glorieux de la prise de la Bastille ; on voyait se refléter sur les visages les diverses impressions que les esprits éprouvaient, — éclairs de l'âme qui se trahissaient au dehors.

Gilbert n'avait pas mis la tête à la portière, Gilbert n'avait pas prononcé une parole. Il y a toujours un côté ridicule aux ovations populaires, et Gilbert voyait son triomphe de ce côté-là.

Puis il lui semblait que quelque chose qu'il eût faite pour l'empêcher de couler, quelques gouttes de ce sang répandu rejaillissaient sur lui.

Le docteur descendit à la porte du collége, et fit signe à Billot de le suivre.

Quand à Pitou, il resta discrètement dans le fiacre.

Sébastien était encore à l'infirmerie ; le principal en personne, à l'annonce de l'arrivée du docteur Gilbert, l'introduisit lui-même.

Billot qui, si peu observateur qu'il fût, connaissait le caractère du père et du fils, Billot examina avec attention la scène qui se passait sous ses yeux.

Autant l'enfant s'était montré faible, irritable, nerveux dans le désespoir, autant il se montra calme et réservé dans la joie.

En apercevant son père il pâlit, la parole lui manqua. Un petit frémissement courut sur ses lèvres.

Puis il vint se jeter au cou de Gilbert avec un seul cri de joie qui ressemblait à un cri de douleur, et le tint silencieusement enchaîné dans ses bras.

Le docteur répondit avec le même silence à cette silencieuse étreinte. Seulement, après avoir embrassé son fils, il le regarda longtemps avec un sourire plutôt triste que joyeux.

Un plus habile observateur que Billot se fût dit qu'il y avait ou un malheur ou un crime entre cet enfant et cet homme.

L'enfant fut moins contenu avec Billot. Lorsqu'il put voir autre chose que son père, qui avait absorbé toute son attention, il courut au bon fermier, et lui jeta les bras autour du cou en disant :

— Vous êtes un brave homme, monsieur Billot, vous m'avez tenu parole, et je vous remercie.

— Oh! oh! dit Billot, ce n'est pas sans peine, allez, monsieur Sébastien ; votre père était joliment enfermé, et il a fallu faire pas mal de dégâts avant de le mettre dehors.

— Sébastien, demanda le docteur avec une certaine inquiétude, vous êtes en bonne santé ?

— Oui, mon père, répondit le jeune homme, quoique vous me trouviez à l'infirmerie.

Gilbert sourit.

— Je sais pourquoi vous y êtes, dit-il.

L'enfant sourit à son tour.

— Il ne vous manque rien ici ? continua le docteur.

— Rien, grâce à vous.

— Je vais donc, mon cher ami, vous faire toujours la même recommandation, la même et la seule : travaillez.

— Oui, mon père.

— Je sais que ce mot pour vous n'est pas un son vain et monotone ; si je le croyais, je ne le dirais plus.

— Mon père, ce n'est pas à moi à vous répondre là-dessus, répondit Sébastien. C'est à monsieur Bérardier, notre excellent principal.

Le docteur se retourna vers monsieur Bérardier, lequel fit signe qu'il avait deux mots à lui dire.

— Attendez, Sébastien, dit le docteur.

Et il s'avança vers le principal.

— Monsieur, demanda Sébastien avec intérêt, serait-il donc arrivé malheur à Pitou ? Le pauvre garçon n'est pas avec vous.

— Il est à la porte dans un fiacre.

— Mon père, dit Sébastien, voulez-vous permettre que monsieur Billot amène Pitou ; je serais bien aise de le voir.

Gilbert fit un signe de tête ; Billot sortit.

— Que voulez-vous me dire ? demanda Gilbert à l'abbé Bérardier.

— Je voulais vous dire, monsieur, que ce n'était point le

travail qu'il fallait recommander à cet enfant, mais bien plutôt la distraction.

— Comment cela? monsieur l'abbé.

— Oui, c'est un excellent jeune homme, que chacun aime ici comme un fils ou comme un frère, mais...

L'abbé s'arrêta.

— Mais, quoi? demanda le père inquiet.

— Mais si l'on n'y prend garde, monsieur Gilbert, quelque chose le tuera.

— Quoi donc? fit vivement Gilbert,

— Le travail que vous lui recommandez.

— Le travail?

— Oui, monsieur, le travail. Si vous le voyiez sur son pupitre, les bras croisés, le nez dans le dictionnaire, l'œil fixe...

— Travaillant ou rêvant? demanda Gilbert.

— Travaillant, monsieur, cherchant la bonne expression, la tournure antique, la forme grecque ou latine, la cherchant des heures entières; et, tenez, en ce moment même, voyez...

En effet, le jeune homme, quoique son père se fût éloigné de lui depuis moins de cinq minutes, quoique Billot eût refermé la porte à peine, le jeune homme était tombé dans une sorte de rêverie qui ressemblait à de l'extase.

— Est-il souvent ainsi? demanda Gilbert avec inquiétude.

— Monsieur, je pourrais presque dire que c'est son état habituel. Voyez comme il cherche.

— Vous avez raison, monsieur l'abbé, dit-il, et quand vous le verrez cherchant ainsi, il faudra le distraire.

— Ce sera dommage, car il sort de ce travail, voyez-vous, des compositions qui feront un jour le plus grand honneur au collége Louis-le-Grand. Je prédis que d'ici à trois ans, cet enfant-là emportera tous les prix du concours.

— Prenez garde, répéta le docteur, cette espèce d'absorption de la pensée dans laquelle vous voyez Sébastien plongé est plutôt une preuve de faiblesse que de force, un symptôme de maladie que de santé. — Vous aviez raison, monsieur l'abbé, il ne faut pas trop recommander le travail à cet enfant-là, ou au moins faut-il savoir distinguer le travail de la rêverie.

— Monsieur, je vous assure qu'il travaille.

— Quand il est ainsi ?

— Oui ; et la preuve, c'est que son devoir est toujours fait avant celui des autres. Voyez-vous remuer ses lèvres? Il répète ses leçons.

— Eh bien ! quand il répétera ses leçons ainsi, monsieur Bérardier, distrayez-le ; il n'en saura pas ses leçons plus mal, et s'en portera mieux.

— Vous croyez ?

— J'en suis sûr.

— Dame ! fit le bon abbé, vous devez vous y connaître, vous, que messieurs de Condorcet et Cabanis proclament un des hommes les plus savans qui existent au monde.

— Seulement, dit Gilbert, quand vous le tirerez de rêveries pareilles, prenez des précautions; parlez-lui bas d'abord, puis plus haut.

— Et pourquoi?

— Pour le ramener graduellement à ce monde-ci qu'il a quitté.

L'abbé regarda le docteur avec étonnement. Peu s'en fallut qu'il ne le tînt pour fou.

— Tenez, dit le docteur, vous allez voir la preuve de ce que je vous dis.

En effet, Billot et Pitou rentraient en ce moment. En trois emjambées Pitou fut près de Gilbert.

— Tu m'as demandé, Sébastien ? dit Pitou en prenant l'enfant par le bras. Tu es bien gentil, merci.

Et il approcha sa grosse tête du front mat de l'enfant.

— Regardez, dit Gilbert en saisissant le bras de l'abbé.

En effet, Sébastien, tiré brutalement de sa rêverie par le cordial attouchement de Pitou, chancela, son visage passa de la matité à la pâleur, sa tête se pencha comme si son col n'avait plus la force de la soutenir. Un soupir douloureux sortit de sa poitrine, puis une vive rougeur vint colorer ses joues.

Il secoua la tête et sourit.

— Ah! c'est toi, Pitou, dit-il. Oui, c'est vrai, je t'ai demandé.

Puis le regardant :

— Tu t'es donc battu ?

— Oui, et comme un brave garçon, dit Billot.

— Pourquoi ne m'avez-vous pas emmené avec vous, fit l'enfant avec un ton de reproche, je me serais battu aussi, moi, et au moins j'aurais fait quelque chose pour mon père.

— Sébastien, dit Gilbert en s'approchant à son tour et en appuyant la tête de son fils contre son cœur, tu peux faire beaucoup plus pour ton père que de te battre pour lui, tu peux écouter ses conseils, les suivre, devenir un homme distingué, célèbre.

— Comme vous, n'est-ce pas ? dit l'enfant avec orgueil. Oh ! c'est bien à quoi j'aspire.

— Sébastien, dit le docteur, à présent que tu as embrassé et remercié Billot et Pitou, ces bons amis à nous, veux-tu venir causer un instant dans le jardin avec moi.

— Avec bonheur, mon père. Deux ou trois fois dans ma vie j'ai pu demeurer seul à seul avec vous, et ces momens sont, dans tous leurs détails, présens à mon souvenir.

— Monsieur l'abbé, vous permettez ? dit Gilbert.

— Comment donc.

— Billot, Pitou, mes amis, vous avez peut-être besoin de prendre quelque chose.

— Ma foi ! oui, dit Billot, je n'ai pas mangé depuis le matin, et je pense que Pitou est aussi à jeun que moi.

— Pardon, dit Pitou, j'ai mangé à peu près la valeur d'une miche, et deux ou trois saucissons, un moment avant de vous tirer de l'eau ; mais le bain ça creuse.

— Eh bien ! venez au réfectoire, dit l'abbé Bérardier, on va vous servir à dîner.

— Oh ! oh ! dit Pitou.

— Vous craignez l'ordinaire du collége ? fit l'abbé. Rassurez-vous, on vous traitera en invité. D'ailleurs, il me semble, continua l'abbé, que vous n'avez pas seulement l'estomac délabré, mon cher monsieur Pitou ?

Pitou jeta sur lui-même un regard plein de pudeur.

— Et que si l'on vous offrait une culotte en même temps qu'un dîner...

— Le fait est que j'accepterais, monsieur l'abbé, dit Pitou.

— Eh bien ! venez donc, la culotte et le dîner sont à votre service.

Et il emmena Billot et Pitou d'un côté, tandis qu'en leur faisant signe de la main, Gilbert et son fils s'éloignaient de l'autre.

Tous deux traversèrent la cour destinée aux récréations, et gagnèrent un petit jardin destiné aux professeurs, réduit frais et ombreux, dans lequel le vénérable abbé Bérardier venait lire son Tacite et son Juvénal.

Gilbert s'assit sur un banc de bois ombragé par des clématites et des vignes-vierges ; puis, attirant Sébastien à lui, et séparant de la main ses longs cheveux qui retombaient sur son front :

— Eh bien ! mon enfant, lui dit-il, nous voilà donc réunis ?

Sébastien leva les yeux au ciel.

— Par un miracle de Dieu, oui, mon père.

Gilbert sourit.

— S'il y a un miracle, dit Gilbert, c'est le brave peuple de Paris qui l'a accompli.

— Mon père, dit l'enfant, n'écartez pas Dieu de ce qui vient de se passer : car moi, quand je vous ai vu, instinctivement, c'est Dieu que j'ai remercié.

— Et Billot ?

— Billot venait après Dieu, comme la carabine venait après lui.

Gilbert réfléchit.

— Tu as raison, enfant, lui dit-il. Dieu est au fond de toute chose. Mais revenons à toi, et causons un peu avant de nous séparer de nouveau.

— Allons-nous donc nous séparer encore, mon père ?

— Pas pour longtemps, je présume. Mais une cassette renfermant des papiers précieux a disparu de chez Billot, en même temps que l'on m'emprisonnait à la Bastille. Il faut que je sache qui m'a fait emprisonner, qui a enlevé la cassette.

— C'est bien, mon père, j'attendrai pour vous revoir que vos recherches soient finies.

Et l'enfant poussa un soupir.

— Tu es triste, Sébastien? demanda le docteur.

— Oui.

— Et pourquoi es-tu triste?

— Je ne sais; il me semble que la vie n'est pas faite pour moi comme pour les autres enfans.

— Que dis-tu là, Sébastien?

— La vérité.

— Explique-toi.

— Tous ont des distractions, des plaisirs; moi, je n'en ai pas.

— Tu n'as pas de distractions, pas de plaisirs?

— Je veux dire, mon père, que je ne trouve pas d'amusement aux jeux de mon âge.

— Prenez garde, Sébastien; je regretterais fort que vous eussiez un pareil caractère. Sébastien, les esprits qui promettent un avenir glorieux sont comme les bons fruits pendant leur croissance : ils ont leur amertume, leur acidité, leur verdeur, avant de réjouir le palais par leur savoureuse maturité. Croyez-moi, il est bon d'avoir été jeune, mon enfant.

— Ce n'est pas ma faute si je ne le suis pas, répondit le jeune homme avec un sourire mélancolique.

Gilbert continua en pressant les deux mains de son fils dans les siennes et en fixant ses deux yeux sur les siens.

— Votre âge, mon ami, c'est celui de la semence, rien ne doit encore percer au dehors de ce que l'étude a mis en vous. A quatorze ans, Sébastien, la gravité c'est de l'orgueil ou de la maladie. Je vous ai demandé si votre santé était bonne, vous m'avez répondu oui. Je vais vous demander si vous êtes orgueilleux, tâchez de me répondre que non.

— Mon père, dit l'enfant, rassurez-vous. Ce qui me rend triste, ce n'est ni la maladie, ni l'orgueil; non, c'est un chagrin.

— Un chagrin, pauvre enfant! et quel chagrin, mon Dieu! peux-tu donc avoir à ton âge? Voyons, parle.

— Non, mon père, non, plus tard. Vous l'avez dit, vous êtes pressé; vous n'avez qu'un quart d'heure à me donner. Parlons d'autre chose que de mes folies.

— Non, Sébastien, je te quitterais inquiet. Dis-moi d'où te vient ce chagrin?

— En vérité, je n'ose, mon père.

— Que crains-tu?

— Je crains de passer à vos yeux pour un visionnaire, ou peut-être de vous parler de choses qui vous affligeraient.

— Tu m'affliges bien plus en gardant ton secret, cher enfant.

— Vous savez bien que je n'ai pas de secret pour vous, mon père.

— Alors, parle.

— Je n'ose, en vérité.

— Sébastien, toi qui as la prétention d'être un homme.

— C'est justement pour cela.

— Allons, du courage !

— Eh bien ! mon père, c'est un rêve !

— Un rêve qui t'effraie.

— Oui et non ; car, quand je fais ce rêve, je ne suis pas effrayé, mais comme transporté dans un autre monde.

— Explique-toi.

— Tout enfant, j'ai eu de ces visions. Vous le savez, deux ou trois fois je me suis perdu dans ces grands bois qui environnent le village où j'ai été élevé.

— Oui, on me l'a dit.

— Eh bien ! je suivais quelque chose comme un fantôme.

— Tu dis?... demanda Gilbert en regardant son fils avec un étonnement qui ressemblait à de l'effroi.

— Tenez, mon père, voilà ce qui arrivait : je jouais comme les autres enfans dans le village, et tant que j'étais dans le village, tant qu'il y avait d'autres enfans avec moi ou près de moi, je ne voyais rien ; mais si je m'écartais d'eux, si je dépassais les derniers jardins, je sentais près de moi comme le frôlement d'une robe ; j'étendais les bras pour la saisir, et je n'embrassais que l'air ; mais, à mesure que ce frôlement s'éloignait, le fantôme devenait visible. C'était une vapeur, d'abord transparente comme un nuage, puis la vapeur s'épaississait et prenait une forme humaine. Cette forme, c'était celle d'une femme, glissant plutôt qu'elle ne marchait, et devenant d'autant plus visible qu'elle s'enfonçait dans les endroits les plus sombres de la forêt.

Alors un pouvoir inconnu, étrange, irrésistible, m'entraînait sur les pas de cette femme. Je la poursuivais les bras tendus, muet comme elle : car souvent, j'ai essayé de l'appeler, et jamais ma voix n'a pu former un son, et je la poursuivais ainsi sans qu'elle s'arrêtât, sans que je pusse la rejoindre, jusqu'à ce que le prodige qui m'avait annoncé sa présence me signalât son départ. Cette femme s'effaçait peu à peu ; la matière devenait vapeur, la vapeur se volatilisait, et tout était dit. Et moi, épuisé de fatigue, je tombais à l'endroit même où elle avait disparu. C'est là que Pitou me retrouvait quelquefois le jour même, quelquefois le lendemain seulement.

Gilbert continuait de regarder l'enfant avec une inquiétude croissante. Ses doigts s'étaient fixés sur son pouls. Sébastien comprit le sentiment qui agitait le docteur.

— Oh! ne vous inquiétez pas, mon père, dit-il, je sais qu'il n'y a rien de réel dans tout cela ; je sais que c'est une vision, voilà tout.

— Et cette femme, lui demanda le docteur, quel aspect a-t-elle?

— Oh! majestueuse comme une reine.

— Et son visage, l'as-tu vu parfois, enfant ?

— Oui.

— Depuis quand? demanda Gilbert en tressaillant.

— Depuis que je suis ici seulement, répondit le jeune homme.

— Mais à Paris tu n'as plus la forêt de Villers-Cotterets, les grands arbres faisant une sombre et mystérieuse voûte de verdure? A Paris tu n'as plus le silence, la solitude, cet élément des fantômes?

— Si, mon père, j'ai tout cela.

— Où donc?

— Ici.

— Comment, ici. Ce jardin n'est-il pas réservé aux professeurs?

— Si fait, mon père. Mais deux ou trois fois il m'avait semblé voir cette femme glisser de la cour dans le jardin. J'avais à chaque fois voulu la suivre, toujours la porte fermée m'avait arrêté court. Alors qu'un jour l'abbé Bérardier, très content de ma composition, s'informait de ce que je désirais, je lui demandai de venir avec lui promener quelquefois dans le jardin. Il me le permit. J'y suis venu, et ici, ici, mon père, la vision a reparu.

Gilbert frissonna.

— Étrange hallucination, dit-il, mais possible cependant chez une nature nerveuse comme la sienne ; et tu as vu on visage ?

— Oui, mon père.

— Te le rappelles-tu ?

L'enfant sourit.

— As-tu essayé jamais de t'approcher d'elle ?

— Oui.

— De lui tendre la main ?

— C'est alors qu'elle disparaît.

— Et à ton avis, Sébastien, quelle est cette femme ?

— Il me semble que c'est ma mère.

— Ta mère ! s'écria Gilbert pâlissant.

Et il appuya sa main sur son cœur, comme pour y étancher le sang d'une douloureuse blessure.

— Mais c'est un rêve, dit-il, et je suis presque aussi fou que toi.

L'enfant se tut, et, le sourcil pensif, regarda son père.

— Eh bien ? lui demanda celui-ci.

— Eh bien ! il est possible que ce soit un rêve, mais la réalité de mon rêve existe.

— Que dis-tu ?

— Je dis qu'aux dernières fêtes de la Pentecôte, on nous a conduits en promenade aux bois de Satory, près Versailles, et que là, tandis que je rêvais à l'écart...

— La même vision t'est apparue ?

— Oui ; mais cette fois dans une voiture traînée par quatre magnifiques chevaux... mais cette fois bien réelle, bien vivante. J'ai manqué défaillir.

— Pourquoi cela ?

— Je ne sais.

— Et de cette nouvelle apparition, quelle impression t'est-il restée ?

— Que ce n'était point ma mère que je voyais apparaître en rêve, puisque cette femme était la même que celle de mon apparition, et que ma mère est morte.

Gilbert se leva et passa sa main sur son front. Un étrange éblouissement venait de s'emparer de lui.

L'enfant remarqua son trouble, et s'effraya de sa pâleur.

— Ah ! dit-il, voyez-vous, mon père, que j'ai eu tort de vous conter toutes ces folies.

— Non, mon enfant, non ; au contraire, dit le docteur, parle-m'en souvent, parle-m'en toutes les fois que tu me verras, et nous tâcherons de te guérir.

Sébastien secoua la tête.

— Me guérir ; et pourquoi ? dit-il. Je me suis fait à ce rêve ; il est devenu une portion de ma vie ; j'aime cette vision, quoiqu'elle me fuie, et que parfois même il me semble qu'elle me repousse. Ne me guérissez donc pas, mon père. Vous pouvez me quitter encore, voyager de nouveau, retourner en Amérique. Avec cette vision, je ne suis pas tout à fait seul.

— Enfin ! murmura le docteur.

Et pressant Sébastien sur sa poitrine :

— Au revoir, mon enfant, dit-il, j'espère que nous ne nous quitterons plus ; car, si je pars, eh bien ! je tâcherai cette fois que tu viennes avec moi.

— Ma mère était-elle belle ? demanda l'enfant.

— Oh ! oui, bien belle ! répondit le docteur d'une voix étranglée.

— Et vous aimait-elle autant que je vous aime ?

— Sébastien ! Sébastien ! ne me parle jamais de ta mère ! s'écria le docteur.

Et appuyant une dernière fois ses lèvres sur le front de l'enfant, il s'élança hors du jardin.

Au lieu de le suivre, l'enfant retomba morne et accablé sur son banc.

Dans la cour, Gilbert retrouva Billot et Pitou, parfaitement restaurés et racontant à l'abbé Bérardier les détails de la prise de la Bastille. Il fit au principal une nouvelle recommandation à l'endroit de Sébastien, et remonta dans le fiacre avec ses deux compagnons.

XXI.

MADAME DE STAEL.

Lorsque Gilbert reprit dans le fiacre sa place à côté de Billot et en face de Pitou, il était pâle, et une goutte de sueur perlait à la racine de chacun de ses cheveux.

Mais il n'était pas dans le caractère de cet homme de rester plié sous la puissance d'une émotion quelconque. Il se renversa dans l'angle de la voiture, appuya ses deux mains sur son front comme s'il eût voulu y comprimer la pensée, et, après un instant d'immobilité, écarta ses mains, et, au lieu d'un visage renversé, montrant une physionomie parfaitement calme :

— Vous disiez donc, mon cher monsieur Billot, que le roi a donné son congé à monsieur le baron de Necker ?

— Oui, monsieur le docteur.

— Et que les troubles de Paris viennent un peu de cette disgrâce ?

— Beaucoup.

— Vous avez ajouté que monsieur de Necker avait aussitôt quitté Versailles ?

— Il a reçu la lettre à son dîner ; une heure après, il était en route pour Bruxelles.

— Où il est maintenant ?

— Où il doit être.

— Vous n'avez point entendu dire qu'il se fût arrêté en route ?

— Si fait, à Saint-Ouen, pour dire adieu à sa fille, madame la baronne de Staël.

— Madame de Staël est-elle partie avec lui ?

— J'ai entendu dire qu'il était parti seul avec sa femme.

— Cocher, dit Gilbert, arrêtez-moi chez le premier tailleurs d'habits que vous rencontrerez.

— Vous voulez changer d'habits? dit Billot.

— Oui, ma foi! Celui-ci sent un peu trop le frottement des murs de la Bastille, et l'on ne va pas visiter ainsi vêtu la fille d'un ministre en disgrâce. Fouillez dans vos poches et voyez si vous n'y trouvez pas quelques louis.

— Oh! oh! dit le fermier, il paraît que vous avez laissé votre bourse à la Bastille.

— C'était dans le règlement, dit en souriant Gilbert; tout objet de valeur se dépose au greffe.

— Et il y reste, dit le fermier.

Et, ouvrant sa large main, qui contenait une vingtaine de louis :

— Prenez, docteur, dit-il.

Gilbert prit dix louis. Quelques minutes après, le fiacre s'arrêta devant la boutique d'un fripier.

C'était encore l'usage alors.

Gilbert échangea son habit limé par les murs de la Bastille, contre un habit noir fort propre, et tel qu'en portaient messieurs du tiers à l'assemblée nationale.

Un coiffeur dans sa boutique, un Savoyard sur sa sellette, achevèrent la toilette du docteur.

Le cocher le conduisit à Saint-Ouen par les boulevards extérieurs, qu'on alla gagner par derrière le parc de Monceaux.

Gilbert descendait devant la maison de monsieur de Necker, à Saint-Ouen, au moment où sept heures de l'après-midi sonnaient à la cathédrale de Dagobert.

Autour de cette maison naguère si recherchée, si fréquentée, régnait un profond silence que troubla seul l'arrivée du fiacre de Gilbert.

Et cependant, ce n'était point cette mélancolie des châteaux abandonnés, cette tristesse morne des maisons frappées de disgrâce.

Les grilles fermées, les parterres déserts, annonçaient le départ des maîtres ; mais nulle trace de douleur ou de précipitation.

En outre, toute une partie du château, l'aile de l'est, avait conservé les persiennes ouvertes, et lorsque Gilbert se dirigea de ce côté, un laquais à la livrée de monsieur de Necker s'avança vers lui.

Alors eut lieu à travers la grille le dialogue suivant :

— Monsieur de Necker n'est plus au château, mon ami?

— Non, monsieur le baron est parti samedi passé pour Bruxelles.

— Et madame la baronne?

— Partie avec monsieur.

— Mais madame de Staël?

— Madame est demeurée ici. Mais je ne sais si madame peut recevoir ; c'est l'heure de sa promenade.

— Informez-vous où elle est, je vous prie, et annoncez-lui monsieur le docteur Gilbert.

— Je vais m'informer si madame est ou n'est pas dans les appartemens. Sans doute recevra-t-elle monsieur. Mais si elle se promène, j'ai ordre de ne pas la troubler dans sa promenade.

— Fort bien. Allez donc, je vous prie.

Le laquais ouvrit la grille ; Gilbert entra.

Tout en refermant la grille, le laquais jetait un regard inquisiteur sur le véhicule qui avait amené le docteur, et sur les étranges figures de ses deux compagnons de route.

Puis il partit en secouant la tête comme un homme dont l'intelligence est en défaut, mais qui semble mettre au défi toute autre intelligence de voir clair là où la sienne est restée plongée dans les ténèbres.

Gilbert resta seul à attendre.

Au bout de cinq minutes, le laquais revint.

— Madame la baronne se promène, dit-il.

Et il salua pour congédier Gilbert.

Mais le docteur ne se tint pas pour battu.

— Mon ami, dit-il au laquais, veuillez, je vous prie, faire une petite infraction à votre consigne, et dire à madame la baronne, en m'annonçant à elle, que je suis un ami de monsieur le marquis de Lafayette.

Un louis glissé dans la main du laquais acheva de vaincre des scrupules que le nom que venait de prononcer le docteur avait déjà levés à moitié.

— Entrez, monsieur, dit le laquais.

Gilbert le suivit. Mais au lieu de le faire entrer dans la maison, il le conduisit dans le parc.

— Voici le côté favori de madame la baronne, dit le laquais en indiquant à Gilbert l'entrée d'une espèce de labyrinthe. Veuillez attendre un instant ici.

Dix minutes après, un bruit se fit dans le feuillage, et une femme de vingt-trois à vingt-quatre ans, grande et aux formes plutôt nobles que gracieuses, apparut aux yeux de Gilbert.

Elle parut surprise en voyant un homme jeune encore, là où sans doute elle s'attendait à trouver un homme d'un âge déjà assez mûr.

Gilbert était en effet un homme assez remarquable pour frapper au premier coup d'œil une observatrice de la force de madame de Staël.

Peu d'hommes avaient le visage formé de lignes aussi pures, et ces lignes avaient pris, par l'exercice d'une volonté toute-puissante, un caractère d'extraordinaire inflexibilité. Ses beaux yeux noirs, toujours si expansifs, s'étaient voilés et affermis par le travail et la souffrance, et, en se voilant et en s'affermissant, ils avaient perdu cette inquiétude qui est un des charmes de la jeunesse.

Un pli profond et gracieux tout à la fois creusait au coin de ses lèvres fines cette cavité mystérieuse dans laquelle les physionomistes placent le siége de la circonspection. Il semblait que le temps seul et une vieillesse précoce eussent donné à Gilbert cette qualité que la nature n'avait pas songé à mettre en lui.

Son front large et bien arrondi, avec une légère fuite qu'arrêtaient ses beaux cheveux noirs, que depuis longtemps la poudre avait cessé de blanchir, renfermait à la fois la science et la pensée, l'étude et l'imagination. A Gilbert ainsi qu'à son maître Rousseau, la saillie des sourcils jetait une ombre épaisse sur les yeux, et de cette ombre jaillissait le point lumineux qui révélait la vie.

Gilbert, malgré ses habits modestes, se présentait donc

aux yeux du futur auteur de *Corinne* sous un aspect remarquablement beau et distingué, distinction dont les mains longues et blanches, dont les pieds minces et bien attachés à une jambe fine et nerveuse, complétaient l'ensemble.

Madame de Staël perdit quelques instans à examiner Gilbert.

Ce temps, Gilbert, de son côté, l'employa à un salut raide et qui rappelait un peu la civilité modeste des quakers de l'Amérique, lesquels n'accordent à la femme que la fraternité qui rassure, au lieu du respect qui sourit.

Puis, d'un regard rapide à son tour, il analysa toute la personne de la jeune femme déjà célèbre, et dont les traits intelligens et pleins d'expression manquaient absolument de charme ; tête de jeune homme insignifiant et trivial, plutôt que tête de femme sur un corps plein de voluptueuse luxuriance.

Elle tenait à la main une branche de grenadier, dont, dans sa distraction, elle s'amusait à manger les fleurs.

— C'est vous, monsieur, demanda la baronne, qui êtes le docteur Gilbert ?

— C'est moi, oui, madame.

— Si jeune ; vous avez déjà acquis une bien grande réputation, ou plutôt cette réputation n'appartiendrait-elle pas à votre père ou à quelque parent plus âgé que vous ?

— Je ne connais pas d'autre Gilbert que moi, madame. Et si, en effet, il y a, comme vous le dites, quelque peu de réputation attachée à ce nom, j'ai tout droit de la revendiquer.

— Vous vous êtes servi du nom du marquis de Lafayette pour pénétrer jusqu'à moi, monsieur. Et en effet, le marquis nous a parlé de vous, de votre science inépuisable.

Gilbert s'inclina.

— Science d'autant plus remarquable, d'autant plus pleine d'intérêt, surtout, continua la baronne, qu'il paraît, monsieur, que vous n'êtes pas un chimiste ordinaire, un praticien comme les autres, et que vous avez sondé tous les mystères de la science de vie.

— Monsieur le marquis de Lafayette vous aura dit, je le

vois bien, madame, que j'étais un peu sorcier, répliqua Gilbert en souriant, et s'il vous l'a dit, je lui sais assez d'esprit pour vous l'avoir prouvé, s'il l'a voulu.

— En effet, monsieur, il nous a parlé de cures merveilleuses que vous fîtes souvent, soit sur le champ de bataille, soit dans les hôpitaux américains, sur des sujets désespérés ; vous les plongiez, nous a dit le général, dans une mort factice si semblable à la mort réelle, que parfois celle-ci s'y trompait.

— Cette mort factice, madame, c'est le résultat d'une science presque inconnue confiée aujourd'hui aux mains de quelques adeptes seulement, mais qui finira par devenir vulgaire.

— Du mesmérisme, n'est-ce pas ? demanda madame de Staël en souriant.

— Du mesmérisme, oui, c'est cela.

— Auriez-vous pris des leçons du maître lui-même ?

— Hélas ! madame, Mesmer lui-même n'était que l'écolier. Le mesmérisme, ou plutôt le magnétisme, était une science antique connue des Égyptiens et des Grecs. Elle s'est perdue dans l'océan du moyen-âge. Shakespeare la devine dans *Macbeth*. Urbain Grandier la retrouve, et meurt pour l'avoir retrouvée. Mais le grand maître,—mon maître à moi, — c'est le comte de Cagliostro.

— Ce charlatan ! dit madame de Staël.

— Madame, madame, prenez garde de juger comme les contemporains, et non comme la postérité. A ce charlatan je dois ma sience, et peut-être le monde lui devra-t-il la liberté.

— Soit, dit madame de Staël en souriant. Je parle sans connaître ; vous parlez avec connaissance de cause : il est probable que vous avez raison, et que j'ai tort... Mais revenons à vous. Pourquoi vous êtes-vous tenu si longtemps éloigné de la France ? Pourquoi n'êtes-vous point revenu prendre votre place parmi les Lavoisier, les Cabanis, les Condorcet, les Bailly et les Louis ?

A ce dernier nom, Gilbert rougit imperceptiblement.

— J'ai trop à étudier, madame, pour me ranger ainsi, du premier coup, parmi les maîtres.

— Enfin, vous voilà, mais dans un mauvais moment pour nous. Mon père, qui eût été si heureux de vous être utile, est disgracié et parti depuis trois jours.

Gilbert sourit.

— Madame la baronne, dit-il en s'inclinant légèrement, il y a six jours que, sur un ordre de monsieur le baron Necker, je fus mis à la Bastille.

Madame de Staël rougit à son tour.

— En vérité, monsieur, vous me dites-là quelque chose qui me surprend beaucoup. Vous, à la Bastille !

— Moi-même, madame.

— Qu'aviez-vous donc fait ?

— Ceux qui m'y ont fait mettre pourraient seuls me le dire.

— Mais vous en êtes sorti ?

— Parce qu'il n'y a plus de Bastille, oui, madame.

— Comment, plus de Bastille ? fit madame de Staël en jouant la surprise.

— N'avez-vous pas entendu le canon ?

— Oui, mais le canon, c'est le canon : voilà tout.

— Oh ! permettez-moi de vous dire, madame, qu'il est impossible que madame de Staël, fille de monsieur de Necker, ignore, à l'heure qu'il est, que la Bastille a été prise par le peuple.

— Je vous assure, monsieur, répondit la baronne avec embarras, qu'étrangère à tous les événemens depuis le départ de mon père, je ne m'occupe plus que de pleurer son absence.

— Madame ! madame ! dit Gilbert en secouant la tête, les courriers d'Etat sont trop habitués au chemin qui mène au château de Saint-Ouen, pour qu'il n'en soit pas arrivé au moins un depuis quatre heures que la Bastille a capitulé.

La baronne vit qu'il lui était impossible de répondre sans mentir positivement. Le mensonge lui répugna ; elle changea la conversation.

— Et à quoi dois-je l'honneur de votre visite, monsieur ? demanda-t-elle.

— Je désirais avoir l'honneur de parler à monsieur Necker, madame.

— Mais vous savez qu'il n'est plus en France?

— Madame, il me paraissait tellement extraordinaire que monsieur de Necker se fût éloigné, tellement impolitique qu'il n'eût pas surveillé les événemens...

— Que?...

— Que je comptais sur vous, je l'avoue, madame, pour m'indiquer l'endroit où je pourrais le trouver.

— Vous le trouverez à Bruxelles, monsieur.

Gilbert arrêta sur la baronne son regard scrutateur.

— Merci, madame, dit-il en s'inclinant; je vais donc partir pour Bruxelles, ayant à lui dire des choses de la plus haute importance.

Madame de Staël fit un mouvement d'hésitation, puis elle reprit :

— Heureusement que je vous connais, monsieur, dit-elle, et que je vous sais un homme sérieux, car ces choses si importantes pourraient bien perdre de leur valeur en passant par une autre bouche... Que peut-il y avoir d'important pour mon père après la disgrâce, après le passé?

— Il y a l'avenir, madame. Et peut-être ne dois-je pas être tout à fait sans influence sur l'avenir. Mais tout cela est inutile. L'important pour moi et pour lui est que je revoie monsieur de Necker... Ainsi, madame, vous dites qu'il est à Bruxelles?

— Oui, monsieur.

— Je mettrai vingt heures pour faire le voyage. Savez-vous ce que c'est que vingt heures en temps de révolution, et combien de choses se peuvent passer en vingt heures? Oh! quelle imprudence a commise monsieur de Necker, madame, en mettant vingt heures entre lui et les événemens, entre la main et le but.

— En vérité, monsieur, vous m'effrayez, dit madame de Staël, et je commence à croire en effet que mon père a commis une imprudence.

— Que voulez-vous, madame, les choses sont ainsi, n'est-ce pas! Je n'ai donc plus qu'à vous présenter mes très humbles excuses pour le dérangement que je vous ai causé. Adieu, madame.

Mais la baronne l'arrêta.

— Je vous dis, monsieur, que vous m'effrayez, reprit-elle ; vous me devez une explication de tout ceci, quelque chose qui me rassure.

— Hélas ! madame, répondit Gilbert, j'ai dans ce moment tant d'intérêts personnels à surveiller, qu'il m'est absolument impossible de songer à ceux des autres ; il y va de ma vie et de mon honneur, comme il y allait de la vie et de l'honneur de monsieur de Necker, s'il eût pu profiter tout de suite des paroles que je lui dirai dans vingt heures.

— Monsieur, permettez-moi de me souvenir d'une chose que j'ai trop longtemps oubliée, c'est que de pareilles questions ne doivent pas se débattre à ciel ouvert, dans un parc à portée de toutes les oreilles.

— Madame, dit Gilbert, je suis chez vous, et permettez-moi de vous dire que c'est vous qui, par conséquent, avez choisi l'endroit où nous sommes. Que voulez-vous ? Je suis à vos ordres.

— Que vous me fassiez la grâce d'achever cette conversation dans mon cabinet.

— Ah ! ah ! fit Gilbert intérieurement, si je ne craignais de l'embarrasser, je lui demanderais si son cabinet est à Bruxelles.

Mais, sans rien demander, il se contenta de suivre la baronne, qui se mit à marcher fort vite du côté du château.

On retrouva devant la façade le même laquais qui avait reçu Gilbert. Madame de Staël lui fit un signe, et ouvrant les portes elle-même, elle conduisit Gilbert dans son cabinet, — charmante retraite, — plus masculine au reste que féminine, et dont la seconde porte et les deux fenêtres donnaient sur un petit jardin, inaccessible, non-seulement aux personnes étrangères, mais encore aux regards étrangers.

Arrivée là, madame de Staël referma la porte, et se tournant vers Gilbert :

— Monsieur, dit-elle, au nom de l'humanité ! je vous somme de me dire quel est le secret utile à mon père qui vous amène à Saint-Ouen.

— Madame, dit Gilbert, si monsieur votre père pouvait m'entendre d'ici, s'il pouvait savoir que je suis l'homme qui ai envoyé au roi les mémoires secrets intitulés : *De la situation des idées et du progrès*, je suis sûr que monsieur le baron de Necker paraîtrait tout à coup, et me dirait : Docteur Gilbert, que voulez-vous de moi ? parlez, je vous écoute.

Gilbert n'avait pas achevé ces paroles, qu'une porte cachée dans un panneau peint par Vanloo s'ouvrit sans faire de bruit, et que le baron Necker parut souriant, sur le seuil d'un petit escalier tournant, au haut duquel on voyait sourdre la lumière d'une lampe.

Alors la baronne de Staël fit un salut à Gilbert, et embrassant son père au front, elle prit le chemin qu'il venait de parcourir, remonta l'escalier, ferma le panneau, et disparut.

Necker s'était avancé vers Gilbert, il lui tendit la main en disant :

— Me voilà, monsieur Gilbert ; que voulez-vous de moi ? Je vous écoute.

Tous deux prirent des siéges.

— Monsieur le baron, dit Gilbert, vous venez d'entendre un secret qui vous révèle toutes mes idées. C'est moi qui, il y a quatre ans, ai fait parvenir au roi un mémoire sur la situation générale de l'Europe ; c'est moi qui, depuis ce temps, lui ai envoyé des États-Unis les différens mémoires qu'il a reçus sur toutes les questions de conciliation et d'administration intérieures qui se sont élevées en France.

— Mémoires dont Sa Majesté, répondit monsieur de Necker en s'inclinant, ne m'a jamais parlé sans une admiration et une terreur profondes.

— Oui, parce qu'ils disaient la vérité. N'est-ce pas parce que la vérité était alors terrible à entendre, et qu'aujourd'hui qu'elle est devenue un fait, elle est encore plus terrible à voir ?

— C'est incontestable, monsieur, dit Necker.

— Ces mémoires, demanda Gilbert, le roi vous les a-t-il communiqués ?

— Pas tous, monsieur ; deux seulement : un sur les finances, — et vous étiez de mon avis à quelques différences près ; mais j'en fus très honoré quand même.

— Ce n'est pas tout ; il y en avait un où je lui annonçais tous les événemens matériels qui se sont accomplis.
— Ah !
— Oui.
— Et lesquels, monsieur, je vous prie ?
— Deux entr'autres : l'un était l'obligation où il serait un jour de vous renvoyer en face de certains engagemens pris.
— Vous lui avez prédit ma disgrâce ?
— Parfaitement.
— Voilà pour le premier événement ; quel était le second ?
— La prise de la Bastille.
— Vous avez prédit la prise de la Bastille ?
— Monsieur le baron, la Bastille était plus que la prison de la royauté, elle était le symbole de la tyrannie. La liberté a commencé par détruire le symbole ; la Révolution fera le reste.
— Avez-vous calculé la gravité des paroles que vous me dites, monsieur.
— Sans doute.
— Et vous n'avez pas peur en émettant tout haut une pareille théorie ?
— Peur de quoi ?
— Qu'il ne vous arrive malheur.
— Monsieur Necker, dit en souriant Gilbert, quand on sort de la Bastille on n'a plus peur de rien.
— Vous sortez de la Bastille ?
— Aujourd'hui même.
— Et pourquoi étiez-vous à la Bastille ?
— Je vous le demande.
— A moi ?
— Sans doute, à vous.
— Et pourquoi à moi ?
— Parce que c'est vous qui m'y avez fait mettre.
— Je vous ai fait mettre à la Bastille ?
— Il y a six jours ; la date, comme vous le voyez, n'est cependant pas bien ancienne, et vous devriez vous en souvenir.
— C'est impossible.
— Reconnaissez-vous votre signature ?

Et Gilbert montra à l'ex-ministre l'écrou de la Bastille et la lettre de cachet qui s'y trouvait annexée.

— Oui, sans doute, dit Necker, voici la lettre de cachet. Vous savez que j'en signais le moins possible, et que ce moins possible montait encore à quatre mille par an. En outre, je me suis aperçu, au moment de mon départ, que l'on m'en avait fait signer quelques-unes en blanc. La vôtre, monsieur, à mon grand regret, aura été une de celles-là.

— Cela veut dire que je ne dois d'aucune manière vous attribuer mon incarcération ?

— Non, sans doute.

— Mais enfin, monsieur le baron, dit Gilbert en souriant, vous comprenez ma curiosité : il faut que je sache à qui je suis redevable de ma captivité. Soyez donc assez bon pour me le dire.

— Oh ! rien de plus facile. Je n'ai jamais, par précaution, laissé mes lettres au ministère, et tous les soirs je les rapportais ici. Celles de ce mois sont dans le tiroir B de ce chiffonnier ; cherchons dans la liasse la lettre G.

Necker ouvrit le tiroir, et feuilleta une liasse énorme qui pouvait contenir cinq ou six cents lettres.

— Je ne garde, dit l'ex-ministre, que les lettres qui sont de nature à mettre à couvert ma responsabilité. Une arrestation que je fais faire, c'est un ennemi que je me fais. Je dois donc avoir paré le coup. Le contraire m'étonnerait bien. Voyons, G..., G..., c'est cela, oui, Gilbert. Cela vous vient de la maison de la reine, mon cher monsieur.

— Ah ! ah ! de la maison de la reine ?

— Oui, demande d'une lettre de cachet contre le nommé Gilbert. Pas de profession. Yeux noirs, cheveux noirs. Suit le signalement. Se rendant du Havre à Paris, voilà tout. Alors, ce Gilbert c'était vous ?

— C'était moi. Pouvez-vous me confier la lettre ?

— Non, mais je puis vous dire de qui elle est signée.

— Dites.

— Comtesse de Charny.

— Comtesse de Charny, répéta Gilbert ; je ne la connais pas, je ne lui ai rien fait.

Et il releva doucement la tête comme pour chercher dans ses souvenirs.

— Il y a en outre une petite apostille sans signature, mais d'une écriture à moi connue. Voyez.

Gilbert se pencha, et lut à la marge de la lettre :

« Faire sans retard ce que demande la comtesse de Charny. »

— C'est étrange, dit Gilbert ; la reine, je conçois encore cela, il était question d'elle et des Polignac dans mon mémoire. Mais cette madame de Charny...

— Vous ne la connaissez pas ?

— Il faut que ce soit un prête-nom. Au reste, rien d'étonnant, vous comprenez, que les notabilités de Versailles me soient inconnues : il y a quinze ans que je suis absent de France ; je n'y suis revenu que deux fois, et je l'ai quittée à cette seconde fois, voici tantôt quatre ans. Qui est-ce que cette comtesse de Charny, s'il vous plaît ?

— L'amie, la confidente, l'intime de la reine ; la femme très adorée du comte de Charny, une beauté et une vertu à la fois, un prodige enfin.

— Eh bien ! je ne connais pas ce prodige.

— S'il en est ainsi, mon cher docteur, arrêtez-vous à ceci, que vous êtes le jouet de quelque intrigue politique. N'avez-vous point parlé du comte de Cagliostro ?

— Oui.

— Vous l'avez connu ?

— Il a été mon ami ; plus que mon ami, mon maître ; plus que mon maître, mon sauveur.

— Eh bien ! l'Autriche ou le Saint-Siége aura demandé votre incarcération. Vous avez écrit des brochures ?

— Hélas ! oui.

— Précisément. Toutes ces petites vengeances tournent à la reine, comme l'aiguille au pôle, le fer à l'aimant. On a comploté contre vous ; on vous a fait suivre. La reine a chargé madame de Charny de signer la lettre afin d'éloigner les soupçons ; et voilà le mystère à jour.

Gilbert réfléchit un instant.

Cet instant de réflexion lui remit en mémoire cette cassette volée chez Billot, à Pisseleu, et dans laquelle ni

14.

la reine, ni l'Autriche, ni le Saint-Siége n'avaient rien à faire. Ce souvenir le remit dans la bonne voie.

— Non, dit-il, ce n'est point cela, ce ne peut pas être cela ; mais, n'importe ! passons à autre chose.

— A quoi ?

— A vous !

— A moi ? qu'avez-vous à me dire de moi ?

— Ce que vous savez aussi bien que personne : c'est qu'avant trois jours, vous allez être réinstallé dans vos fonctions, et qu'alors vous gouvernerez la France aussi despotiquement que vous voudrez.

— Vous croyez ? dit Necker en souriant.

— Et vous aussi, puisque vous n'êtes pas à Bruxelles.

— Eh bien ! fit Necker, le résultat ? car c'est au résultat qu'il nous faut venir.

— Le voici. Vous êtes chéri des Français, vous allez en être adoré. La reine était déjà fatiguée de vous voir chéri ; le roi se fatiguera de vous voir adoré ; ils feront de la popularité à vos dépens, et vous ne le souffrirez pas. Alors, à votre tour, vous deviendrez impopulaire. Le peuple, mon cher monsieur Necker, c'est un lion affamé qui ne lèche que la main nourricière, quelle que soit cette main.

— Après ?

— Après, vous retomberez dans l'oubli.

— Moi ? dans l'oubli !

— Hélas ! oui.

— Et qui me ferait oublier ?

— Les événemens.

— Ma parole d'honneur ! vous parlez en prophète.

— C'est que j'ai le malheur de l'être quelque peu.

— Voyons, qu'arrivera-t-il ?

— Oh ! ce qui arrivera n'est point difficile à prédire, car ce qui arrivera est en germe à l'Assemblée. Un parti surgira qui dort en ce moment, je me trompe, qui veille, mais qui se cache. Ce parti a pour chef un principe, pour arme une idée.

— Je comprends. Vous parlez du parti orléaniste.

— Non. Celui-là, j'eusse dit qu'il avait pour chef un homme, pour arme la popularité. Je vous parle d'un parti dont le nom n'a pas même été prononcé, du parti républicain.

— Du parti républicain ? Ah ! par exemple !
— Vous n'y croyez pas ?...
— Chimère !
— Oui, chimère à la gueule de feu, qui vous devorera tous.
— Eh bien ! je me ferai républicain ; je le suis déjà.
— Républicain de Genève, parfaitement.
— Mais il me semble qu'un républicain est un républicain.
— Voilà l'erreur, monsieur le baron ; nos républicains, à nous, ne ressembleront point aux républicains des autres pays : nos républicains auront d'abord les priviléges à dévorer, puis la noblesse, puis la royauté ; nos républicains, vous partirez avec eux, mais ils arriveront sans vous ; car vous ne voudrez pas les suivre où ils iront. Non, monsieur le baron de Necker, vous vous trompez, vous n'êtes pas un républicain.
— Oh ! si vous l'entendez comme cela, non ; j'aime le roi.
— Et moi aussi, dit Gilbert, et tout le monde en ce moment l'aime comme nous. Si je disais ce que je dis à un esprit moins élevé que le vôtre, on me huerait, on me bafouerait ; mais croyez à ce que je vous dis, monsieur Necker.
— Je ne demanderais pas mieux, en vérité, si la chose avait de la vraisemblance ; mais...
— Connaissez-vous les sociétés secrètes ?
— J'en ai fort entendu parler.
— Y croyez-vous ?
— Je crois à leur existence ; je ne crois pas à leur universalité.
— Etes-vous affilié à quelqu'une ?
— Non.
— Etes-vous simplement d'une loge maçonnique ?
— Non.
— Eh bien ! monsieur le ministre, je le suis, moi !
— Affilié ?

— Oui, et à toutes. Monsieur le ministre, prenez garde, c'est un immense réseau qui enveloppe tous les trônes. C'est un poignard invisible qui menace toutes les monarchies. Nous sommes trois millions de frères à peu près, répandus dans tous les pays, disséminés dans toutes les classes de la société. Nous avons des amis dans le peuple, dans la bourgeoisie, dans la noblesse, chez les princes, parmi les souverains eux-mêmes. Prenez garde, monsieur de Necker, le prince devant lequel vous vous irriteriez est peut-être un affilié, prenez garde. Le domestique qui s'incline devant vous est peut-être un affilié. Votre vie n'est pas à vous, votre fortune n'est pas à vous; votre honneur lui-même n'est pas à vous. Tout cela est à une puissance invisible, contre laquelle vous ne pouvez combattre, car vous ne la connaissez pas, et qui peut vous perdre, elle, car elle vous connaît. Eh bien ! ces trois millions d'hommes, voyez-vous, qui ont déjà fait la république américaine, ces trois millions d'hommes vont essayer de faire une république française ; puis ils essaieront de faire une république européenne.

— Mais, dit Necker, leur république des Etats-Unis ne m'effraie pas trop, et j'accepte volontiers ce programme.

— Oui, mais de l'Amérique à nous, il y a un abîme. L'Amérique, pays neuf, sans préjugés, sans priviléges, sans royauté, sol nourricier, terres fécondes, forêts vierges; l'Amérique, située entre la mer, qui est un débouché à son commerce, et la solitude, qui est une ressource à sa population, tandis que la France !... voyez donc ce qu'il y a à détruire en France, avant que la France ressemble à l'Amérique !

— Mais, enfin, où voulez-vous en venir?

— Je veux en venir où nous allons fatalement. Mais je veux tâcher d'y venir sans secousses, en mettant le roi à la tête du mouvement.

— Comme un drapeau ?

— Non, comme un bouclier.

— Un bouclier ! fit Necker en souriant, vous ne connaissez pas le roi, si vous voulez lui faire jouer un pareil rôle.

— Si fait, je le connais. Eh! mon Dieu! je le sais bien, c'est un homme tel que j'en ai vu mille à la tête des petits districts de l'Amérique, un brave homme, sans majesté, sans résistance, sans initiative, mais que voulez-vous? Ne fût-ce que par le titre sacré qu'il porte, ce n'en est pas moins un rempart contre ces hommes dont je vous parlais tout à l'heure, et si faible que soit un rempart, on l'aime mieux que rien.

Je me souviens, dans nos guerres avec les tribus sauvages du nord de l'Amérique, je me souviens d'avoir passé des nuits entières derrière une touffe de roseaux; l'ennemi était de l'autre côté de la rivière et tirait sur nous.

C'est peu de chose qu'un roseau, n'est-ce pas. Eh bien! je vous déclare cependant, monsieur le baron, que mon cœur battait plus à l'aise derrière ces grands tuyaux verdoyans qu'une balle coupait comme des fils, que je ne l'eusse été en rase campagne. Eh bien! le roi, c'est mon roseau. Il me permet de voir l'ennemi, et il empêche que l'ennemi ne me voie. Voilà pourquoi, républicain à New-York ou à Philadelphie, je suis royaliste en France. Là-bas, notre dictateur s'appelait Washington. Ici, Dieu sait comment il s'appellera: Poignard ou échafaud.

— Vous voyez les choses couleur de sang! docteur.

— Vous les verriez de la même couleur que moi, baron, si vous vous étiez trouvé comme moi, aujourd'hui, à la place de Grève!

— Oui, c'est vrai; l'on m'a dit qu'il y avait eu massacre.

— C'est une belle chose, voyez-vous, que le peuple... mais, quand il est beau!... O tempêtes humaines! s'écria Gilbert, que vous laissez loin de vous les tempêtes du ciel!

Necker devint pensif.

— Que ne vous ai-je près de moi, docteur, dit-il; vous me seriez, au besoin, un rude conseiller.

— Près de vous, monsieur le baron, je ne vous serais pas si utile, et surtout si utile à la France, que là où j'ai l'envie d'aller.

— Et où voulez-vous aller?

— Ecoutez, monsieur: il y a près du trône même un grand ennemi du trône; près du roi, un grand ennemi du roi : c'est la reine. Pauvre femme ! qui oublie qu'elle est la fille de Marie-Thérèse, ou plutôt qui ne s'en souvient qu'au point de vue de son orgueil: elle croit sauver le roi, et elle perd plus que le roi ; elle perd la royauté. Eh bien ! il faut, nous qui aimons le roi, nous qui aimons la France, il faut nous entendre pour neutraliser ce pouvoir, pour annihiler cette influence.

— Eh bien ! alors, faites ce que je vous disais, monsieur ; restez près de moi. Aidez-moi.

— Si je reste près de vous, nous n'aurons qu'un seul et même moyen d'action; vous serez moi, je serai vous. Il faut nous séparer, monsieur, et alors nous peserons d'un double poids.

— Et avec tout cela, à quoi arriverons-nous ?

— A retarder la catastrophe peut-être, mais certainement pas à l'empêcher, quoique je vous réponde d'un puissant auxiliaire, du marquis de Lafayette.

— Lafayette est un républicain ?

— Comme peut être républicain un Lafayette. S'il nous faut absolument passer sous le niveau de l'Égalité, choisissons, croyez-moi, celle des grands seigneurs. J'aime l'Égalité qui élève et non pas celle qui abaisse.

— Et vous nous répondez de Lafayette ?

— Tant qu'on ne lui demandera que de l'honneur, du courage, du dévouement, oui.

— Eh bien ! voyons, parlez, que désirez-vous ?

— Une lettre d'introduction près de Sa Majesté le roi Louis XVI.

— Un homme de votre valeur n'a pas besoin de lettre d'introduction ; il se présente seul.

— Non, il me convient d'être votre créature ; il entre dans mes projets d'être présenté par vous.

— Et quelle est votre ambition ?

— D'être un des médecins par quartier du roi.

— Oh ! rien de plus aisé. Mais la reine ?

— Une fois près du roi, c'est mon affaire.

— Mais si elle vous persécute ?

— Alors, je ferai avoir une volonté au roi.

— Une volonté au roi ? vous serez plus qu'un homme si vous faites cela.

— Celui qui dirige le corps est un grand niais s'il n'arrive pas un jour à diriger l'esprit.

— Mais ne croyez-vous point que ce soit un mauvais précédent pour devenir médecin du roi que d'avoir été enfermé à la Bastille.

— C'est le meilleur, au contraire. N'ai-je pas été, selon vous, persécuté pour crime de philosophie ?

— C'est ma crainte.

— Alors, le roi se réhabilite, le roi se popularise en prenant pour médecin un élève de Rousseau, un partisan des nouvelles doctrines, un prisonnier sortant de la Bastille, enfin. La première fois que vous le verrez, faites-lui valoir cela.

— Vous avez toujours raison ; mais une fois près du roi, je puis compter sur vous ?

— Entièrement, tant que vous demeurerez dans la ligne politique que nous adopterons.

— Que me promettez-vous ?

— De vous prévenir du moment précis où vous devez faire retraite.

Necker regarda un instant Gilbert ; puis d'une voix assombrie :

— En effet, c'est le plus grand service qu'un ami dévoué puisse rendre à un ministre, car c'est le dernier.

Et il se plaça devant sa table pour écrire au roi.

Pendant ce temps, Gilbert relisait la lettre en disant :

— Comtesse de Charny ! qui donc cela peut-il être ?

— Tenez, monsieur, dit Necker au bout d'un instant en présentant à Gilbert ce qu'il venait d'écrire.

Gilbert prit la lettre et lut.

Elle contenait ce qui suit :

« Sire,

» Votre Majesté doit avoir besoin d'un homme sûr, avec qui elle puisse causer de ses affaires. Mon dernier présent, mon dernier service en quittant le roi, c'est le don que je lui fais du docteur Gilbert. J'en dirai assez à Votre Majesté en lui apprenant non-seulement que le docteur Gilbert est un des médecins les plus distingués qui existent au monde, mais encore l'auteur des mémoires : *Administrations et Politiques,* qui l'ont si vivement impressionnée.

» Aux pieds de Votre Majesté,
» Baron de NECKER. »

Necker ne data point sa lettre, et la remit au docteur Gilbert, cachetée d'un simple sceau.

— Et maintenant, ajouta-t-il, je suis à Bruxelles, n'est-ce pas?

— Oui, certes, et plus que jamais. Demain matin, au reste, vous aurez de mes nouvelles.

Le baron frappa d'une certaine façon le long du panneau, madame de Staël reparut; seulement cette fois, outre sa branche de grenadier, elle tenait la brochure du docteur Gilbert à la main.

Elle lui en montra le titre avec une sorte de coquetterie flatteuse.

Gilbert prit congé de monsieur de Necker, et baisa la main de la baronne, qui le conduisit jusqu'à la sortie du cabinet.

Et il revint au fiacre où Pitou et Billot dormaient sur la banquette de devant, où le cocher dormait sur son siége, et où les chevaux dormaient sur leurs jambes fléchissantes.

XXII.

LE ROI LOUIS XVI.

L'entrevue entre Gilbert, madame de Staël et monsieur de Necker avait duré une heure et demie à peu près. Gilbert rentra à Paris à neuf heures un quart, se fit conduire directement à la poste, prit des chevaux et une voiture, et tandis que Billot et Pitou allaient se reposer de leurs fatigues dans un petit hôtel de la rue Thiroux, où Billot avait l'habitude de descendre quand il venait à Paris, Gilbert prit au galop la route de Versailles.

Il était tard, mais peu importait à Gilbert. Chez les hommes de sa trempe, l'activité est un besoin. Peut-être son voyage serait-il une course inutile. Mais il aimait mieux une course inutile que de rester stationnaire. Chez les organisations nerveuses, l'incertitude est un pire supplice que la plus effroyable réalité.

Il arriva à Versailles à dix heures et demie ; en temps ordinaire tout le monde eût été couché et endormi du plus profond sommeil. Mais ce soir-là nul ne dormait à Versailles. On venait d'y recevoir le contre-coup de la secousse dont tremblait encore Paris.

Les gardes françaises, les gardes du corps, les Suisses, pelotonnés, groupés à toutes les issues des rues principales, s'entretenaient entre eux ou avec les citoyens dont le royalisme les engageait à prendre confiance.

Car Versailles a, de tous les temps, été une ville royaliste. Cette religion de la monarchie, sinon du monarque, est incrustée au cœur de ses habitans comme une des qualités du terroir. Ayant vécu près des rois et par les rois, à l'ombre de leurs merveilles ; ayant toujours respiré l'enivrant parfum des fleurs de lis, vu briller l'or des habits et le sourire des visages augustes, les habitans de Versailles, à qui les rois ont fait une ville de marbre et de porphyre, se sentent un peu rois eux-mêmes ; et aujourd'hui, aujourd'hui encore qu'entre les marbres apparaît la mousse, qu'entre les dalles a poussé l'herbe ; aujourd'hui que l'or est prêt à disparaître des boiseries ; que l'ombre des parcs est plus solitaire que celle des tombeaux, Versailles ou mentirait à son origine, ou doit se regarder comme un fragment de la royauté déchue, et n'ayant plus l'orgueil de la puissance et de la richesse, conserver au moins la poésie du regret et le charme souverain de la mélancolie.

Donc, comme nous l'avons dit, tout Versailles, dans cette nuit du 14 au 15 juillet 1789, s'agitait confusément pour savoir comment le roi de France allait prendre cette insulte faite à sa couronne, cette meurtrissure infligée à son pouvoir.

Par sa réponse à monsieur de Dreux-Brézé, Mirabeau avait frappé la royauté au visage.

Par la prise de la Bastille, le peuple venait de la frapper au cœur.

Cependant, pour les esprits étroits, pour les vues courtes, la question était vite résolue. Aux yeux des militaires surtout, habitués à ne voir dans le résultat des événemens que le triomphe ou la défaite de la force brutale, il s'agissait tout simplement d'une marche sur Paris. Trente mille hommes et vingt pièces de canon mettraient bientôt à néant cet orgueil et cette furie victorieuse des Parisiens.

Jamais la royauté n'avait eu plus de conseillers; chacun donnait son avis hautement, publiquement.

Les plus modérés disaient :

— C'est bien simple. — Cette forme de langage, on le remarquera, est presque toujours appliquée, chez nous, aux situations les plus difficiles.

— C'est bien simple, disaient-ils; que l'on commence par obtenir de l'Assemblée nationale une sanction qu'elle ne refusera pas. Son attitude depuis quelque temps est rassurante pour tout le monde; elle ne veut pas plus de violences parties d'en bas que d'abus lancés d'en haut.

L'Assemblée déclarera tout net que l'insurrection est un crime ; que des citoyens qui ont des représentans pour exposer leurs doléances au roi, — et un roi pour leur faire justice, — ont tort de recourir aux armes et de verser le sang.

Armé de cette déclaration que l'on obtiendra certainement de l'Assemblée, le roi ne peut se dispenser de frapper Paris en bon père, c'est-à-dire sévèrement.

Et alors la tempête s'éloigne, la royauté rentre dans le premier de ses droits. Les peuples reprennent leur devoir, qui est l'obéissance, et tout poursuit sa voie accoutumée.

C'était ainsi que l'on arrangeait, en général, les affaires sur le Cours et sur les boulevards.

Mais devant la place d'Armes et aux environs des casernes, on tenait un autre langage.

Là, on voyait des hommes inconnus à la localité, des hommes au visage intelligent et à l'œil voilé, semant à tout propos des avis mystérieux, exagérant les nouvelles déjà graves, et faisant de la propagande presque publique aux idées séditieuses qui depuis deux mois agitaient Paris et soulevaient les faubourgs.

Autour de ces hommes, des groupes se formaient, sombres, hostiles, animés, composés de gens à qui l'on rappelait leur misère, leurs souffrances, le dédain brutal de la monarchie. Pour les infortunes populaires, on leur disait :

—Depuis huit siècles que le peuple lutte, qu'a-t-il obtenu? Rien. Pas de droits sociaux ; pas de droits politiques : celui de la vache du fermier à qui on prend son veau pour le conduire à la boucherie, son lait pour le vendre au marché, sa chair pour la conduire à l'abattoir, sa peau pour la sécher à la tannerie. Enfin, pressée par le besoin, la monarchie a cédé, elle a fait un appel aux États ; mais aujourd'hui que les Etats sont assemblés, que fait la monarchie? Depuis le jour de leur convocation, elle pèse sur eux. Si l'Assemblée nationale s'est formée, c'est contre la volonté de la monarchie. Eh bien ! puisque nos frères de Paris viennent de nous donner un si terrible coup de main, poussons l'Assemblée nationale en avant. Chaque pas qu'elle fait sur le terrain politique où la lutte est engagée, est une victoire pour nous : c'est l'agrandissement de notre champ, c'est l'augmentation de notre fortune, c'est la consécration de nos droits. En avant! en avant! citoyens. La Bastille n'est que l'ouvrage avancé de la tyrannie ! La Bastille est prise, reste la place !

Dans les endroits les plus obscurs se formaient d'autres réunions, et se prononçaient d'autres paroles. Ceux qui les prononçaient étaient des hommes évidemment appartenant à une classe supérieure, et qui avaient demandé au costume du peuple un déguisement que démentaient leurs mains blanches et leur accent distingué.

— Peuple ! disaient ces hommes, en vérité des deux côtés on t'égare ; les uns te demandaient de retourner en arrière; les autres te poussent en avant. On te parle de droits politiques, de droits sociaux, en es-tu plus heureux depuis qu'on t'a permis de voter par l'organe de tes délégués. En es-tu plus riche depuis que tu es représenté. En as-tu moins faim depuis que l'Assemblée nationale fait des décrets? Non, laisse la politique et ses théories aux gens qui savent lire. Ce n'est pas une phrase ou une maxime écrite qu'il te faut.

C'est du pain, et puis du pain; c'est le bien-être de tes enfans, la douce tranquillité de ta femme. Qui te donnera tout cela? un roi ferme de caractère, jeune d'esprit, généreux de cœur. Ce roi, ce n'est pas Louis XVI, Louis XVI qui règne sous sa femme, l'Autrichienne au cœur de bronze. C'est... cherche bien autour du trône ; cherches-y celui qui peut rendre la France heureuse, et que la reine déteste justement parce qu'il fait ombre au tableau, justement parce qu'il aime les Français, et qu'il en est aimé.

Ainsi se manifestait l'opinion à Versailles; ainsi se brassait partout la guerre civile.

Gilbert prit langue à deux ou trois de ces groupes; puis, ayant reconnu l'état des esprits, il marcha droit au château, que des postes nombreux gardaient. Contre qui? On n'en savait rien.

Malgré tous ces postes, Gilbert, sans difficulté aucune, franchit les premières cours et parvint jusqu'aux vestibules sans que nul lui demandât où il allait.

Arrivé au salon de l'Œil-de-Bœuf, un garde du corps l'arrêta. Gilbert tira de sa poche la lettre de monsieur de Necker, dont il montra la signature. Le gentilhomme jeta les yeux dessus. La consigne était rigoureuse, et comme les plus rigoureuses consignes sont justement celles qui ont le plus besoin d'être interprétées, le garde du corps dit à Gilbert :

— Monsieur, l'ordre de ne laisser pénétrer personne chez le roi est formel ; mais comme évidemment le cas d'un envoyé de monsieur de Necker n'était pas prévu; comme, selon toute probabilité, vous apportez un avis important à Sa Majesté, entrez, je prends l'infraction sur moi.

Gilbert entra.

Le roi n'était point dans ses appartemens, mais dans la salle du conseil ; il y recevait une députation de la garde nationale qui venait lui demander le renvoi des troupes, la formation d'une garde bourgeoise, et sa présence à Paris.

Louis avait écouté froidement ; puis il avait répondu que la situation avait besoin d'être éclairée, et que, d'ailleurs, il allait délibérer sur cette situation avec son conseil.

Aussi délibérait-il.

Pendant ce temps les députés attendaient dans la galerie, et, à travers les glaces dépolies des portes, voyaient le jeu des ombres grandissantes des conseillers royaux, et le mouvement menaçant de leurs attitudes.

Par l'étude de cette espèce de fantasmagorie, ils pouvaient deviner que la réponse serait mauvaise.

En effet, le roi se contenta de répondre qu'il nommerait des chefs à la milice bourgeoise, et qu'il ordonnerait aux troupes du champ de Mars de se replier.

Quant à sa présence à Paris, il ne voulait faire cette faveur à la ville rebelle que lorsqu'elle se serait complétement soumise.

La députation pria, insista, conjura. Le roi répondit que son cœur était déchiré, mais qu'il ne pouvait rien de plus.

Et, satisfait de ce triomphe momentané de cette manifestation d'un pouvoir qu'il n'avait déjà plus, le roi rentra chez lui.

Il y trouva Gilbert. Le garde du corps était près de lui.

— Que me veut-on ? demanda le roi.

Le garde du corps s'approcha de lui, et tandis qu'il s'excusait auprès de Louis XVI d'avoir manqué à sa consigne, Gilbert, qui depuis longues années n'avait pas vu le roi, examinait en silence cet homme que Dieu avait donné pour pilote à la France, au moment de la plus rude tempête que la France eût encore subie.

Ce corps gros et court, sans ressort et sans majesté, cette tête molle de formes et stérile d'expression, cette jeunesse pâle aux prises avec une vieillesse anticipée, cette lutte inégale d'une matière puissante contre une intelligence médiocre, à laquelle l'orgueil du rang donnait seul une valeur intermittente, tout cela, pour le physionomiste qui avait étudié avec Lavater, pour le magnétiseur qui avait lu dans l'avenir avec Balsamo, pour le philosophe qui avait rêvé avec Jean-Jacques, pour le voyageur enfin qui avait passé en revue toutes les races humaines, tout cela signifiait : dégénérescence, abâtardissement, impuissance, ruine.

Gilbert fut donc interdit, non par le respect mais par la douleur, en contemplant ce triste spectacle.

Le roi s'avança vers lui.

— C'est vous, dit-il, qui m'apportez une lettre de monsieur de Necker ?

— Oui, Sire.

— Ah ! s'écria-t-il, comme s'il eût douté, venez vite.

Et il prononça ces paroles du ton d'un homme qui se noie et qui crie : — Un câble !

Gilbert tendit la lettre au roi. Louis s'en empara aussitôt, la lut précipitamment, puis, avec un geste qui ne manquait pas d'une certaine noblesse de commandement :

— Laissez-nous, monsieur de Varicourt, dit-il au garde du corps.

Gilbert demeura seul avec le roi.

La chambre n'était éclairée que par une seule lampe ; on eût dit que le roi avait modéré la lumière pour qu'on ne pût lire sur son front, ennuyé plutôt que soucieux, toutes les pensées qui s'y pressaient.

— Monsieur, fit-il en attachant sur Gilbert un regard plus clair et plus observateur que celui-ci ne l'eût soupçonné ; monsieur, est-il vrai que vous soyez l'auteur des Mémoires qui m'ont tant frappé ?

— Oui, Sire.

— Quel âge avez-vous ?

— Trente-deux ans, Sire ; mais l'étude et le malheur doublent l'âge. Traitez-moi comme un vieillard.

— Pourquoi avez-vous attendu si tard à vous présenter à moi ?

— Parce que, Sire, je n'avais nul besoin de dire de vive voix à Votre Majesté ce que je lui écrivais plus librement et plus aisément.

Louis XVI réfléchit.

— Vous n'avez pas d'autres raisons ? dit-il soupçonneux.

— Non, Sire.

— Mais cependant, ou je me trompe, ou certaines particularités eussent dû vous instruire de ma bienveillance à votre égard.

— Votre Majesté veut parler de cette sorte de rendez-vous que j'eus la témérité de donner au roi, lorsqu'après mon premier Mémoire je le priai, il y a cinq ans de cela, de placer une lumière près de la glace de sa fenêtre, à huit heures du soir, pour me désigner qu'il avait lu mon travail.

— Et... dit le roi satisfait.

— Et au jour et à l'heure dits, la lumière fut placée en effet où j'avais demandé que vous la plaçassiez.

— Après?

— Après quoi, je la vis s'élever et s'abaisser trois fois.

— Après quoi?

— Après quoi je lus ces mots dans la *Gazette* :

« Celui que la lumière a appelé trois fois peut se présenter chez celui qui a levé trois fois la lumière, il sera récompensé. »

— Ce sont les propres termes de l'avis, en effet, dit le roi.

— Et voilà l'avis lui-même, dit Gilbert en tirant de sa poche la gazette où l'avis qu'il venait de rappeler avait été inséré cinq ans auparavant.

— Bien, très bien, dit le roi, je vous ai espéré longtemps. Vous arrivez au moment où j'avais cessé de vous attendre. Soyez le bien-venu, car vous arrivez comme les bons soldats, au moment de la lutte.

Puis, regardant plus attentivement encore Gilbert :

— Savez-vous, monsieur, lui dit-il, que ce n'est pas, pour un roi, une chose ordinaire que l'absence d'un homme à qui on a dit : Venez recevoir une récompense, et qui ne vient pas?

Gilbert sourit.

— Voyons, demanda Louis XVI, pourquoi n'êtes-vous pas venu?

— Parce que je ne méritais aucune récompense, Sire.

— Comment cela?

— Né Français, aimant mon pays, jaloux de sa prospérité, confondant mon individualité dans celle de trente millions d'hommes, mes concitoyens, je travaillais pour moi en travaillant pour eux. On n'est pas digne de récompense, Sire, parce que l'on est égoïste.

— Paradoxe! monsieur, vous aviez une autre raison.

Gilbert ne répliqua rien.

— Parlez, monsieur, je le désire.

— Peut-être, Sire, avez-vous deviné juste.

— N'est-ce pas celle-ci? demanda le roi avec inquiétude : Vous trouviez la situation grave, et vous vous réserviez.

— Pour une autre plus grave encore. Oui, Sire, Votre Majesté a deviné juste.

— J'aime la franchise, dit le roi, qui ne put dissimuler son trouble, car il était d'une nature timide, et rougissait facilement.

— Donc, continua Louis XVI, vous prédisiez au roi la ruine, et vous avez craint d'être placé trop près des décombres.

— Non, Sire, puisque c'est juste au moment où la ruine est imminente que je viens me rapprocher du danger.

— Oui, oui, vous quittez Necker, et vous parlez comme lui. Le danger! le danger! sans doute ; il y a danger en ce moment à se rapprocher de moi. Et où est-il, Necker ?

— Tout prêt, je crois, à se rendre aux ordres de Votre Majesté.

— Tant mieux, j'aurai besoin de lui, dit le roi avec un soupir. En politique, il ne faut pas d'entêtement. On croit bien faire, et l'on fait mal ; on fait bien même, et le capricieux événement dérange les résultats ; les plans n'en étaient pas moins bons, et cependant on passe pour s'être trompé.

Le roi soupira encore ; Gilbert vint à son secours.

— Sire, dit-il, Votre Majesté raisonne admirablement ; mais ce qu'il convient de faire à cette heure, c'est de voir plus clair dans l'avenir que l'on n'a fait jusqu'aujourd'hui.

Le roi leva la tête, et l'on put voir son sourcil sans expression se froncer légèrement.

— Sire, pardonnez-moi, dit Gilbert, je suis médecin. Quand le mal est grand, je suis bref.

— Vous attachez donc une grande importance à cette émeute d'aujourd'hui.

— Sire, ce n'est pas une émeute, c'est une révolution.

— Et vous voulez que je pactise avec des rebelles, avec des assassins? Car enfin ils ont pris la Bastille de force : c'est acte de rébellion ; ils ont tué monsieur de Launay, monsieur de Losme et monsieur de Flesselles : c'est acte d'assassinat.

— Je veux que vous sépariez les uns des autres, Sire. Ceux qui ont pris la Bastille sont des héros ; ceux qui ont assassiné messieurs de Flesselles, de Losme et de Launay sont des meurtriers.

Le roi rougit légèrement, et, presque aussitôt, cette rougeur disparut, ses lèvres blémirent, et quelques gouttes de sueur perlèrent sur son front.

— Vous avez raison, monsieur. Vous êtes médecin en effet, ou chirurgien plutôt, car vous tranchez dans le vif. Mais revenons à vous. Vous vous nommez le docteur Gilbert, n'est-ce pas? ou du moins c'est de ce nom que vos Mémoires sont signés.

— Sire, c'est un grand bonheur pour moi que Votre Majesté ait si bonne mémoire, quoiqu'à tout prendre j'aie tort d'être si fier.

— Comment cela?

— Mon nom a dû être prononcé, il y a peu de temps, en effet devant Votre Majesté.

— Je ne comprends pas.

— Il y a six jours que j'ai été arrêté et mis à la Bastille. Or, j'ai entendu dire qu'il ne se faisait pas une arrestation de quelque importance sans que le roi le sût.

— Vous à la Bastille ! fit le roi en ouvrant les yeux.

— Voici mon certificat d'écrou, Sire. Mis en prison, comme j'ai l'honneur de le dire à Votre Majesté, il y a six jours, par l'ordre du roi, j'en suis sorti aujourd'hui à trois heures par la grâce du peuple.

— Aujourd'hui?

— Oui, Sire. Votre Majesté n'a-t-elle pas entendu le canon ?

— Sans doute.

— Eh bien ! le canon m'ouvrait les portes.

— Ah ! murmura le roi, je dirais volontiers que j'en suis aise, si le canon de ce matin n'avait pas été tiré sur la Bastille et sur la royauté à la fois.

— Oh ! Sire, ne faites pas d'une prison le symbole d'un principe. Dites au contraire, Sire, que vous êtes heureux que la Bastille soit prise, car on ne commettra plus, au nom du roi qui l'ignore, d'injustice pareille à celle dont je viens d'être victime.

— Mais enfin, monsieur, votre arrestation a une cause.

— Aucune que je sache, Sire ; on m'a arrêté à mon retour en France, et l'on m'a incarcéré, voilà tout.

— En vérité, monsieur, dit Louis XVI avec douceur, n'y a-t-il pas quelque égoïsme de votre part à venir me parler de vous, quand j'ai tant besoin qu'on me parle de moi ?

— Sire, c'est que j'ai besoin que Votre Majesté me réponde un seul mot.

— Lequel ?

— Oui ou non, Votre Majesté est-elle pour quelque chose dans mon arrestation ?

— J'ignorais votre retour en France.

— Je suis heureux de cette réponse, Sire ; je pourrai donc déclarer hautement que Votre Majesté, dans ce qu'elle fait de mal, est presque toujours abusée, et à ceux qui douteraient, me citer pour exemple.

Le roi sourit.

— Médecin, dit-il, vous mettez le baume dans la plaie.

— Oh ! Sire, je verserai le baume à pleines mains ; et, si vous le voulez, je la guérirai cette plaie-là ; je vous en réponds.

— Si je le veux ! sans doute.

— Mais il faut que vous le veuilliez bien fermement, Sire.

— Je le voudrai fermement.

— Avant de vous engager plus avant, Sire, dit Gilbert, lisez cette ligne écrite en marge de mon registre d'écrou.

— Quelle ligne ? demanda le roi avec inquiétude.

— Voyez.

Gilbert présenta la feuille au roi. Le roi lut :

« A la requête de la reine... »

Il fronça le sourcil.

— De la reine ! dit-il ; auriez-vous encouru la disgrâce de la reine ?

— Sire, je suis sûr que Sa Majesté me connaît encore moins que Votre Majesté me connaissait.

— Mais cependant vous aviez commis quelque faute, on ne va pas à la Bastille pour rien.

— Il paraît que si, puisque j'en sors.

— Mais monsieur Necker vous envoie à moi, et la lettre de cachet était signée de lui.

— Sans doute.

— Alors expliquez-vous mieux. Repassez votre vie. Voyez si vous n'y trouvez pas quelque circonstance que vous ayez oubliée vous-même.

— Repasser ma vie ! Oui, Sire, je le ferai, et tout haut ; soyez tranquille, ce ne sera pas long. J'ai, depuis l'âge de seize ans, travaillé sans relâche. Élève de Jean-Jacques, compagnon de Balsamo, ami de Lafayette et de Washington, je n'ai jamais eu à me reprocher, depuis le jour où j'ai quitté la France, une faute, ni même un tort. Quand la science acquise m'a permis de soigner les blessés ou les malades, j'ai toujours pensé que je devais compte à Dieu de chacune de mes idées, de chacun de mes gestes. Puisque Dieu m'avait donné charge de créatures, chirurgien, j'ai versé le sang par humanité, prêt à donner le mien pour adoucir ou pour sauver mon malade ; médecin, j'ai été un consolateur toujours, un bienfaiteur parfois. Quinze ans se sont passés ainsi. Dieu a béni mes efforts : j'ai vu revenir à la vie la plupart des souffrans qui tous baisaient mes mains. Ceux qui sont morts, Dieu les avait condamnés. Non, je vous le dis, Sire, depuis le jour où j'ai quitté la France, et il y a quinze ans de cela, je n'ai rien à me reprocher.

— Vous avez en Amérique fréquenté les novateurs, et vos écrits ont propagé leurs principes.

— Oui, Sire, et j'oubliais ce titre à la reconnaissance des rois et des hommes.

Le roi se tut.

— Sire, continua Gilbert, maintenant, ma vie vous est connue ; je n'ai offensé ni blessé personne, pas plus un mendiant qu'une reine, et je viens demander à Votre Majesté pourquoi l'on m'a puni.

— Je parlerai à la reine, monsieur Gilbert; mais croyez-vous que la lettre de cachet vienne directement de la reine ?

— Je ne dis point cela, Sire ; je crois même que la reine n'a fait qu'apostiller.

— Ah ! vous voyez bien ! dit Louis tout joyeux.

— Oui ; mais vous n'ignorez pas, Sire, que lorsqu'une reine apostille, elle commande.

— Et de qui est la lettre apostillée ? Voyons !

— Oui, Sire, dit Gilbert, voyez.

Et il lui présenta la lettre d'écrou.

— Comtesse de Charny ! s'écria le roi ; comment, c'est elle qui vous a fait arrêter ; mais que lui avez-vous donc fait à cette pauvre Charny ?

— Je ne connaissais pas même cette dame de nom, ce matin, Sire.

Louis passa une main sur son front.

— Charny ! murmura-t-il, Charny, la douceur, la vertu, la chasteté même !

— Vous verrez, Sire, dit Gilbert en riant, que j'aurai été mis à la Bastille à la requête des trois vertus théologales.

— Oh ! j'en aurai le cœur net, dit le roi.

Et il tira un cordon de sonnette.

Un huissier entra.

— Qu'on voie si la comtesse de Charny est chez la reine, demanda Louis.

— Sire, répondit l'huissier, madame la comtesse vient à l'instant de traverser la galerie ; elle va monter en voiture.

— Courez après elle, dit Louis, et priez-la de passer dans mon cabinet pour affaire d'importance.

Puis, se retournant vers Gilbert :

— Est-ce ce que vous désiriez, monsieur ? demanda-t-il.

— Oui, Sire, répondit Gilbert, et je rends mille grâces à Votre Majesté.

XXIII.

LA COMTESSE DE CHARNY.

Gilbert, à cet ordre de faire venir madame de Charny, s'était retiré dans une embrasure de fenêtre.

Quant au roi, il marchait de long en large dans cette salle de l'Œil-de-Bœuf, préoccupé tantôt des affaires publiques, tantôt de l'insistance de ce Gilbert dont, malgré lui, il subissait l'influence étrange en ce moment où rien n'eût dû l'intéresser, si ce n'était des nouvelles de Paris.

Tout à coup, la porte du cabinet s'ouvrit ; l'huissier annonça madame la comtesse de Charny, et Gilbert, à travers les rideaux rapprochés, put cependant apercevoir une femme dont les robes amples et soyeuses frôlèrent le battant de la porte.

Cette dame était vêtue, à la mode du temps, d'un déshabillé de soie grise à raies couleur sur couleur, d'une jupe pareille, d'une sorte de châle qui, se croisant sur l'estomac, allait se nouer derrière la taille, en faisant valoir extraordinairement les avantages d'une poitrine riche et bien placée.

Un petit chapeau coquettement fixé à l'extrémité d'une haute coiffure, des mules à hauts talons qui faisaient ressortir la finesse d'une admirable cheville, une petite canne jouant au bout des doigts gantés d'une petite main fine, longue, et parfaitement aristocratique, telle était la personne si vivement attendue par Gilbert et qui entra chez le roi Louis XVI.

Le prince fit un pas au-devant d'elle.

— Vous alliez sortir, comtesse, m'a-t-on dit ?

— En effet, Sire, lui répondit la comtesse, j'allais monter en voiture lorsque m'est arrivé l'ordre de Votre Majesté.

A cette voix timbrée fermement, les oreilles de Gilbert s'emplirent d'un bruit terrible. Le sang afflua soudain à ses joues, mille frissons coururent par tout son corps.

Il fit malgré lui un pas hors de l'abri de rideaux sous lesquels il était caché.

— Elle ! murmura-t-il... elle.... Andrée !...

— Madame, continua le roi qui, pas plus que la comtesse, n'avait rien vu de cette émotion de Gilbert caché dans l'ombre, je vous ai priée de passer chez moi pour obtenir un renseignement.

— Je suis prête à satisfaire Votre Majesté.

Le roi se pencha du côté de Gilbert comme pour l'avertir.

Celui-ci, comprenant que le moment de se montrer n'était pas encore venu, rentra peu à peu sous son rideau.

— Madame, dit le roi, il a été délivré, voici huit à dix jours à peu près, une lettre de cachet à monsieur de Necker...

Gilbert, à travers l'ouverture presque imperceptible des rideaux, attacha son regard sur Andrée. La jeune femme était pâle, fiévreuse, inquiète, et comme courbée sous le poids d'une secrète obsession dont elle-même ne se rendait pas compte.

— Vous m'entendez, n'est-ce pas, comtesse ? demanda Louis XVI, voyant que madame de Charny hésitait à répondre.

— Oui, Sire.

— Eh bien ! savez-vous ce que je veux dire, et pouvez-vous répondre à ma question ?

— Je cherche à me rappeler, dit Andrée.

— Permettez-moi d'aider votre mémoire, comtesse. La lettre de cachet était demandée par vous, et la demande était apostillée par la reine.

La comtesse, au lieu de répondre, s'abandonna de plus en plus à cette abstraction fébrile qui semblait l'entraîner hors des limites de la vie réelle.

— Mais répondez-moi donc, madame, dit le roi, qui commençait à s'impatienter.

— C'est vrai, dit-elle en tressaillant, c'est vrai, j'ai écrit la lettre, et Sa Majesté la reine l'a apostillée.

— Alors, demanda Louis, dites-moi le crime qu'avait commis celui contre lequel on réclamait une telle mesure ?

— Sire, dit Andrée, je ne puis vous dire quel crime il avait commis, mais ce que je puis vous dire, c'est que le crime était grand.

— Oh ! vous ne pouvez dire cela à moi ?

— Non, Sire.

— Au roi ?

— Non. Que Votre Majesté m'excuse ; mais je ne le puis.

— Alors, vous le direz à lui-même, madame, dit le roi ; car ce que vous refusez au roi Louis XVI, vous ne pouvez le refuser au docteur Gilbert.

— Au docteur Gilbert ! s'écria Andrée. Grand Dieu ! Sire, où est-il donc ?

Le roi s'effaça pour livrer la place à Gilbert ; les rideaux s'ouvrirent, le docteur parut presque aussi pâle qu'Andrée.

— Le voici, madame, dit-il.

A l'aspect de Gilbert, la comtesse chancela. Ses jambes frémirent sous elle. Elle se renversa en arrière, comme une femme qui va s'évanouir, et ne resta debout qu'à l'aide d'un fauteuil sur lequel elle s'appuya dans l'attitude morne insensible, presque inintelligente d'Eurydice au moment où lui gagne au cœur le venin du serpent.

— Madame, répéta Gilbert en s'inclinant avec une humble politesse, permettez-moi de vous répéter la question que vient de vous adresser Sa Majesté.

Les lèvres d'Andrée remuèrent, mais aucun son ne sortit de sa bouche.

— Que vous ai-je fait, madame, pour qu'un ordre de vous m'ait fait jeter dans une affreuse prison ?

Andrée, à cette voix, bondit comme si elle eût senti se déchirer les tissus de son cœur.

Puis, tout à coup, abaissant sur Gilbert un regard glacé comme celui du serpent :

— Moi, monsieur, dit-elle, je ne vous connais pas.

Mais pendant qu'elle prononçait ces paroles, Gilbert, de son côté, l'avait regardée avec une telle opiniâtreté, il avait chargé l'éclair de ses yeux de tant d'invincible audace, que la comtesse baissa les yeux tout à fait, et éteignit son regard sous le sien.

— Comtesse, dit le roi avec un doux reproche, voyez où conduit cet abus de la signature. Voici monsieur que vous ne connaissez pas, — vous l'avouez vous-même, — monsieur, qui est un grand praticien, un médecin savant, un homme à qui vous n'avez rien à reprocher...

Andrée releva la tête, et foudroya Gilbert d'un royal mépris.

Celui-ci demeura calme et fier.

— Je dis donc, continua le roi, que n'ayant rien contre monsieur Gilbert, que, poursuivant un autre que lui, c'est sur l'innocent que la faute est tombée. Comtesse, c'est mal.

— Sire ! dit Andrée.

— Oh ! interrompit le roi qui tremblait déjà de désobliger la favorite de sa femme, je sais que vous n'avez pas mauvais cœur, et que si vous avez poursuivi quelqu'un de votre haine, c'est que ce quelqu'un la méritait ; mais à l'avenir, vous comprenez, il ne faudrait pas qu'une pareille méprise se renouvelât.

Puis, se retournant vers Gilbert :

— Que voulez-vous, docteur, c'est la faute des temps plus que celle des hommes. Nous sommes nés dans la corruption, et nous y mourrons ; mais nous tâcherons au moins d'améliorer l'avenir pour la postérité, et vous m'aiderez dans cette œuvre, je l'espère bien, docteur Gilbert.

Et Louis s'arrêta, croyant en avoir assez dit pour plaire aux deux parties.

Pauvre roi ! s'il eût prononcé pareille phrase à l'Assemblée nationale, non-seulement elle eût été applaudie, mais encore le lendemain il l'eût vu reproduire dans tous les journaux de la cour.

Mais cet auditoire de deux ennemis acharnés goûta peu sa conciliante philosophie.

— Avec la permission de Votre Majesté, reprit Gilbert, je

prierai madame de répéter ce qu'elle a déjà dit, c'est-à-dire qu'elle ne me connaît pas.

— Comtesse, dit le roi, voulez-vous faire ce que demande le docteur?

— Je ne connais pas le docteur Gilbert, répéta Andrée d'une voix ferme.

— Mais vous connaissez un autre Gilbert, mon homonyme, celui dont le crime pèse sur moi?

— Oui, dit Andrée, je le connais, et tiens celui-là pour un infâme.

— Sire, ce n'est point à moi d'interroger la comtesse, dit Gilbert. Mais daignez lui demander ce que cet homme infâme a fait.

— Comtesse, vous ne pouvez point vous refuser à une si juste demande.

— Ce qu'il a fait, dit Andrée. Sans doute la reine le savait, puisqu'elle a de sa main autorisé la lettre dans laquelle je demandais son arrestation.

— Mais, dit le roi, ce n'est point tout à fait assez que la reine soit convaincue, il serait bon que moi je le fusse aussi, convaincu. La reine est la reine ; mais moi je suis le roi.

— Eh bien! Sire, le Gilbert de la lettre de cachet est un homme qui, il y a seize ans, a commis un crime horrible.

— Votre Majesté veut-elle demander à madame la comtesse quel âge a aujourd'hui cet homme.

Le roi répéta la question.

— Trente à trente-deux ans, dit Andrée.

— Sire, répéta Gilbert, si le crime a été commis il y a seize ans, il n'a pas été commis par un homme, mais par un enfant, et si, depuis seize ans, l'homme a déploré le crime de l'enfant, cet homme ne mériterait-il pas quelque indulgence?

— Mais, monsieur, demanda le roi, vous connaissez donc le Gilbert dont il est question?

— Je le connais, Sire, dit Gilbert.

— Et il n'a pas commis d'autre faute que celle de sa jeunesse?

— Je ne sache pas que depuis le jour où il a commis, je ne dirai pas cette faute, Sire, car je suis moins indulgent que vous, mais ce crime, je ne sache pas que nul au monde ait rien à lui reprocher.

— Non, si ce n'est d'avoir trempé sa plume dans le poison, et d'avoir composé d'odieux libelles.

— Sire, demandez à madame la comtesse, dit Gilbert, si la véritable cause de l'arrestation de ce Gilbert n'était pas de donner toute facilité à ses ennemis, ou plutôt à son ennemie, de s'emparer de certaine cassette renfermant certains papiers qui peuvent compromettre une grande dame, une dame de la cour.

Andrée frissonna de la tête aux pieds.

— Monsieur! murmura-t-elle.

— Comtesse, qu'est-ce que cette cassette? demanda le roi, à qui le tremblement et la pâleur de la comtesse ne purent échapper.

— Oh! madame, s'écria Gilbert, sentant qu'il dominait la situation, pas de détours, pas de subterfuges. Assez de mensonges de part et d'autre. Je suis le Gilbert du crime ; je suis le Gilbert des libelles ; je suis le Gilbert de la cassette. Vous, vous êtes la grande dame, la dame de la cour ; je prends le roi pour juge: acceptez-le et nous allons dire à ce juge, au roi, à Dieu, nous allons lui dire tout ce qui s'est passé entre nous, et le roi décidera en attendant que Dieu décide.

— Dites ce que vous voudrez, monsieur, reprit la comtesse, mais je ne puis rien dire, moi, je ne vous connais pas.

— Et vous ne connaissez pas cette cassette non plus?

La comtesse crispa les poings et mordit jusqu'au sang ses lèvres pâles.

— Non, dit-elle, pas plus que vous.

Mais l'effort qu'elle fit pour prononcer ces paroles fut tel, qu'elle chancela sur ses jambes comme, dans un tremblement de terre, fait une statue sur sa base.

— Madame, dit Gilbert, prenez garde, je suis, vous ne l'avez pas oublié, l'élève d'un homme que l'on appelait Joseph Balsamo ; le pouvoir qu'il avait sur vous, il me l'a transmis ; une première fois, voulez-vous répondre à cette question que je vous adresse? Ma cassette?

— Non, dit la comtesse en proie à un désordre inexprimable, et faisant un mouvement pour s'élancer hors de la chambre. Non, non, non.

— Eh bien! dit Gilbert, pâlissant à son tour, et levant son bras chargé de menaces; eh bien! nature d'acier, cœur de diamant, plie, éclate, brise-toi sous la pression irrésistible de ma volonté! Tu ne veux point parler, Andrée?

— Non, non! s'écria la comtesse éperdue. A moi, Sire, à moi!

— Tu parleras, dit Gilbert; et nul, fût-ce le roi, fût-ce Dieu, ne te soustraira à mon pouvoir; tu parleras, tu ouvriras toute ton âme à l'auguste témoin de cette scène solennelle; et tout ce qu'il y a dans les replis de sa conscience, tout ce que Dieu seul peut lire dans les ténèbres des âmes profondes, Sire, vous allez le savoir par celle-là même qui refuse de les révéler. Dormez, madame la comtesse de Charny, dormez et parlez, je le veux!

A peine ces mots furent-ils prononcés que la comtesse s'arrêta court au milieu d'un cri commencé, étendit les bras, et cherchant un point d'appui pour ses jambes défaillantes, vint tomber comme dans un refuge entre les bras du roi, qui, tremblant lui-même, l'assit dans un fauteuil.

— Oh! dit Louis XVI, j'ai entendu parler de cela, mais je n'ai jamais rien vu de pareil. N'est-ce pas au sommeil magnétique qu'elle vient de céder, monsieur?

— Oui, Sire; prenez la main de madame, et demandez-lui pourquoi elle m'a fait arrêter, répondit Gilbert, comme si à lui seul appartenait le droit de commandement.

Louis XVI, tout étourdi de cette scène merveilleuse, fit deux pas en arrière pour se convaincre qu'il ne dormait pas lui-même, et que ce qui se passait sous ses yeux n'était pas un rêve; puis intéressé comme un mathématicien à la découverte d'une solution nouvelle, il se rapprocha de la comtesse dont il prit la main.

— Voyons, comtesse, dit-il, vous avez donc fait arrêter le docteur Gilbert?

Mais, tout endormie qu'elle était, la comtesse fit un dernier effort, arracha sa main de la main du roi, et appelant à elle toutes ses forces:

— Non, dit-elle, je ne parlerai pas.

Le roi regarda Gilbert, comme pour lui demander laquelle des deux l'emporterait de sa volonté ou de celle d'Andrée.

Gilbert sourit.

— Vous ne parlerez pas? dit-il.

Et les yeux fixés sur Andrée endormie, il fit un pas vers le fauteuil.

Andrée tressaillit.

— Vous ne parlerez pas? ajouta-t-il, en faisant un deuxième pas qui rapprocha l'intervalle qui le séparait de la comtesse.

Andrée raidit tout son corps dans une suprême réaction.

— Ah! vous ne parlerez pas! dit-il en faisant une troisième enjambée qui le plaça côte à côte d'Andrée, sur la tête de laquelle il tint sa main étendue; ah! vous ne parlerez pas!

Andrée se tordit dans de violentes convulsions.

— Mais prenez garde, s'écria Louis XVI, prenez garde, vous allez la tuer.

— Ne craignez rien, Sire, c'est à l'âme seule que j'ai à faire; l'âme lutte, mais l'âme cédera.

Puis, abaissant la main.

— Parlez! dit-il.

Andrée étendit les bras et fit un mouvement pour respirer, comme si elle eût été sous la pression d'une machine pneumatique.

— Parlez! répéta Gilbert, abaissant encore la main.

Tous les muscles de la jeune femme parurent prêts à se rompre. Une frange d'écume apparut sur ses lèvres, et un commencement d'épilepsie l'ébranla de la tête aux pieds.

— Docteur! docteur! dit le roi, prenez garde!

Mais lui, sans l'écouter, abaissa une troisième fois la main, et, touchant le haut de la tête de la comtesse de la paume de cette main :

— Parlez! dit-il, je le veux.

Andrée, au contact de cette main, poussa un soupir, ses bras retombèrent près d'elle; sa tête, renversée en arrière, retomba en avant, doucement penchée sur sa poitrine, et des larmes abondantes filtrèrent à travers ses paupières fermées.

— Mon Dieu ! mon Dieu ! murmura-t-elle.

— Invoquez Dieu, soit; celui qui opère au nom de Dieu ne craint pas Dieu.

— Oh ! dit la comtesse, que je vous hais !

— Haïssez-moi, soit, mais parlez !

— Sire ! Sire ! s'écria Andrée, dites-lui qu'il me brûle, qu'il me dévore, qu'il me tue.

— Parlez ! dit Gilbert.

Puis il fit signe au roi qu'il pouvait interroger.

— Ainsi, comtesse, demanda le roi, celui que vous vouliez faire arrêter et que vous avez fait arrêter, c'était bien le docteur ?

— Oui.

— Et il n'y avait pas erreur, il n'y avait pas méprise ?

— Non.

— Et cette cassette ? dit le roi.

— Eh bien ! articula sourdement la comtesse, cette cassette, fallait-il donc la lui laisser entre les mains ?

Gilbert et le roi échangèrent un regard.

— Et vous l'avez prise ? demanda Louis XVI.

— Je l'ai fait prendre.

— Oh ! oh ! contez-moi cela, comtesse, dit le roi oubliant toute représentation, et s'agenouillant devant Andrée; vous l'avez fait prendre ?

— Oui.

— Où et comment ?

— J'ai appris que ce Gilbert, qui depuis seize ans a déjà fait deux voyages en France, allait en faire un troisième, et cette fois pour s'y fixer.

— Mais la cassette ? demanda le roi.

— J'ai su par le lieutenant de police, monsieur de Crosne, qu'il avait, pendant un de ses voyages, acheté des terres aux environs de Villers-Cotterets ; que le fermier qui détenait ces terres jouissait de toute sa confiance ; je me suis doutée que la cassette était chez lui.

— Comment vous en êtes-vous doutée ?

— J'ai été chez Mesmer. Je me suis fait endormir, et je l'ai vue.

— Elle était...?

— Dans une grande armoire, au rez-de-chaussée, cachée sous du linge.

— C'est merveilleux! dit le roi. Après? après? dites.

— Je suis retournée chez monsieur de Crosne, qui, sur la recommandation de la reine, m'a donné un de ses plus habiles agens.

— Le nom de cet agent? demanda Gilbert.

Andrée tressaillit comme si un fer rouge l'eût touchée.

— Je vous demande son nom, répéta Gilbert.

Andrée tenta de résister.

— Son nom, je le veux! dit le docteur.

— Pas-de-Loup, dit-elle.

— Après? demanda le roi.

— Eh bien! hier matin, cet homme s'est emparé de la cassette. Voilà tout.

— Non, ce n'est pas tout, dit Gilbert. Il s'agit de dire maintenant au roi où est cette cassette.

— Oh! fit Louis XVI, vous en demandez trop.

— Non, Sire.

— Mais par ce Pas-de-Loup, par monsieur de Crosne, on pourrait savoir...

— Oh! l'on saura tout bien mieux et bien plus vite par madame...

Andrée, par un mouvement convulsif qui avait sans doute pour but d'empêcher les paroles de sortir de ses lèvres, serra les dents à se les briser.

Le roi fit remarquer cette convulsion nerveuse au docteur.

Gilbert sourit.

Il toucha du pouce et de l'index la partie inférieure du visage d'Andrée, dont les muscles se détendirent au moment même.

— D'abord, madame la comtesse, dites bien au roi que cette cassette appartenait au docteur Gilbert.

— Oui, oui, elle est à lui, dit la dormeuse avec rage.

— Et où se trouve-t-elle en ce moment? demanda Gilbert; vite, dépêchez-vous, le roi n'a pas le temps d'attendre.

Andrée hésita un instant.

— Chez Pas-de-Loup, dit-elle.

Gilbert remarqua cette hésitation, tout insaisissable qu'elle fût.

— Vous mentez! s'écria-t-il, ou plutôt vous essayez de mentir. Où est la cassette? Je veux le savoir!

— Chez moi, à Versailles, dit Andrée, en fondant en larmes, avec un tremblement nerveux qui secouait tout son corps. Chez moi, où Pas-de-Loup m'attend, ainsi que la chose était convenue, ce soir à onze heures.

Minuit sonnait.

— Et il attend toujours?

— Oui.

— Dans quelle pièce est-il?

— On l'a fait entrer au salon.

— Quelle place occupe-t-il dans le salon?

— Il est debout, appuyé contre la cheminée.

— Et la cassette?

— Sur une table devant lui. Oh!

— Quoi?

— Dépêchons-nous de le faire sortir. Monsieur de Charny, qui devait ne revenir que demain, va revenir cette nuit, à cause des événemens. Je le vois. Il est à Sèvres. Faites-le sortir, que le comte ne le trouve pas à la maison.

— Votre Majesté entend; où demeure à Versailles madame de Charny?

— Où demeurez-vous? comtesse.

— Boulevard de la Reine, Sire.

— Bien.

— Sire, Votre Majesté l'a entendu. Cette cassette m'appartient. Le roi ordonne-t-il qu'elle me soit rendue?

— Sur-le-champ, monsieur.

Et le roi, tirant sur madame de Charny un paravent qui l'empêchât d'être vue, appela l'officier de service et lui donna tout bas un ordre.

XXIV.

PHILOSOPHIE ROYALE.

Cette préoccupation étrange d'un roi dont les sujets sapaient le trône, cette curiosité du savant appliquée à un phénomène physique, alors que se développait dans toute sa gravité le plus important des phénomènes politiques qui se fût jamais opéré en France, c'est-à-dire la transformation d'une monarchie en démocratie, ce spectacle, disons-nous, d'un roi s'oubliant lui-même au plus fort de la tempête, eût fait sourire certainement les grands esprits de l'époque, penchés depuis trois mois sur la solution de leur problème.

Tandis que l'émeute grondait en dehors, Louis, oubliant les terribles événemens de la journée, la Bastille prise, Flesselles, de Launay et de Losme assassinés, l'Assemblée nationale prête à se révolter contre son roi, Louis se concentrait dans cette spéculation toute privée, et la révélation de cette scène inconnue l'absorbait à l'égal des profonds intérêts de son gouvernement.

Aussi, dès qu'il eut donné l'ordre que nous avons dit à son capitaine des gardes, il revint à Gilbert, qui éloignait de la comtesse l'excédant du fluide dont il l'avait chargée, afin de lui rendre, au lieu de ce somnambulisme convulsif, un sommeil tranquille.

Au bout d'un instant, la respiration de la comtesse était calme et égale comme celle d'un enfant. Alors, Gilbert, d'un seul geste de la main, lui rouvrit les yeux et la mit en extase.

C'est alors qu'on put voir dans toute sa splendeur cette merveilleuse beauté d'Andrée. Complétement dégagée de tout mélange terrestre, le sang, qui avait un instant reflué jusqu'à son visage, et qui momentanément avait coloré ses joues, redescendait à son cœur dont les battemens venaient de reprendre leur cours modéré; le visage était redevenu pâle, mais de cette belle pâleur mate des femmes d'Orient; les yeux, ouverts un peu au-delà de la mesure ordinaire, étaient levés au ciel et laissaient, par le bas, nager la prunelle dans le blanc nacré du globe; le nez, légèrement dilaté, semblait aspirer une atmosphère plus pure; enfin, les lèvres, qui avaient conservé tout leur incarnat quoique les joues eussent perdu un peu du leur, les lèvres, légèrement écartées, découvraient un fil de perles dont la suave humidité relevait l'éclat.

La tête était légèrement renversée en arrière avec une grâce inexprimable, presque angélique.

On eût dit que ce regard immobile, doublant son étendue par sa fixité pénétrait jusqu'au pied du trône de Dieu.

Le roi demeura comme ébloui. Gilbert détourna la tête en soupirant; il n'avait pu résister au désir de donner à Andrée ce degré de beauté surhumaine; et maintenant, comme Pygmalion, plus malheureux que Pygmalion, car il connaissait l'insensibilité de la belle statue, il s'effrayait de son œuvre même.

Il fit un geste, sans même retourner la tête vers Andrée, et les yeux se fermèrent.

Le roi voulut se faire expliquer par Gilbert cet état merveilleux dans lequel l'âme se dégage du corps et plane, libre, heureuse, divine, au-dessus des misères terrestres.

Gilbert, comme tous les hommes véritablement supérieurs, savait prononcer ce mot qui coûte tant à la médiocrité : — Je ne sais pas. Il avoua au roi son ignorance ; il produisait un phénomène qu'il ne pouvait définir : le fait existait ; l'explication du fait n'existait pas.

— Docteur, dit le roi à cet aveu de Gilbert, voilà encore un de ces secrets que la nature garde pour les savans d'une autre génération, et qui sera approfondi comme tant d'autres mystères que l'on croyait insolubles. Nous les appelons mystères, nous; nos pères les eussent appelés sortiléges ou sorcelleries.

— Oui, Sire, répondit Gilbert en souriant, et j'eusse eu l'honneur d'être brûlé en place de Grève pour la plus grande gloire d'une religion qu'on ne comprenait pas, par des savans sans science et par des prêtres sans foi.

— Et sous qui avez-vous étudié cette science? reprit le roi ; est-ce sous Mesmer?

— Oh! Sire, dit Gilbert en souriant, j'avais vu les plus étonnans phénomènes de cette science dix ans avant que le nom de Mesmer fût prononcé en France.

— Dites-moi, ce Mesmer qui a révolutionné tout Paris, était-il, à votre avis, un charlatan, oui ou non? Il me semble que vous opérez bien plus simplement que lui. J'ai entendu raconter ses expériences, celles de Deslon, celles de Puységur. Vous savez tout ce que l'on a dit à ce sujet, billevesées ou vérités.

— J'ai suivi tout ce débat, oui, Sire.

— Eh bien! que pensez-vous du fameux baquet?

— Que Votre Majesté daigne m'excuser si à tout ce qu'elle me demande à l'endroit de l'art magnétique, je réponds par le doute. Le magnétisme n'est pas encore un art.

— Ah!

— Seulement, c'est une puissance, puissance terrible, puisqu'elle annihile le libre arbitre, puisqu'elle isole l'âme du corps, puisqu'elle met le corps de la somnambule aux mains du magnétiseur, sans que celle-ci conserve la puissance ou même la volonté de se défendre. Quant à moi, Sire, j'ai vu opérer d'étranges phénomènes. J'en ai opéré moi-même, eh bien! je doute.

— Comment, vous doutez? Vous opérez des miracles, et vous doutez!

— Non, je ne doute pas, je ne doute pas. En ce moment, j'ai la preuve d'un pouvoir inouï et inconnu sous les yeux. Mais quand cette preuve a disparu, quand je suis seul chez moi, en face de ma bibliothèque, en face de ce que toute la science humaine a écrit depuis trois mille ans; quand la science me dit non; quand l'esprit me dit non; quand la raison me dit non, je doute.

— Et votre maître doutait-il, docteur?

— Peut-être, mais moins franc que moi, il ne le disait pas.

— Etait-ce Deslon? était-ce Puységur?

— Non, sire, non. Mon maître était un homme de beaucoup supérieur à tous les hommes que vous avez nommés. Je lui ai vu faire, à l'endroit des blessures surtout, des choses merveilleuses ; aucune science ne lui était inconnue. Il s'était imprégné des théories égyptiennes. Il avait pénétré les arcanes de l'antique civilisation assyrienne. C'était un savant profond, un philosophe redoutable ayant l'expérience de la vie unie à la persévérance de la volonté.

— L'ai-je connu ? demanda le roi.

Gilbert hésita un instant.

— Je vous demande si je l'ai connu ?

— Oui, sire.

— Vous le nommez ?...

— Sire, dit Gilbert, prononcer ce mot devant le roi, c'est peut-être m'exposer à lui déplaire. Or, en ce moment surtout, où la plupart des Français jouent avec la majesté royale, je ne voudrais pas jeter une ombre sur le respect que nous devons tous à Sa Majesté.

— Nommez hardiment cet homme, docteur Gilbert, et soyez persuadé que j'ai aussi, moi, ma philosophie ; philosophie d'assez bonne trempe pour me permettre de sourire à toutes les insultes du présent et à toutes les menaces de l'avenir.

Gilbert, malgré cet encouragement, hésitait encore.

Le roi s'approcha de lui.

— Monsieur, lui dit-il en souriant, nommez-moi Satan si vous voulez, je trouverai contre Satan une cuirasse, celle que vos dogmatiseurs n'ont pas, celle qu'ils n'auront jamais, que seul dans mon siècle peut-être je possède et revêts sans honte : la religion !

— Votre Majesté croit comme saint Louis, c'est vrai, dit Gilbert.

— Et là est toute ma force, je l'avoue, docteur ; j'aime la science, j'adore les résultats du matérialisme ; je suis mathématicien, vous le savez ; vous le savez, un total d'addition, une formule algébrique me pénètrent de joie ; mais à l'encontre des gens qui poussent l'algèbre jusqu'à l'athéisme, j'ai en réserve ma foi, qui me met d'un degré au dessus et au-dessous d'eux ; au-dessus pour le bien, au-dessous pour le mal. Vous voyez bien, docteur, que je suis un homme à qui l'on peut tout dire, un roi qui peut tout entendre.

— Sire, dit Gilbert avec une sorte d'admiration, je remercie Votre Majesté de ce qu'elle vient de me dire ; car c'est presque une confidence d'ami dont elle m'a honoré.

— Oh ! je voudrais, se hâta de dire le timide Louis XVI, je voudrais que toute l'Europe m'entendît parler ainsi. Si les Français lisaient dans mon cœur toute la force et toute la tendresse qu'il renferme, je crois qu'ils me résisteraient moins.

La dernière portion de la phrase, qui montrait la prérogative royale irritée, nuisit à Louis XVI dans l'esprit de Gilbert.

Il se hâta de dire sans aucun ménagement :

— Sire, puisque vous le voulez, mon maître fut le comte de Cagliostro.

— Oh ! s'écria Louis en rougissant, cet empirique !

— Cet empirique... oui, Sire, dit Gilbert. Votre Majesté n'ignore pas que le mot dont elle vient de se servir est un des plus nobles dont on se serve dans la science. *Empirique* veut dire *l'homme qui essaie*. Essayer toujours, Sire, pour un penseur, pour un praticien, pour un homme enfin, c'est faire tout ce que Dieu a permis aux mortels de faire de plus grand et de plus beau. Que l'homme essaie toute sa vie, et sa vie est remplie.

— Ah ! monsieur, ce Cagliostro que vous défendez, dit Louis XVI, était un grand ennemi des rois.

Gilbert se rappela l'affaire du Collier.

— N'est-ce pas plutôt des reines que Votre Majesté veut dire ?

Louis tressaillit sous l'aiguillon.

— Oui, dit-il ; il a tenu dans toute l'affaire du prince Louis de Rohan une conduite plus qu'équivoque.

— Sire, là comme ailleurs, Cagliostro accomplissait la mission humaine : il essayait pour lui. En science, en morale, en politique, il n'y a ni bien ni mal, il n'y a que des phénomènes constatés, des faits acquis. Néanmoins, je vous l'abandonne, Sire. Je le répète, l'homme peut avoir mérité souvent le blâme ;—peut-être un jour ce blâme lui-même sera-t-il un éloge ; la posterité revoit les jugemens des hommes ; — mais je n'ai pas étudié sous l'homme, Sire, j'ai étudié sous le philosophe, sous le savant.

— Bien, bien, dit le roi qui sentait encore saigner la double plaie de son orgueil et de son cœur, bien ; nous oublions madame la comtesse, et peut-être qu'elle souffre.

— Je vais la réveiller, Sire, si Votre Majesté le désire ; mais j'aurais voulu cependant que la cassette n'arrivât ici que pendant son sommeil.

— Pourquoi ?

— Pour lui épargner une trop dure leçon.

— Voici justement que l'on vient, dit le roi. Attendez.

En effet, l'ordre du roi avait été ponctuellement exécuté ; la cassette trouvée à l'hôtel de Charny, entre les mains de l'exempt Pas-de-Loup, venait d'apparaître dans le cabinet royal sous les yeux même de la comtesse qui ne la voyait pas.

Le roi fit un signe de satisfaction à l'officier qui rapportait la cassette : l'officier sortit.

— Eh bien ! dit Louis XVI.

— Eh bien ! sire, voilà bien la cassette qui m'avait été enlevée.

— Ouvrez-la, fit le roi.

— Sire, je le veux bien, si Votre Majesté le désire. Je dois seulement prévenir Votre Majesté d'une chose.

— De laquelle ?

— Sire, comme je l'ai dit à Votre Majesté, cette cassette renferme seulement des papiers bien aisés à lire, à prendre, et desquels dépend l'honneur d'une femme.

— Et cette femme est la comtesse.

— Oui, Sire ; cet honneur ne périclitera point pour être tombé dans la conscience de Votre Majesté. Ouvrez, Sire, dit Gilbert en s'approchant du coffret et en présentant la clef au roi.

— Monsieur, répliqua froidement Louis XVI, emportez cette cassette, elle est à vous.

— Merci, Sire, et que ferons-nous de la comtesse ?

16.

— Oh! ne la réveillez point ici, surtout. Je veux éviter les surprises, les douleurs.

— Sire, dit Gilbert, madame la comtesse ne se réveillera qu'à l'endroit où vous jugerez à propos de la faire porter.

— Soit! chez la reine, alors.

Louis sonna. Un officier entra.

— Monsieur le capitaine, dit-il, madame la comtesse vient de s'évanouir ici, en apprenant les nouvelles de Paris. Faites-la porter chez la reine.

— Combien de temps faut-il pour opérer ce transport? demanda Gilbert au roi.

— Mais dix minutes à peu près, répondit celui-ci.

Gilbert étendit la main sur la comtesse.

— Vous vous éveillerez dans un quart-d'heure, dit-il.

Deux soldats, sur l'ordre de l'officier, entrèrent, qui l'enlevèrent sur deux fauteuils.

— Maintenant, monsieur Gilbert, que désirez-vous encore? demanda le roi.

— Sire, une faveur qui me rapproche de Votre Majesté, et qui me procure en même temps l'occasion de lui être utile.

Le roi chercha.

— Expliquez-vous, dit-il.

— Je voudrais être médecin par quartier du roi, dit Gilbert; je ne ferai ombrage à personne : c'est un poste d'honneur, mais plutôt de confiance que d'éclat.

— Accordé, dit le roi. Adieu, monsieur Gilbert. Ah! à propos, mille tendresses à Necker. Adieu.

Puis, en sortant :

— Mon souper! cria Louis, à qui nul événement ne pouvait faire oublier son souper.

XXV.

CHEZ LA REINE.

Tandis que le roi apprenait à combattre philosophiquement la révolution, en faisant un cours de sciences occultes, la reine, philosophe bien autrement solide et profond, avait rassemblé autour d'elle, dans son grand cabinet, tous ceux que l'on appelait ses fidèles, sans doute parce qu'il n'avait encore été donné à aucun d'eux de prouver ou d'essayer sa fidélité.

Chez la reine aussi, la terrible journée avait été racontée dans tous ses détails.

Elle avait même été la première instruite, car la sachant intrépide, on n'avait point fait de difficulté de la prévenir du danger.

Autour de la reine, on voyait des généraux, des courtisans, des prêtres et des femmes.

Aux portes, et derrière les tapisseries pendues devant ces portes, se tenaient des groupes de jeunes officiers, pleins de courage et d'ardeur, qui voyaient dans toutes ces révoltes une occasion longtemps attendue de faire, comme dans un tournoi, de belles armes devant les dames.

Tous, familiers et serviteurs dévoués à la monarchie, avaient écouté avec attention les nouvelles de Paris racontées par monsieur de Lambescq, qui ayant assisté aux événemens, était accouru à Versailles avec son régiment encore tout poudreux du sable des Tuileries, donner la réalité comme consolation à ces gens effarés dont quelques uns, si grand qu'il fût, s'exagéraient encore leur malheur.

La reine était assise à une table.

Ce n'était plus la douce et belle fiancée, ange protecteur de la France, que nous avons vue apparaître au seuil de cette histoire, franchissant la frontière du Nord une branche d'olivier à la main. Ce n'était même plus cette belle et gracieuse princesse que nous avons vue entrer un soir, avec la princesse de Lamballe, dans la mystérieuse demeure de Mesmer, et s'asseoir, rieuse et incrédule, auprès du baquet symbolique auquel elle venait demander une révélation de l'avenir.

Non! c'était la reine hautaine et résolue, au sourcil froncé, à la lèvre dédaigneuse; c'était la femme dont le cœur avait laissé échapper une portion de son amour, pour recevoir, en place de ce doux et vivifiant sentiment, les premières gouttes d'un fiel qui devait aller au sang en coulant sans cesse.

C'était enfin la femme du troisième portrait de la galerie de Versailles, c'est-à-dire non plus Marie-Antoinette, non plus la reine de France, mais celle qu'on commençait à ne plus désigner que sous le nom de l'Autrichienne.

Derrière elle était, à demi couchée dans l'ombre, une jeune femme immobile, la tête renversée en arrière, sur le coussin d'un sofa, et la main appuyée sur son front.

C'était madame de Polignac.

En apercevant monsieur de Lambescq, la reine avait fait un de ces gestes de joie désespérée qui veulent dire:

— Enfin, nous allons donc tout savoir.

Monsieur de Lambescq s'était incliné avec un signe qui demandait pardon à la fois pour ses bottes souillées, pour son habit poudreux et pour son sabre faussé, qui n'avait pu rentrer entièrement dans le fourreau.

— Eh bien! monsieur de Lambescq, dit la reine, vous arrivez de Paris?

— Oui, Votre Majesté.

— Que fait le peuple?

— Il tue et brûle.

— Par vertige ou par haine?

— Mais non, par férocité.

La reine réfléchit, comme si elle eût été disposée à partager son avis sur le peuple. Puis secouant la tête:

— Non, prince, dit-elle, le peuple n'est pas féroce, sans raison du moins. Ne me cachez donc rien. Est-ce du délire? Est ce de la haine?

— Eh bien ! je crois que c'est une haine poussée jusqu'au délire, madame.

— Haine de qui ? Ah ! voilà que vous hésitez encore, prince ; prenez garde, si vous racontez de la sorte, au lieu de m'adresser à vous, comme je le fais, j'enverrai un de mes piqueurs à Paris ; il lui faudra une heure pour aller, une heure pour s'informer, une heure pour revenir, et dans trois heures, cet homme me racontera les événemens, purement et naïvement comme un héraut d'Homère.

Monsieur de Dreux-Brézé s'avança le sourire sur les lèvres.

— Mais, madame, dit-il, que vous importe la haine du peuple. Cela ne doit vous regarder en rien. Le peuple peut tout haïr, excepté vous.

La reine ne releva même pas la flatterie.

— Allons ! allons ! prince, dit-elle à monsieur de Lambescq, parlez.

— Eh bien ! oui, madame, le peuple agit en haine.

— De moi !

— De tout ce qui le domine.

— A la bonne heure ! voilà la vérité ! je la sens ! fit résolument la reine.

— Je suis soldat, Votre Majesté, fit le prince.

— Bien ! bien ! parlez-nous donc en soldat. Voyons, que faut-il faire ?

— Rien ! madame.

— Comment ! rien, s'écria la reine, profitant du murmure soulevé par ces paroles parmi les habits brodés et les épées d'or de sa compagnie ; rien ! Vous, un prince lorrain, vous venez dire cela à la reine de France au moment où le peuple, de votre aveu, tue et brûle : vous venez dire qu'il n'y a rien à faire !

Un nouveau murmure, mais approbateur cette fois, accueillit les paroles de Marie-Antoinette.

Elle se retourna, embrassa du regard tout le cercle qui l'enveloppait, et, parmi tous ces yeux flamboyans, chercha ceux qui lançaient le plus de flammes, croyant y lire le plus de fidélité.

— Rien ! reprit le prince, parce qu'en laissant le Parisien

se calmer, et il se calmera, — il n'est belliqueux que lorsqu'on l'exaspère. Pourquoi lui donner les honneurs d'une lutte et risquer la chance d'un combat ? Tenons-nous tranquilles, et dans trois jours il ne sera plus question de rien dans Paris.

— Mais la Bastille, monsieur !

— La Bastille ! on en fermera les portes, et ceux qui l'auront prise seront pris, voilà tout.

Quelques frémissemens de rire se firent entendre parmi le groupe silencieux.

La reine reprit :

— Prenez garde, prince, voilà que maintenant vous me rassurez trop. Et, pensive, le menton appuyé dans la paume de sa main, elle alla trouver madame de Polignac qui, pâle et triste, semblait absorbée en elle-même.

La comtesse avait écouté toutes ces nouvelles avec un effroi visible ; elle ne sourit que lorsque la reine s'arrêta en face d'elle, lui sourit, et encore ce sourire était-il pâle et décoloré comme une fleur mourante.

— Eh bien ! comtesse, demanda la reine ; que dites-vous de tout ceci ?

— Hélas ! rien, répliqua-t-elle.

— Comment, rien !

— Non.

Et elle secoua la tête avec une expression d'indicible découragement.

— Alons, allons, dit tout bas la reine en se penchant à l'oreille de la comtesse, l'amie Diane est une peureuse.

Puis tout haut :

— Mais où est donc madame de Charny, l'intrépide ? Nous avons besoin d'elle pour nous rassurer, ce me semble.

— La comtesse allait sortir, dit madame de Misery, quand on l'a appelée chez le roi.

— Ah ! chez le roi, répondit distraitement Marie-Antoinette.

Et alors seulement la reine s'aperçut du silence étrange qui s'était fait autour d'elle.

C'est que ces événemens inouïs, incroyables, dont les

nouvelles étaient successivement parvenues jusqu'à Versailles comme des coups redoublés, avaient terrassé les cœurs les plus fermes, plus encore peut-être par l'étonnement que par la crainte.

La reine comprit qu'il était important de relever tous ces esprits abattus.

— Personne ne me donne donc un conseil? dit-elle. Soit! je prendrai conseil de moi-même.

Chacun se rapprocha de Marie-Antoinette.

— Le peuple, dit-elle, n'est point méchant, il n'est qu'égaré. Il nous hait parce qu'il ne nous connaît pas, rapprochons-nous de lui.

— Pour le punir alors, dit une voix, car il a douté de ses maîtres, et c'est un crime.

La reine regarda du côté d'où venait la voix, et reconnut monsieur de Bezenval.

— Oh! c'est vous, monsieur le baron, dit-elle, venez-vous nous donner quelque bon avis?

— L'avis est donné, madame, dit Bezenval en s'inclinant.

— Soit, dit la reine, le roi punira, mais comme un bon père.

— Qui aime bien châtie bien, dit le baron.

Puis, se retournant du côté de monsieur de Lambescq :

— N'êtes-vous point de mon avis, prince? Le peuple a commis des assassinats...

— Qu'il appelle, hélas! des représailles, dit sourdement une voix douce et pleine de fraîcheur, au son de laquelle la reine se retourna.

— Vous avez raison, princesse ; et c'est justement en cela que consiste son erreur, ma chère Lamballe ; aussi serons-nous indulgens.

— Mais, répliqua la princesse avec sa voix timide, avant de se demander si l'on doit punir, il faudrait se demander, je crois, si l'on pourra vaincre.

Un cri général éclata, cri de protestation contre la vérité qui venait de sortir de cette noble bouche.

— Vaincre! Et les Suisses? dit l'un.

— Et les Allemands? dit l'autre.

— Et les gardes du corps ? dit un troisième.

— On doute de l'armée et de la noblesse ! s'écria un jeune homme portant l'uniforme de lieutenant aux hussards de Bercheny. Avons-nous donc mérité cette honte ? Songez, madame, que dès demain, s'il le veut, le roi peut mettre en ligne quarante mille hommes, jeter ces quarante mille hommes dans Paris, et détruire Paris. Songez que quarante mille hommes de troupes dévouées valent un demi-million de Parisiens révoltés.

Le jeune homme, qui venait de parler ainsi avait encore sans doute bon nombre de bonnes raisons pareilles à donner, mais il s'arrêta court en voyant les yeux de la reine se fixer sur lui ; il avait parlé du sein d'un groupe d'officiers, et son zèle l'avait entraîné plus loin que ne le permettaient son grade et les convenances.

Il s'arrêta donc, comme nous l'avons dit, tout honteux de l'effet qu'il avait produit.

Mais il était trop tard, la reine avait déjà saisi ses paroles au passage.

— Vous connaissez la situation, monsieur ? dit-elle avec bonté.

— Oui, Votre Majesté, dit le jeune homme en rougissant ; j'étais aux Champs-Elysées.

— Alors, ne craignez pas de parler, venez, monsieur.

Le jeune homme sortit tout en rougissant des rangs qui s'ouvrirent, et s'avança vers la reine.

Du même mouvement le prince de Lambescq et monsieur de Bézenval se reculèrent comme s'ils eussent regardé au-dessous de leur dignité d'assister à cette espèce de conseil.

La reine ne fit point ou ne parut point faire attention à cette retraite.

— Vous dites, monsieur, que le roi a quarante mille hommes ? demanda-t-elle.

— Oui, Votre Majesté.

— Autour de Paris ?

— A Saint-Denis, à Saint-Mandé, à Montmartre et à Grenelle.

— Des détails, monsieur, des détails, s'écria la reine.

— Madame, messieurs de Lambescq et de Bezenval vous les diront infiniment mieux que moi.

— Continuez, monsieur. Il me plaît d'entendre ces détails de votre bouche. Sous les ordres de qui sont ces quarante mille hommes?

— Mais, d'abord, sous les ordres de messieurs de Bezenval et de Lambescq ; puis sous ceux de monsieur le prince de Condé, de monsieur de Narbonne-Fritzlar et de monsieur de Salkenaym.

— Est-ce vrai, prince? demanda la reine en se retournant vers monsieur de Lambescq.

— Oui, Votre Majesté, répondit le prince en s'inclinant.

— Sur Montmartre, dit le jeune homme, se trouve tout un parc d'artillerie ; en six heures tout le quartier qui domine Montmartre peut être réduit en cendres. Que Montmartre donne le signal du feu ; que Vincennes lui réponde ; que dix mille hommes se présentent par les Champs-Elysées, dix mille autres par la barrière d'Enfer, dix mille autres par la rue Saint-Martin, dix mille autres par la Bastille ; que Paris entende la fusillade aux quatre points cardinaux, et Paris ne tiendra pas vingt-quatre heures.

— Ah ! voilà cependant quelqu'un qui s'explique franchement ; voici un plan précis. Qu'en dites-vous, monsieur de Lambescq ?

— J'en dis, répondit dédaigneusement le prince, que monsieur le lieutenant des hussards est un général parfait.

— C'est au moins, dit la reine, qui voyait le jeune officier pâlir de colère, c'est au moins un soldat qui ne désespère point.

— Merci, madame, dit le jeune officier en s'inclinant. Je ne sais ce que décidera Sa Majesté, mais je la supplie de me compter au nombre de ceux qui sont prêts à mourir pour elle, et en cela je ne fais, je la prie de le croire, que ce que quarante mille soldats sont prêts à faire, sans compter nos chefs.

Et à ces dernier mots le jeune homme salua courtoisement le prince qui l'avait presqu'insulté.

Cette courtoisie frappa la reine plus encore que la protestation de dévouement qui l'avait précédée.

— Comment vous nommez-vous? monsieur, demanda-t-elle au jeune officier.

— Le baron de Charny, madame, répondit-il en s'inclinant.

— De Charny! s'écria Marie-Antoinette en rougissant malgré elle; êtes-vous donc parent du comte de Charny?

— Je suis son frère, madame.

Et le jeune homme s'inclina gracieusement plus bas qu'il ne l'avait fait encore.

— J'aurais dû, dit la reine, reprenant le dessus sur son trouble et jetant un regard assuré autour d'elle, j'aurais dû, aux premiers mots que vous avez prononcés, reconnaître un de mes plus fidèles serviteurs. Merci, baron; comment se fait-il que je vous voie à la cour pour la première fois?

— Madame, mon frère aîné, qui remplace notre père, m'a ordonné de rester au régiment, et, depuis sept ans que j'ai l'honneur de servir dans les armées du roi, je ne suis venu que deux fois à Versailles.

La reine attacha un long regard sur le visage du jeune homme.

— Vous ressemblez à votre frère, dit-elle. Je le gronderai d'avoir attendu que vous vous présentiez de vous-même à la cour.

Et la reine se retourna vers la comtesse, son amie, que toute cette scène n'avait pas tirée de son immobilité.

Mais il n'en était pas de même du reste de l'assemblée. Les officiers, électrisés par l'accueil que la reine venait de faire au jeune homme, exagéraient à qui mieux mieux l'enthousiasme pour la cause royale, et l'on entendait dans chaque groupe éclater les expressions d'un héroïsme capable de dompter la France entière.

Marie-Antoinette mit à profit ces dispositions qui flattaient évidemment sa secrète pensée.

Elle aimait mieux lutter que subir; mourir que céder. Aussi dès les premières nouvelles apportées de Paris, avait-elle conclu à une résistance opiniâtre contre cet esprit de rébellion qui menaçait d'engloutir toutes les prérogatives de la société française.

S'il est une force aveugle, une force insensée, c'est celle des chiffres et celle des espérances.

Un chiffre après lequel s'agglomèrent des zéros, dépasse bientôt toutes les ressources de l'univers.

Il en est de même des vœux d'un conspirateur ou d'un despote : sur les enthousiasmes basés eux-mêmes sur d'imperceptibles espérances, s'échafaudent des pensées gigantesques plus vite évaporées par un souffle qu'elles n'avaient mis de temps à se gonfler et à se condenser en brouillard.

Sur ces quelques mots prononcés par le comte de Charny, sur le hourrah d'enthousiasme poussé par les assistans, Marie-Antoinette se vit en perspective à la tête d'une puissante armée; elle entendait rouler ses canons inoffensifs, et se réjouissait de l'effroi qu'ils devaient inspirer aux Parisiens, comme d'une victoire décisive.

Autour d'elle, hommes et femmes, ivres de jeunesse, de confiance et d'amour, énuméraient ces brillans hussards, ces lourds dragons, ces Suisses terribles, ces canonniers bruyans, et riaient de ces grossières piques emmanchées de bois brut, sans penser qu'au bout de ces armes viles devaient se dresser les plus nobles têtes de la France

— Moi, murmura la princesse de Lamballe, j'ai plus peur d'une pique que d'un fusil.

— Parce que c'est plus laid, ma chère Thérèse, répliqua en riant la reine. Mais, en tous cas, rassure-toi. Nos piquiers parisiens ne valent pas les fameux piquiers suisses de Morat, et les Suisses aujourd'hui ont plus que des piques, ls ont de bons mousquets dont ils tirent fort juste, Dieu merci !

— Oh ! quant à cela, j'en réponds, dit monsieur de Bezenval.

La reine se retourna encore une fois vers madame de Polignac pour voir si toutes ses assurances lui rendraient sa tranquillité ; mais la comtesse paraissait plus pâle et plus tremblante que jamais.

La reine, dont la tendresse extrême faisait souvent à cette

amie le sacrifice de la dignité royale, sollicita vainement une plus riante physionomie.

La jeune femme demeura sombre, et paraissait absorbée dans les plus douloureuses pensées.

Mais ce découragement n'avait d'autre influence que d'attrister la reine. L'enthousiasme se maintenait au même diapason parmi les jeunes officiers, et tous ensemble, en dehors des chefs principaux, réunis autour de leur camarade, le comte de Charny, ils dressaient leur plan de bataille.

Au milieu de cette animation fébrile, le roi entra seul, sans huissiers, sans ordres, et souriant.

La reine, toute brûlante des émotions qu'elle venait de soulever autour d'elle, s'élança au devant de lui.

A l'aspect du roi, toute conversation avait cessé, le silence le plus profond s'était fait; chacun attendait un mot du maître, un de ces mots qui électrisent et subjuguent.

Quand les vapeurs sont suffisamment chargées de l'électricité, le moindre choc, on le sait, détermine l'étincelle.

Aux yeux des courtisans, le roi et la reine, marchant au devant l'un de l'autre, étaient les deux puissances électriques d'où devait jaillir la foudre.

On écoutait, on frémissait, on aspirait les premières paroles qui devaient sortir de la bouche royale.

— Madame, dit Louis XVI, au milieu de tous ces événemens on a oublié de me servir mon souper chez moi; faites-moi le plaisir de me donner à souper ici.

— Ici ! s'écria la reine stupéfaite.

— Si vous le voulez bien?

— Mais... Sire...

— Vous causiez, c'est vrai. Eh bien ! mais en soupant je causerai.

Ce simple mot, souper, avait glacé tous les enthousiasmes. Mais, à ces dernières paroles : en soupant nous causerons, la jeune reine elle-même ne put croire que tant de calme ne cachât pas un peu d'héroïsme.

Le roi voulait sans doute, par sa tranquillité, imposer à toutes les terreurs de la circonstance.

Oh ! oui. La fille de Marie-Thérèse ne pouvait croire, dans

un pareil moment, que le fils de saint Louis demeurât soumis aux besoins matériels de la vie ordinaire.

Marie-Antoinette se trompait. Le roi avait faim, voilà tout.

XXVI.

COMMENT LE ROI SOUPA LE 14 JUILLET 1789.

Sur un mot de Marie-Antoinette, le roi fut servi sur une petite table, dans le cabinet même de la reine.

Mais il arriva alors tout le contraire de ce qu'espérait la princesse. Louis XVI fit faire silence, mais ce fut seulement pour n'être point distrait de son souper.

Tandis que Marie-Antoinette s'efforçait de réchauffer l'enthousiasme, le roi dévorait.

Les officiers ne trouvèrent point cette séance gastronomique digne d'un descendant de saint Louis, et formèrent des groupes dont les intentions n'étaient peut-être pas aussi respectueuses que les circonstances le commandaient.

La reine rougit, son impatience se décelait dans tous ses mouvemens. Cette nature fine, aristocratique, nerveuse, ne pouvait comprendre cette domination de la matière sur l'esprit. Elle se rapprocha du roi pour ramener à la table ceux qui s'en éloignaient.

— Sire, dit-elle, n'avez-vous pas des ordres à donner ?

— Ah! ah! dit le roi la bouche pleine, quels ordres, madame? Voyons, serez-vous notre Égérie en ce moment difficile?

Et, tout en disant ces mots, il attaqua bravement un perdreau truffé.

— Sire, dit la reine, Numa était un roi pacifique. Or, aujourd'hui, on pense généralement que c'est un roi belliqueux dont nous avons besoin, et que si Votre Majesté doit se modeler sur l'antiquité, ne pouvant pas être Tarquin, il faut qu'elle soit Romulus.

Le roi sourit avec une tranquillité qui tenait presque de la béatitude.

— Est-ce que ces messieurs sont belliqueux aussi? demanda-t-il.

Et il se retourna vers le groupe d'officiers, et son œil, animé par la chaleur du repas, parut aux assistans resplendissant de courage.

— Oui, sire! crièrent-ils tous d'une voix, la guerre! nous ne demandons que la guerre!

— Messieurs, messieurs! dit le roi, vous me faites, en vérité, le plus grand plaisir, en me prouvant que, dans l'occasion, je pourrais compter sur vous. Mais j'ai, pour le moment, un conseil et un estomac : le premier me conseillera ce que je dois faire, le second me conseille ce que je fais.

Et il se mit à rire, en tendant, à l'officier qui le servait, son assiette pleine de débris pour en prendre une blanche.

Un murmure de stupeur et de colère passa comme un frisson dans cette foule de gentilshommes qui, sur un signe du roi, eussent répandu tout leur sang.

La reine se détourna et frappa du pied.

Le prince de Lambescq vint à elle.

— Voyez-vous, madame, dit-il, Sa Majesté pense sans doute comme moi que mieux vaut attendre. C'est de la prudence, et quoique ce ne soit pas la mienne, malheureusement la prudence est une vertu nécessaire par le temps où nous vivons.

— Oui, monsieur, oui, c'est une vertu fort nécessaire, dit la reine en se mordant les lèvres jusqu'au sang.

Et triste jusqu'à la mort, elle alla s'adosser à la cheminée, l'œil perdu dans la nuit, l'âme noyée dans le désespoir.

Cette double disposition du roi et de la reine frappa tout le monde. La reine retenait ses larmes à grand'peine. Le roi continuait de souper avec cet appétit proverbial de la famille des Bourbons.

Aussi, peu à peu le vide se fit dans la salle. Les groupes se fondirent comme, aux rayons du soleil, fond la neige dans les jardins, la neige sous laquelle alors paraît de place en place la terre noire et désolée.

La reine, en voyant s'évanouir ce groupe belliqueux sur lequel elle avait si fort compté, la reine crut voir se dissiper toute sa puissance, ainsi que jadis avaient fondu sous le souffle du Seigneur ces vastes armées d'Assyriens ou d'Amalécites, qu'une nuit ou qu'une mer engloutissaient à jamais dans leurs abîmes.

Elle fut réveillée de cette espèce de torpeur par la douce voix de la comtesse Jules, qui s'approchait d'elle avec madame Diane de Polignac, sa belle-sœur.

Au son de cette voix, l'avenir proscrit, le doux avenir, reparut, avec ses fleurs et ses palmes, dans le cœur de cette femme orgueilleuse : une amie sincère et véritablement dévouée valait plus que dix royaumes.

— Oh ! toi, toi, murmura-t-elle en serrant la comtesse Jules dans ses bras ; il me reste donc une amie.

Et les larmes, longtemps retenues dans ses yeux, s'échappèrent de ses paupières, roulèrent le long de ses joues, et inondèrent sa poitrine ; mais, au lieu d'être amères, ces larmes étaient douces; au lieu de l'oppresser, elles dégonflaient son sein.

Il se fit un instant de silence pendant lequel la reine continuait de tenir la comtesse entre ses bras.

Ce fut la duchesse qui, tout en tenant sa belle-sœur par la main, rompit le silence.

— Madame, dit-elle d'une voix si timide qu'elle était presque honteuse, je ne crois pas que Votre Majesté blâme le projet que je vais lui soumettre.

— Quel projet ? demanda la reine attentive, parlez, duchesse, parlez.

Et tout en s'apprêtant à écouter la duchesse Diane, la reine s'appuya sur l'épaule de sa favorite, la comtesse.

— Madame, continua la duchesse, l'opinion que je vais émettre vient d'une personne dont l'autorité ne sera point suspecte à Votre Majesté; elle vient de Son Altesse Royale Madame Adélaïde, tante du roi.

— Que de préambules, chère duchesse, dit gaîment la reine ; voyons, au fait !

— Madame, les circonstances sont tristes. On a beaucoup exagéré la faveur dont jouit notre famille près de Votre

Majesté. La calomnie souille l'auguste amitié que vous daignez nous accorder en échange de notre respectueux dévouement.

— Eh bien ! duchesse, dit la reine avec un commencement d'étonnement, est-ce que vous ne trouvez point que j'aie été assez brave ? Est-ce que contre l'opinion, contre la cour, contre le peuple, contre le roi lui-même, est-ce que je n'ai point soutenu vaillamment mes amitiés?

— Oh! madame, au contraire, et Votre Majesté a si noblement soutenu ses amis qu'elle a opposé sa poitrine à tous les coups, en sorte qu'aujourd'hui que le péril est grand, terrible même, les amis si noblement défendus par Votre Majesté seraient des lâches et des mauvais serviteurs, s'ils ne rendaient pas la pareille à leur reine.

— Ah! c'est bien, c'est beau! fit Marie-Antoinette avec enthousiasme en embrassant la comtesse, qu'elle tenait toujours serrée contre sa poitrine, et en serrant la main de madame de Polignac.

Mais toutes deux pâlirent au lieu de relever fièrement la tête sous cette caresse de leur souveraine.

Madame Jules de Polignac fit un mouvement pour se dégager des bras de la reine, mais celle-ci la retint malgré elle sur son cœur.

— Mais, balbutia madame Diane de Polignac, Votre Majesté ne comprend peut-être pas bien ce que nous avons l'honneur de lui annoncer pour détourner les coups qui menacent son trône, sa personne, peut-être à cause de l'amitié dont elle nous honore. Il est un moyen douloureux, un sacrifice amer à nos cœurs, mais nous le devons subir, il nous est commandé par la nécessité.

A ces mots, ce fut au tour de la reine à pâlir, car elle ne sentait plus l'amitié vaillante et fidèle, mais la peur, sous cet exorde et sous le voile de cette réserve timide.

— Voyons, dit-elle, parlez. Parlez, duchesse, quel est ce sacrifice?

— Oh! le sacrifice est tout entier pour nous, madame, répondit celle-ci. Nous sommes, Dieu sait pourquoi, exécrées en France ; en dégageant votre trône, nous lui rendrons tout l'éclat, toute la chaleur de l'amour du peuple, amour éteint ou intercepté par notre présence.

— Vous éloigner? s'écria la reine avec explosion; qui a dit cela? qui a demandé cela?

Et elle regarda éperdue, et en la repoussant doucement de la main, la comtesse Jules qui baissait la tête.

— Pas moi, dit la comtesse Jules; moi, au contraire, je demande à rester.

Mais ces paroles étaient prononcées d'un ton qui voulait dire : Ordonnez-moi de partir, madame, et je partirai.

O sainte amitié, sainte chaîne qui peut faire d'une reine et d'une servante deux cœurs indissolublement unis! O sainte amitié! qui fais plus d'héroïsme que l'amour, que l'ambition, ces nobles maladies du cœur humain! Cette reine brisa tout à coup l'autel adoré qu'elle t'avait élevé dans son cœur; elle n'eut besoin que d'un regard, d'un seul, pour voir ce que depuis dix ans elle n'avait pas aperçu : froideur et calcul, excusables, justifiables, légitimes peut-être; mais quelque chose excuse-t-il, justifie-t-il, légitime-t-il l'abandon aux yeux de celui des deux qui aime encore, lorsque l'autre cesse d'aimer?

Marie-Antoinette ne se vengea de la douleur qu'elle éprouvait que par le regard glacé dont elle enveloppa son amie.

— Ah! duchesse Diane, voilà votre avis! dit-elle en étreignant sa poitrine avec sa main fiévreuse.

— Hélas! madame, répondit celle-ci, ce n'est point mon choix; ce n'est point ma volonté qui me dicte ce que j'ai à faire, c'est l'ordre du Destin.

— Oui, duchesse, fit Marie-Antoinette.

Et se retournant vers la comtesse Jules :

— Et vous, comtesse, vous dites donc?

La comtesse répondit par une larme brûlante comme un remords, mais toute sa force s'était épuisée dans l'effort qu'elle avait fait.

— Bien, dit la reine, bien; il m'est doux de voir combien je suis aimée. Merci, ma comtesse; oui, vous courez ici des dangers, oui, la rage de ce peuple ne connaît plus de frein; oui, vous avez toutes raison, et moi seule j'étais folle. Vous demandez à rester, c'est du dévouement ; mais je n'accepte pas ce dévouement.

La comtesse Jules leva ses beaux yeux sur la reine. Mais la reine, au lieu d'y lire le dévouement de l'amie, n'y lut que la faiblesse de la femme.

— Ainsi, duchesse, reprit la reine, vous êtes décidée à partir, vous ?

Et elle appuya sur ce mot vous.

— Oui, Votre Majesté.

— Sans doute pour quelqu'une de vos terres..... éloignée..... fort éloignée,.....

— Madame, pour partir, pour vous quitter, cinquante lieues sont aussi douloureuses à franchir que cent cinquante.

— Mais vous allez donc à l'étranger ?

— Hélas ! oui, madame.

Un soupir déchira le cœur de la reine, mais ne sortit pas de ses lèvres.

— Et où allez-vous ?

— Sur les bords du Rhin, madame.

— Bien. Vous parlez allemand, comtesse, dit la reine avec un sourire d'une indéfinissable tristesse, et c'est moi qui vous l'ai appris. L'amitié de votre reine vous aura, du moins, servi à cela, et j'en suis heureuse.

Se retournant alors vers la comtesse Jules :

— Je ne veux pas vous séparer, ma chère duchesse, dit-elle. Vous désirez rester, et j'apprécie ce désir. Mais, moi, moi qui crains pour vous, je veux que vous partiez, je vous ordonne de partir !

Et elle s'arrêta en cet endroit, étouffée par des émotions que, malgré son héroïsme, elle n'eût peut-être pas eu la force de contenir, si tout à coup la voix du roi, qui n'avait pris aucune part à tout ce que nous venons de raconter, n'avait retenti à son oreille.

Sa Majesté en était au dessert.

— Madame, disait le roi, il y a quelqu'un chez vous ; on vous avertit.

— Mais, sire, s'écria la reine, abjurant tout autre sentiment que celui de la dignité royale, d'abord vous avez des ordres à donner. Voyez, il n'est resté ici que trois personnes ; mais ce sont celles à qui vous avez affaire : monsieur de Lambescq, monsieur de Bezenval et monsieur de Broglie. Des ordres, sire, des ordres!

Le roi leva un œil alourdi, hésitant.

— Que pensez-vous de tout cela, monsieur de Broglie ? dit-il.

— Sire, répondit le vieux maréchal, si vous éloignez votre armée de la présence des Parisiens, on dira que les Parisiens l'ont battue. Si vous les laissez en présence, il faut que votre armée les batte.

— Bien dit! s'écria la reine en serrant la main du maréchal.

— Bien dit! fit monsieur de Bezenval.

Le prince de Lambescq seul se contenta de secouer la tête.

— Eh bien! après? dit le roi.

— Commandez : Marche! dit le vieux maréchal.

— Oui... marche! s'écria la reine.

— Allons! puisque vous le voulez tous : marche! dit le roi.

En ce moment, on remit à la reine un billet qui contenait ce qui suit :

« Au nom du ciel! madame, pas de précipitation! J'attends une audience de Votre Majesté. »

— Son écriture! murmura la reine.

Puis se retournant :

— Est-ce que monsieur de Charny est chez moi ? demanda-t-elle.

— Il arrive tout poudreux, et je crois même tout sanglant, répondit la confidente.

— Un moment, messieurs, fit la reine à monsieur de Bezenval et à monsieur de Broglie; attendez-moi ici, je reviens.

Et elle passa chez elle en toute hâte.

Le roi n'avait pas remué la tête.

XXVII.

OLIVIER DE CHARNY.

La reine, en entrant dans son boudoir, y trouva celui qui avait écrit le billet apporté par sa femme de chambre.

C'était un homme de trente-cinq ans, d'une haute taille, d'un visage accusant la force et la résolution ; son œil gris bleu, vif et perçant comme celui de l'aigle, son nez droit, son menton fortement accusé, donnaient à sa physionomie un caractère martial, rehaussé par l'élégance avec laquelle il portait l'habit de lieutenant aux gardes-du-corps.

Ses mains tremblaient encore sous ses manchettes de batiste déchirées et froissées.

Son épée avait été tordue et rentrait mal dans le fourreau.

A l'arrivée de la reine, le personnage marchait précipitamment dans le boudoir, en proie à mille pensées de fièvre et d'agitation.

Marie-Antoinette marcha droit à lui.

— Monsieur de Charny ! s'écria-t-elle ; monsieur de Charny, vous ici !

Et voyant que celui qu'elle interpellait ainsi s'inclinait respectueusement, selon l'étiquette, elle fit un signe à la femme de chambre, qui se retira en fermant les portes.

La reine donna à la porte à peine le temps de se fermer, et, saisissant la main de monsieur de Charny avec force :

— Comte, s'écria-t-elle, pourquoi êtes-vous ici ?

— Parce que j'ai cru que c'était mon devoir d'y venir, madame, dit le comte.

— Non ; votre devoir, c'était de fuir Versailles ; c'était de faire ce qui était convenu ; c'était de m'obéir ; c'était de faire enfin comme tous mes amis,— qui ont eu peur de ma fortune. — Votre devoir, c'est de ne rien sacrifier à mon destin; votre devoir, c'est de vous éloigner de moi.

— De m'éloigner de vous! dit-il.

— Oui, de me fuir.

— De vous fuir! Et qui donc vous fuit, madame?.

— Ceux qui sont sages.

— Je crois être bien sage, madame, et voilà pourquoi je suis venu à Versailles.

— Et d'où arrivez-vous?

— De Paris.

— De Paris révolté?

— De Paris, bouillant, ivre, ensanglanté.

La reine mit ses deux mains sur son visage.

— Oh! dit-elle, pas un, même vous, ne viendra donc pour m'annoncer une bonne nouvelle.

— Madame, dans les circonstances où nous sommes, demandez à vos messagers de ne vous annoncer qu'une chose : la vérité.

— Et c'est la vérité que vous venez de me dire?

— Comme toujours, madame.

— Vous êtes une âme honnête, monsieur, un brave cœur.

— Je suis un sujet fidèle, madame, voilà tout.

— Eh bien! grâce pour le moment, mon ami, ne me dites pas un mot. Vous arrivez au moment où mon cœur se brise; mes amis, pour la première fois, m'accablent aujourd'hui avec cette vérité que vous, vous m'avez toujours dite. Oh! cette vérité, comte, il était impossible de me la taire plus longtemps; elle éclate dans tout; dans le ciel qui est rouge, dans l'air qui s'emplit de bruits sinistres, dans la physionomie des courtisans, qui sont pâles et sérieux. Non! non! comte, pour la première fois de votre vie, ne me dites pas la vérité.

Le comte regarda la reine à son tour.

— Oui, oui, dit-elle, vous qui me savez brave, vous vous étonnez, n'est-ce pas? Oh! vous n'êtes pas au bout de vos surprises, allez.

Monsieur de Charny laissa échapper un geste interrogateur.

— Vous verrez tout à l'heure, dit la reine avec un sourire nerveux.

— Votre Majesté souffre? demanda le comte.

— Non! non! monsieur, venez vous asseoir près de moi, et plus un mot sur toute cette affreuse politique... Tâchez que j'oublie.

Le comte obéit avec un triste sourire.

Marie-Antoinette posa sa main sur son front.

— Votre front brûle, dit-elle.

— Oui, j'ai un volcan dans la tête.

— Votre main est glacée.

Et elle pressa la main du comte entre les deux siennes.

— Mon cœur est touché du froid de la mort, dit-il

— Pauvre Olivier! je vous l'avais bien dit, oublions. Je ne suis plus reine; je ne suis plus menacée; je ne suis plus haïe. Non, je ne suis plus reine. Je suis femme, voilà tout. L'univers, qu'est-ce pour moi. Un cœur qui m'aime, cela me suffirait.

Le comte se mit à genoux devant la reine, et lui baisa les pieds avec ce respect que les Egyptiens avaient pour la déesse Isis.

— Oh! comte, mon seul ami, dit la reine en essayant de le relever, savez-vous ce que me fait la duchesse Diane?

— Elle émigre, répondit Charny sans hésiter.

— Il a deviné, s'écria Marie-Antoinette; il a deviné! Hélas! on pouvait donc deviner cela?

— Oh! mon Dieu! oui, madame, répondit le comte; tout peut s'imaginer en ce moment.

— Mais vous et les vôtres, s'écria la reine, pourquoi n'émigrez-vous pas, puisque c'est chose si naturelle?

— Moi, d'abord, madame, je n'émigre point, parce que je suis profondément dévoué à Votre Majesté, et que je me suis promis, non pas à elle, mais à moi-même, de ne pas la quitter un seul instant pendant l'orage qui se prépare. Mes frères n'émigreront pas, parce que ma conduite sera l'exemple sur lequel ils régleront la leur; enfin, madame de Charny n'émigrera pas, parce qu'elle aime sincèrement, je le crois du moins, Votre Majesté.

— Oui, Andrée est un cœur très noble, dit la reine avec une froideur visible.

— Voilà pourquoi elle ne quittera point Versailles, répondit monsieur de Charny.

— Alors, je vous aurai toujours près de moi, dit la reine de ce même ton glacial, qui était nuancé, pour ne laisser sentir que sa jalousie ou son dédain.

— Votre Majesté m'a fait l'honneur de me nommer lieutenant des gardes, dit le comte de Charny; mon poste est à Versailles; je n'eusse point quitté mon poste si Votre Majesté ne m'avait donné la garde des Tuileries. C'est un exil nécessaire, m'a dit la reine, et je suis parti pour cet exil. Or, dans tout cela, Votre Majesté le sait, madame la comtesse de Charny ne m'a pas plus improuvé qu'elle n'a été consultée.

— C'est vrai, répondit la reine toujours glacée.

— Aujourd'hui, continua le comte avec intrépidité, je crois que mon poste n'est plus aux Tuileries, mais à Versailles. Eh bien! n'en déplaise à la reine, j'ai violé ma consigne, choisissant ainsi mon service, et me voici. Que madame de Charny ait ou n'ait pas peur des événemens, qu'elle veuille ou ne veuille pas émigrer, moi je reste auprès de la reine... à moins que la reine ne brise mon épée : auquel cas, n'ayant plus le droit de combattre et de mourir pour elle sur le parquet de Versailles, j'aurai toujours celui de me faire tuer à la porte, sur le pavé.

Le jeune homme prononça si vaillamment, si loyalement ces mots simples et partis du cœur, que la reine tomba du haut de son orgueil, retraite derrière laquelle elle venait de cacher un sentiment plus humain que royal.

— Comte, dit-elle, ne prononcez jamais ce mot, ne dites pas que vous mourrez pour moi, car, en vérité, je sais que vous le ferez comme vous le dites.

— Oh! je le dirai toujours, au contraire! s'écria monsieur de Charny. Je le dirai à tous et en tous lieux; je le dirai comme je le ferai, parce que le temps est venu, j'en ai bien peur, où doivent mourir tous ceux qui ont aimé les rois de la terre.

— Comte ! comte ! qui donc vous donne ce fatal pressentiment?

— Hélas ! madame, répondit Charny en secouant la tête, et moi aussi, à l'époque de cette fatale guerre d'Amérique, j'ai été atteint comme les autres de cette fièvre d'indépendance qui a couru par toute la société. Moi aussi, j'ai voulu prendre une part active à l'émancipation des esclaves, comme on disait à cette époque, et je me suis fait recevoir maçon; je me suis affilié à une société secrète, avec les Lafayette, les Lameth. Savez-vous quel était le but de cette société? madame, la destruction des trônes. Savez-vous quelle était la devise? trois lettres : L, P. D.

— Et que voulaient dire ces trois lettres?

— *Lilia pedibus destrue* ; Foulez aux pieds les lis.

— Alors, qu'avez-vous fait?

— Je me suis retiré avec honneur ; mais, pour un qui se retirait, vingt se faisaient recevoir. Eh bien ! ce qui arrive aujourd'hui, madame, c'est le prologue du grand drame qui se prépare en silence et dans la nuit depuis vingt ans, à la tête des hommes qui remuent Paris, qui gouvernent l'Hôtel-de-Ville, qui occupent le Palais-Royal, qui ont pris la Bastille. J'ai reconnu les figures de mes anciens frères les affiliés. Ne vous y trompez pas, madame, tous ces accidens qui viennent de s'accomplir, ce ne sont point des accidens du hasard : ce sont des soulèvemens préparés de longue main.

— Oh ! vous croyez ! vous croyez, mon ami ! s'écria la reine en fondant en larmes.

— Ne pleurez pas, madame, comprenez, dit le comte.

— Que je comprenne ! que je comprenne ! continua Marie-Antoinette ; que moi la reine, que moi la maîtresse née de vingt-cinq millions d'hommes, que je comprenne, quand ces vingt-cinq millions de sujets faits pour m'obéir, se révoltent et me tuent mes amis ! Non, jamais je ne comprendrai cela.

— Il faut cependant bien que vous le compreniez, madame ; car à ces sujets, à ces hommes nés pour vous obéir, du moment où cette obéissance leur pèse, vous êtes devenue une ennemie, et en attendant qu'ils aient la force de vous dévorer, ce à quoi ils aiguisent leurs dents affamées, ils dévoreront vos amis, détestés plus que vous encore.

— Et peut-être allez-vous trouver qu'ils ont raison, vous, monsieur le philosophe ? s'écria impérieusement la reine, l'œil dilaté, les narines frémissantes.

— Hélas ! oui, madame, ils ont raison, dit le comte de sa voix douce et affectueuse, car lorsque je me promène par les boulevards avec mes beaux chevaux anglais, mon habit d'or et mes gens galonnés de plus d'argent qu'il n'en faudrait pour nourrir trois familles, votre peuple, c'est-à-dire ces vingt-cinq millions d'hommes affamés, se demandent en quoi je les sers, moi qui ne suis qu'un homme pareil à eux.

— Vous les servez, comte, avec ceci, s'écria la reine en saisissant la poignée de l'épée du comte, vous les servez avec cette épée que votre père a maniée en héros à Fontenoy, votre grand-père à Steinkerque, votre aïeul à Lens et à Rocroy, vos ancêtres à Ivry, à Marignan, à Azincourt. La noblesse sert le peuple français par la guerre ; par la guerre, la noblesse a gagné, au prix de son sang, l'or qui chamarre ses habits, l'argent qui couvre ses livrées. Ne vous demandez donc plus, Olivier, en quoi vous servez le peuple, vous qui maniez à votre tour, en brave, cette épée que vous ont léguée vos pères !

— Madame ! madame, dit le comte en secouant la tête, ne parlez pas tant du sang de la noblesse ; le peuple aussi a du sang dans les veines ; allez en voir les ruisseaux coulans sur la place de la Bastille ; allez compter ses morts étendus sur le pavé rougi, et sachez que leur cœur, qui ne bat plus, a battu aussi noblement que celui d'un chevalier le jour où vos canons tonnaient contre lui ; le jour où, brandissant une arme nouvelle pour sa main inhabile, il chantait sous la mitraille, ce que ne font pas toujours nos plus braves grenadiers. Eh ! madame ; eh ! ma reine, ne me regardez point, je vous en supplie, avec cet œil courroucé. Qu'est-ce qu'un grenadier ? C'est un habit bleu chamarré sur ce cœur dont je vous parlais tout à l'heure. Qu'importe au boulet qui troue et qui tue que le cœur soit couvert de drap bleu ou d'un lambeau de toile ; qu'importe au cœur qui se brise que la cuirasse qui le protégeait soit de toile ou de drap? Le temps est venu de songer à tout cela, madame; vous n'avez plus vingt-cinq millions d'esclaves en France ; vous n'avez plus vingt-cinq millions de sujets, vous n'avez même plus vingt-cinq millions d'hommes, vous avez vingt-cinq millions de soldats.

— Qui combattront contre moi, comte?

— Oui, contre vous, car ils combattent pour la liberté, et vous êtes entre eux et la liberté.

Un long silence succéda aux paroles du comte. La reine le rompit la première.

— Enfin, dit-elle, cette vérité que je vous suppliais de ne pas me dire, voilà donc que vous me l'avez dite.

— Hélas! madame, répondit Charny, sous quelque forme que mon dévouement la cache, sous quelque voile que mon respect l'étouffe, malgré moi, malgré vous, regardez, écoutez, sentez, touchez, pensez, rêvez! la vérité est là, madame, éternellement là, et vous ne la séparerez plus de vous-même, quelques efforts que vous fassiez! Dormez, dormez pour l'oublier, et elle s'asseoira au chevet de votre lit, et ce sera le fantôme de vos rêves, la réalité de votre réveil.

— Oh! comte, dit fièrement la reine, je sais un sommeil qu'elle ne troublera point.

— Celui-là, madame, dit Olivier, je ne le crains pas plus que Votre Majesté, et peut-être que je le désire autant qu'elle.

— Oh! fit la reine avec désespoir, à votre avis, c'est donc notre seul refuge.

— Oui; mais ne précipitons rien, madame, ne marchons pas plus vite que les ennemis, car nous allons tout droit à ce sommeil par les fatigues que nous font tant de jours d'orage.

Et un nouveau silence, plus sombre encore que le premier, pesa sur les deux interlocuteurs.

Ils étaient assis, lui près d'elle, elle près de lui. Ils se touchaient, et cependant entre eux il y avait un abîme immense; leur pensée, leur pensée qui courait divisée sur les vagues de l'avenir.

La reine revint la première au sujet de l'entretien, mais par un détour. Elle regarda fixement le comte. Puis :

— Voyons, monsieur, dit-elle, un dernier mot sur nous ; et... et vous me direz tout, tout, tout, tout, entendez-vous bien.

— J'écoute, madame.

— Vous me jurez que vous n'êtes venu ici que pour moi ?

— Oh ! vous en doutez !

— Vous me jurez que madame de Charny ne vous a point écrit ?

— Elle ?

— Ecoutez : Je sais qu'elle allait sortir ; je sais qu'elle avait une idée dans l'esprit... Jurez-moi, comte, que ce n'est point pour elle que vous êtes revenu.

En ce moment on frappa, ou plutôt on gratta à la porte.

— Entrez, dit la reine.

La femme de chambre reparut,

— Madame, dit-elle, le roi a soupé.

Le marquis regarda Marie-Antoinette avec étonnement.

— Eh bien ! dit-elle en haussant les épaules, qu'y a-t-il d'étonnant à cela ? Ne faut-il pas que le roi soupe ?

Olivier fronça le sourcil.

— Dites au roi, répliqua la reine sans se déranger, que je reçois des nouvelles de Paris, et que j'irai lui en faire part quand je les aurai reçues.

Puis, se retournant vers Charny :

— Continuons, dit-elle ; maintenant que le roi a soupé, il est juste qu'il digère.

XXVIII.

OLIVIER DE CHARNY.

Cette interruption n'avait apporté qu'une suspension momentanée dans la conversation, mais n'avait altéré en rien le double sentiment de jalousie qui animait la reine en ce moment ; jalousie d'amour comme femme, jalousie de pouvoir comme reine.

Il en résultait que la conversation, qui semblait épuisée dans cette première période, n'avait été au contraire qu'effleurée, et qu'elle allait se ranimer plus incisive que jamais, comme dans une bataille, après la cessation du premier feu qui a engagé l'action sur quelques points, reprend sur toute la ligne le feu général qui la décide.

Le comte semblait, au reste, les choses arrivées à ce point, aussi pressé que la reine d'avoir une explication ; aussi, la porte refermée, fut-ce lui qui s'empara le premier de la parole.

— Vous me demandiez si c'était pour madame de Charny que j'étais revenu, dit-il. Votre Majesté a-t-elle donc oublié que des engagemens ont été pris entre nous, et que je suis un homme d'honneur ?

— Oui, dit la reine en penchant la tête, oui des engagemens ont été pris, oui vous êtes un homme d'honneur, oui vous avez juré de vous immoler à mon bonheur, et c'est ce serment qui me dévore, car en vous immolant à mon bonheur, vous immolez en même temps une femme belle et d'un caractère noble... un crime de plus.

— Oh ! madame, voilà maintenant que vous exagérez l'accusation. Avouez seulement que j'ai tenu ma parole en honnête homme.

— C'est vrai, je suis insensée, pardonnez-moi.

— N'appelez pas un crime ce qui est né du hasard et de la nécessité. Nous avons déploré tous deux ce mariage, qui seul pouvait mettre à couvert l'honneur de la reine. Ce mariage, il ne s'agit plus que de le subir comme je le fais depuis quatre ans.

— Oui, s'écria la reine. Mais croyez-vous que je ne voie pas votre douleur, que je ne comprenne pas votre chagrin, qui se traduisent sous la forme du plus profond respect ? Croyez-vous que je ne voie pas tout ?

— Par grâce, madame, fit le comte en s'inclinant, faites-moi part de ce que vous voyez, afin que si je n'ai point assez souffert moi-même et assez fait souffrir les autres, je double la somme des maux pour moi et pour tout ce qui m'entoure, bien assuré que je suis d'être éternellement au-dessous de ce que je vous dois.

La reine étendit la main vers le comte. La parole de cet homme avait une puissance irrésistible, comme tout ce qui émane d'un cœur sincère et passionné.

— Ordonnez donc, madame, reprit-il, je vous en conjure, ne craignez pas d'ordonner.

— Oh! oui, oui, je le sais bien, j'ai tort; oui, pardonnez-moi; oui, c'est vrai. Mais si vous avez quelque part une idole cachée à qui vous offrez un encens mystérieux; si pour vous il est dans un coin du monde une femme adorée... Oh ! je n'ose plus prononcer ce mot, il me fait peur, et j'en doute quand les syllabes dont il se compose frappent l'air et vibrent à mon oreille. Eh bien ! si cela existe, caché à tous, n'oubliez pas que vous avez devant tous, que vous avez publiquement pour les autres et aussi pour vous-même, une femme jeune et belle, que vous entourez de soins, d'assiduités ; une femme qui s'appuie sur votre bras, et qui, en s'appuyant sur votre bras, s'appuie en même temps sur votre cœur.

Olivier fronça le sourcil, et les lignes si pures de son visage s'altérèrent un instant.

— Que demandez-vous, madame, dit-il; est-ce que j'éloigne la comtesse de Charny? Vous vous taisez; c'est donc cela? Eh bien ! je suis prêt à obéir à cet ordre ; mais, vous le savez, elle est seule au monde! Elle est orpheline ; son père, le baron de Taverney, est mort l'an dernier comme un digne gentilhomme du vieux temps, qui ne veut pas voir ce qui se passe dans le nôtre. Son frère, vous savez que son frère Maison-Rouge apparaît une fois l'an tout au plus, vient embrasser sa sœur, saluer Votre Majesté, et s'en va sans que nul sache ce qu'il devient.

— Oui, je sais tout cela.

— Réfléchissez, madame, que cette comtesse de Charny, si Dieu m'appelait à lui, pourrait reprendre aujourd'hui son nom de jeune fille, sans que le plus pur des anges du ciel surprît dans ses rêves, dans sa pensée, un mot, un nom, un souvenir de femme.

— Oh ! oui, oui, dit la reine, je sais que votre Andrée est un ange sur la terre, je sais qu'elle mérite d'être aimée. Voilà pourquoi je pense que l'avenir est à elle, tandis qu'il m'échappe à moi. Oh ! non, non. Tenez, comte, tenez, je vous en conjure, plus un mot. Je ne vous parle pas en reine, pardonnez-moi. Je me suis oubliée, mais que voulez-vous ?... Il y a dans mon âme une voix qui chante toujours le bonheur, la joie, l'amour, à côté de ces sinistres voix qui murmurent le malheur, la guerre, la mort. C'est la voix de ma jeunesse, à laquelle je survis. Charny, pardonnez-moi, je ne serai plus jeune, je ne sourirai plus, je n'aimerai plus.

Et la malheureuse femme appuya ses yeux brûlans sur ses mains amaigries et effilées, et une larme de reine, un diamant glissa entre chacun de ses doigts.

Le comte, encore une fois, se laissa tomber à genoux.

— Madame, au nom du ciel, dit-il, ordonnez-moi de vous quitter, de fuir, de mourir, mais ne me laissez pas voir que vous pleurez.

Et le comte lui-même était près de sangloter en prononçant ces paroles.

— C'est fini, dit Marie-Antoinette en se relevant et en secouant doucement la tête avec un sourire plein de grâce.

Et d'un geste charmant elle jeta en arrière ses épais cheveux poudrés, qui s'étaient déroulés sur son cou d'une blancheur de cygne.

— Oui ! oui ! c'est fini, continua la reine ; je ne vous affligerai plus ; laissons là toutes ces folies. Mon Dieu ! c'est étrange que la femme soit si faible quand la reine a si grand besoin d'être forte. Vous venez de Paris ? n'est-ce pas. Causons. Vous m'avez dit des choses que j'ai oubliées ; c'était cependant bien sérieux ? n'est-ce pas, monsieur de Charny.

— Soit, madame, revenons à cela ; car, comme vous le dites, ce que j'ai à vous dire est bien sérieux ; oui, j'arrive de Paris, et j'ai assisté à la ruine de la royauté.

— J'avais raison de provoquer le sérieux, car vous me le donnez sans compter, monsieur de Charny. Une émeute heureuse, vous appelez cela la ruine de la royauté. Quoi !

parce que la Bastille a été prise, monsieur de Charny, vous dites que la royauté est abolie. Oh! vous ne réfléchissez pas que la Bastille n'a pris racine en France qu'au quatorzième siècle, et que la royauté a des racines de six mille ans par tout l'univers.

— Je voudrais pouvoir me faire illusion, madame, répondit le comte, et alors, au lieu d'attrister l'esprit de Votre Majesté, je proclamerais les plus consolantes nouvelles. Malheureusement, l'instrument ne rend pas d'autres sons que ceux pour lesquels il fut destiné.

— Voyons, voyons, je vais vous soutenir, moi qui ne suis qu'une femme ; je vais vous remettre sur le bon chemin.

— Hélas! je ne demande pas mieux.

— Les Parisiens sont révoltés, n'est-ce pas?

— Oui.

— Dans quelle proportion?

— Dans la proportion de douze sur quinze.

— Comment faites-vous ce calcul ?

— Oh! bien simplement ; le peuple entre pour douze quinzièmes dans le corps de la nation ; il reste deux quinzièmes pour la noblesse et un pour le clergé.

— Le calcul est exact, comte, et vous savez votre compte rendu sur le bout du doigt. Vous avez lu monsieur et madame de Necker?

— Monsieur Necker, oui, madame.

— Allons, le proverbe est bon, dit gaîment la reine : on n'est jamais trahi que par les siens. Eh bien! voici maintenant mon calcul, à moi. Voulez-vous l'entendre?

— Avec respect.

— Sur douze quinzièmes, six de femmes, n'est-ce pas?

— Oui, Votre Majesté. Mais...

— Ne m'interrompez pas. Nous disons six quinzièmes de femmes, reste à six ; deux de vieillards impotens ou indifférens, est-ce trop?

— Non.

— Reste à quatre quinzièmes, sur lesquels vous m'en accorderez bien deux de poltrons et de tièdes. Je flatte la nation française. Mais enfin reste deux quinzièmes ; je vous les accorde enragés, solides, vaillans et militaires. Ces deux quinzièmes, évaluons-les pour Paris, car pour la province, c'est inutile, n'est-ce pas? c'est Paris seulement qu'il s'agit de reprendre.

— Oui, madame, mais...

— Toujours mais... Attendez, vous répondrez plus tard.

Monsieur de Charny s'inclina.

— J'évalue donc, continua la reine, les deux quinzièmes de Paris à cent mille hommes ; le voulez-vous?

Cette fois, le marquis ne répondit pas.

La reine reprit :

— Eh bien! à ces cent mille hommes mal armés, indisciplinés, peu aguerris, hésitant parce qu'ils savent qu'ils font mal, j'oppose cinquante mille soldats connus dans toute l'Europe par leur bravoure, des officiers comme vous. monsieur de Charny: de plus, cette cause sacrée que l'on appelle le droit divin, et enfin mon âme, à moi, qu'il est facile d'attendrir, mais difficile de briser.

Le comte garda encore le silence.

— Croyez vous, continua la reine, que dans un combat livré sur ce terrain, deux hommes du peuple valent plus qu'un de mes soldats?

Charny se tut.

— Dites, répondez; le croyez-vous? s'écria la reine avec impatience.

— Madame, répondit enfin le comte, sortant, à l'ordre de la reine, de la respectueuse réserve où il s'était tenu : sur un champ de bataille où comparaîtraient ces cent mille hommes isolés, indisciplinés et mal armés comme ils sont, vos cinquante mille soldats les battraient en une demi-heure.

— Ah! fit la reine, j'ai donc raison.

— Attendez. Mais il n'en est pas comme vous le pensez. Et d'abord, vos cent mille révoltés de Paris sont cinq cent mille.

— Cinq cent mille?

— Tout autant. Vous avez négligé les femmes et les enfans dans votre calcul. Oh! reine de France! oh! femme courageuse et fière! comptez-les pour autant d'hommes, ces femmes de Paris : un jour viendra peut-être où elles vous forceront de les compter pour autant de démons.

— Que voulez-vous dire ? comte.

— Madame, savez-vous ce que c'est que le rôle d'une femme dans les guerres civiles? Non. Eh bien ! je m'en vais vous l'apprendre, et vous verrez que ce ne serait pas trop de deux soldats contre chaque femme.

— Comte, êtes-vous fou ?

Charny sourit tristement.

— Les avez-vous vues à la Bastille, demanda-t-il, sous le feu, au milieu des balles, criant aux armes, menaçant de leurs poings vos Suisses caparaçonnés en guerre, criant malédiction sur le cadavre des morts, avec cette voix qui fait bondir les vivans ? Les avez-vous vues, faisant bouillir la poix, roulant les canons, donnant aux combattans enivrés une cartouche, aux combattans timides une cartouche et un baiser? Savez-vous que sur le pont-levis de la Bastille il a passé autant de femmes que d'hommes, et qu'à cette heure, si les pierres de la Bastille s'écroulent, c'est sous le pic, manié par des mains de femmes? Ah ! madame, comptez les femmes de Paris, comptez-les, comptez aussi les enfans qui fondent les balles, qui aiguisent les sabres, qui jettent un pavé d'un sixième étage ; comptez-les, car la balle qu'un enfant aura fondue ira tuer de loin votre meilleur général; car le sabre qu'il aura aiguisé coupera les jarrets de vos chevaux de guerre ; car ce grès aveugle qui tombera du ciel écrasera vos dragons et vos gardes. Comptez les vieillards, madame, car s'ils n'ont plus la force de lever une épée, ils ont encore celle de servir de bouclier. A la Bastille, madame, il y avait des vieillards ; savez-vous ce qu'ils faisaient ces vieillards que vous ne comptez pas ? Ils se plaçaient devant les jeunes gens qui appuyaient leurs fusils sur leur épaule, de sorte que la balle de vos Suisses venait tuer le vieillard impotent, dont le corps faisait un rempart à l'homme valide. Comptez les vieillards, car ce sont eux qui, depuis trois cents ans, racontent aux générations qui se succèdent les affronts subis par leurs mères, la misère de leur champ rongé par le gibier du noble, la honte de leur caste courbée sous les privilèges féodaux, et alors les fils saisissent la hache, la massue, le fusil, tout ce qu'ils trouvent enfin, et s'en vont tuer, instrumens chargés des malédictions du vieillard, comme le canon est chargé de poudre et de fer. A Paris, dans ce moment, hommes, femmes, vieillards, enfans crient liberté, délivrance. Comptez tout ce qui crie, madame, comptez huit cent mille âmes à Paris.

— Trois cents Spartiates ont vaincu l'armée de Xerxès, monsieur de Charny.

— Oui, mais, aujourd'hui, vos trois cent Spartiates sont huit cent mille, madame, et vos cinquante mille soldats, voilà l'armée de Xerxès.

La reine se leva les poings crispés, le visage rouge de colère et de honte.

— Oh! que je tombe du trône, dit-elle, que je meure mise en pièces par vos cinq cent mille Parisiens, mais que je n'entende pas un Charny, un homme à moi, parler ainsi!

— S'il vous parle ainsi, madame, c'est qu'il le faut, car ce Charny n'a pas dans les veines une goutte de sang qui ne soit digne de ses aïeux, et qui ne vous appartienne.

— Alors qu'il marche donc sur Paris avec moi et nous y mourrons ensemble.

— Honteusement, dit le comte, sans lutte possible. Nous ne combattrons même pas; nous disparaîtrons comme des Philistins ou des Amalécites. Marcher sur Paris! mais vous ne savez donc pas une chose? c'est qu'au moment où nous entrerons dans Paris, les maisons s'écrouleront sur nous comme les flots de la mer Rouge sur Pharaon, et vous laisserez en France un nom maudit, et vos enfans seront tués comme ceux d'une louve.

— Comment faut-il que je tombe, comte? dit la reine avec hauteur; enseignez-le moi, je vous prie.

— En victime, madame, répondit respectueusement monsieur de Charny; comme tombe une reine, en souriant et en pardonnant à ceux qui la frappent. Ah! si vous aviez cinq cent mille hommes comme moi, je vous dirais: Partons, partons cette nuit, partons à l'instant même, et demain vous règneriez aux Tuileries ; demain vous auriez reconquis votre trône.

— Oh ! s'écria la reine, vous avez donc désespéré, vous en qui j'avais mis mon premier espoir.

— Oui, j'ai désespéré, madame, parce que toute la France pense comme Paris, parce que votre armée, fût-elle victorieuse de Paris, serait engloutie par Lyon, Rouen, Lille, Strasbourg, Nantes et cent autres villes dévorantes. Allons, allons, du courage, madame, l'épée au fourreau!

— Ah ! voilà donc pourquoi, dit la reine, j'aurai rassemblé autour de moi tant de braves gens ; voilà pourquoi je leur aurai soufflé le courage.

— Si tel n'est pas votre avis, madame, ordonnez, et cette nuit même nous marcherons contre Paris. Dites.

Il y avait tant de dévouement dans cette offre du comte qu'elle effraya plus la reine que ne l'eût fait un refus ; elle se jeta désespérée sur un sofa, où elle lutta longtemps contre sa fierté.

Enfin, relevant la tête :

— Comte, dit-elle, vous désirez que je reste inactive ?

— J'ai l'honneur de le conseiller à Votre Majesté.

— Cela sera fait. Revenez.

— Hélas ! madame, je vous ai fâchée ? dit le comte en regardant la reine avec une tristesse imprégnée d'un indicible amour.

— Non. Votre main ?

Le comte tendit, en s'inclinant, la main à la reine.

— Que je vous gronde, dit Marie-Antoinette en essayant de sourire.

— Et de quoi, madame ?

— Comment ! vous avez un frère au service, et je l'apprends par hasard !

— Je ne comprends pas.

— Ce soir, un jeune officier aux hussards de Bercheny..

— Ah ! mon frère Georges !

— Pourquoi ne m'avez-vous jamais parlé de ce jeune homme ? Pourquoi n'a-t-il pas un grade élevé dans un régiment ?

— Parce qu'il est tout jeune et tout inexpérimenté encore ;

parce qu'il n'est pas digne de commander en chef, parce qu'enfin si Votre Majesté a bien voulu abaisser ses regards sur moi, qui me nomme Charny, pour m'honorer de son amitié, ce n'est point une raison pour que je place ma famille aux dépens d'une foule de braves gentilshommes plus dignes que mes frères.

— Vous avez donc un autre frère encore ?

— Oui, madame, et prêt à mourir pour Votre Majesté comme les deux autres.

— Il n'a besoin de rien ?

— De rien, madame ; nous avons le bonheur d'avoir non-seulement une existence, mais encore une fortune à mettre aux pieds de Votre Majesté.

Comme il disait ces dernières paroles, la reine toute pénétrée de cette probité délicate, lui, tout palpitant de cette gracieuse majesté, un gémissement parti de la chambre voisine les éveilla en sursaut.

La reine se leva, courut à la porte, l'ouvrit et poussa un grand cri.

Elle venait d'apercevoir une femme qui se tordait sur le tapis, en proie à des convulsions terribles.

— Oh ! la comtesse ! dit-elle tout bas à monsieur de Charny ; elle nous aura entendus !

— Non, madame, répondit celui-ci ; sans quoi elle eût prévenu Votre Majesté qu'on pouvait nous entendre.

Et il s'élança vers Andrée, qu'il souleva entre ses bras.

La reine se tint à deux pas, froide, pâle, palpitante d'anxiété.

XXIX.

SCÈNE A TROIS.

Andrée commença de reprendre ses sens sans savoir qui lui portait secours, mais instinctivement elle comprit que l'on venait à son aide.

Son corps se redressa, ses mains s'accrochèrent à l'appui inespéré qui s'offrait à elle.

Mais son esprit ne ressuscita point avec son corps ; il demeura vacillant, abasourdi, somnolent pendant quelques minutes.

Après avoir tenté de la rappeler à la vie physique, monsieur de Charny s'empressait de la rappeler à la vie morale. Mais il n'étreignait qu'une folie terrible et concentrée.

Enfin, les yeux ouverts, mais hagards, se fixèrent sur lui, et, avec un reste de délire, sans reconnaître cet homme qui la soutenait, Andrée jeta un cri et le repoussa durement.

Pendant tout ce temps, la reine détourna la vue ; elle, femme, elle, dont la mission eût dû être de consoler, de fortifier cette femme, elle l'abandonnait.

Charny enleva Andrée entre ses bras vigoureux, malgré la défense qu'elle essayait d'opposer, et se retournant vers la reine toujours raide et glacée :

— Pardon, madame, dit-il ; mais il est sans aucun doute arrivé quelque chose d'extraordinaire. Madame de Charny n'a pas l'habitude de s'évanouir, et c'est la première fois, aujourd'hui, que je la vois privée de connaissance.

— Il faut donc qu'elle souffre beaucoup, dit la reine revenant à cette sourde idée qu'Andrée avait entendu toute la conversation.

— Oui, sans doute, elle souffre, répondit le comte, et c'est pour cela que je demanderai à Votre Majesté la permission de la faire transporter jusqu'à son appartement. Elle a besoin du soin de ses femmes.

— Faites, dit la reine en allongeant la main vers une sonnette.

Mais au tintement du cuivre, Andrée se raidit, et dans son délire s'écria :

— Oh ! Gilbert ! ce Gilbert !

A ce nom la reine tressaillit, et le comte étonné déposa sa femme sur un sofa.

En ce moment, le serviteur appelé par le bruit de la sonnette entra.

18.

— Rien, dit la reine en lui faisant signe de la main de s'éloigner.

Puis, restés seuls, le comte et la reine regardèrent. Andrée avait refermé les yeux et paraissait en proie à une nouvelle crise.

Monsieur de Charny, à genoux près du sofa, la maintenait sur le meuble.

— Gilbert, répéta la reine, qu'est-ce que ce nom?

— Il faudrait s'informer.

— Je crois que je le connais, dit Marie-Antoinette; je crois que ce n'est pas la première fois que j'entends prononcer ce nom à la comtesse.

Mais comme si elle eût été menacée par ce souvenir de la reine, et que cette menace fût venue la chercher au milieu de ses convulsions, Andrée ouvrit les yeux, étendit les bras au ciel, et, faisant un effort, se leva tout debout.

Son premier regard, regard intelligent, cette fois, se porta sur monsieur de Charny, qu'elle reconnut et qu'elle enveloppa d'une flamme caressante.

Puis, comme si cette manifestation involontaire de sa pensée eût été indigne de son âme de Spartiate, Andrée détourna les yeux et aperçut la reine.

Elle s'inclina aussitôt.

— Oh! mon Dieu! qu'avez-vous donc, madame, dit monsieur de Charny, vous m'avez épouvanté; vous si forte, vous si brave, en proie à un pareil évanouissement?

— Monsieur, dit-elle, il se passe des choses si terribles à Paris que, lorsque les hommes tremblent, les femmes peuvent bien s'évanouir. Vous avez quitté Paris! oh! vous avez bien fait.

— Grand Dieu! comtesse, dit Charny avec le ton du doute, serait-ce donc pour moi que vous vous seriez fait tout ce mal?

Andrée regarda encore une fois son mari et la reine, mais ne répondit pas.

— Mais certainement, c'est cela, comte. Pourquoi en douteriez-vous? répondit Marie-Antoinette. Madame la comtesse n'est point reine ; elle a droit d'avoir peur pour son mari.

Charny sentit la jalousie cachée sous cette phrase.

— Oh ! madame, dit-il, je suis bien sûr que la comtesse a encore plus peur pour sa souveraine que pour moi.

— Mais enfin, demanda Marie-Antoinette, pourquoi et comment vous avons-nous trouvée évanouie dans ce cabinet, comtesse ?

— Oh ! cela me serait impossible à raconter, madame. Je l'ignore moi-même ; mais dans cette vie de fatigue et de terreur, d'émotions que nous menons depuis trois jours, rien n'est plus naturel, ce me semble, que l'évanouissement d'une femme.

— C'est vrai, murmura la reine s'apercevant qu'Andrée ne voulait point être forcée dans sa retraite.

— Mais, reprit Andrée à son tour avec le calme étrange qui ne la quittait plus dès qu'elle était redevenue maîtresse de sa volonté, et qui était d'autant plus embarrassant dans les circonstances difficiles, qu'on voyait facilement qu'il n'était qu'affectation, et couvrait des sentimens tout à fait humains ; mais Votre Majesté elle-même a les yeux tout humides.

Et cette fois encore, le comte crut trouver dans les paroles de sa femme cet accent ironique qu'il avait remarqué un instant auparavant dans les paroles de la reine.

— Madame, dit-il à Andrée avec une légère sévérité à laquelle on sentait que sa voix n'était pas accoutumée, il n'est pas étonnant que la reine sente des pleurs dans ses yeux, la reine aime son peuple, et le sang du peuple a coulé.

— Dieu a épargné heureusement le vôtre, monsieur, dit Andrée toujours aussi froide, toujours aussi impénétrable.

— Oui, mais ce n'est pas de Sa Majesté qu'il s'agit, madame, c'est de vous ; revenons donc à vous, la reine le permet.

Marie-Antoinette fit un signe de tête en manière d'adhésion.

— Vous avez eu peur, n'est-ce pas ?

— Moi?

— Vous avez souffert, ne le niez pas; il vous est arrivé un accident: lequel? je n'en sais rien, mais vous allez nous le dire.

— Vous vous trompez, monsieur.

— Vous avez eu à vous plaindre de quelqu'un, d'un homme?

Andrée pâlit.

— Je n'ai eu à me plaindre de personne, monsieur; je viens de chez le roi.

— Directement?

— Directement. Sa Majesté peut s'informer.

— S'il en est ainsi, dit Marie-Antoinette, ce serait la comtesse qui aurait raison. Le roi l'aime trop et sait que de mon côté je lui porte une trop vive affection pour l'avoir désobligée en quelque chose que ce soit.

— Mais, dit Charny en insistant, vous avez prononcé un nom?

— Un nom?

— Oui, en revenant à vous.

Andrée regarda la reine comme pour en appeler à elle; mais soit que la reine ne comprît point ou ne voulût point la comprendre:

— Oui, dit-elle, vous avez prononcé le nom de Gilbert.

— Gilbert! J'ai prononcé le nom de Gilbert! s'écria Andrée avec un accent tellement empreint d'épouvante, que le comte fut plus ému de ce cri qu'il ne l'avait été de l'évanouissement.

— Oui, fit-il, vous avez prononcé ce nom.

— Ah! vraiment! reprit Andrée, c'est étrange.

Et peu à peu, comme le ciel se referme après l'éclair, la physionomie de la jeune femme, si violemment altérée à ce nom fatal, reprit sa sérénité, et à peine quelques muscles de ce beau visage continuèrent-ils à tressaillir imperceptiblement, comme s'évanouissent à l'horizon les dernières lueurs de la tempête.

— Gilbert, répéta-t-elle, je ne sais.

— Oui, Gilbert, répéta la reine. Voyez, cherchez, ma chère Andrée.

— Mais, madame, dit le comte à Marie-Antoinette, si c'est le hasard, et que ce nom soit étranger à la comtesse ?

— Non, dit Andrée ; non, il ne m'est point étranger. C'est celui d'un savant homme, d'un habile médecin qui arrive d'Amérique, je crois, et qui s'est lié là-bas avec monsieur de Lafayette.

— Eh bien ? demanda le comte.

— Eh bien ! répéta Andrée avec un naturel parfait, je ne le connais pas personnellement, mais on dit que c'est un homme fort honorable.

— Alors, reprit la reine, pourquoi cette émotion, chère comtesse ?

— Cette émotion ! Ai-je donc été émue ?

— Oui, on eût dit qu'en prononçant ce nom de Gilbert vous éprouviez comme une torture.

— C'est possible ; voilà ce qui est arrivé : j'ai rencontré dans le cabinet du roi un homme vêtu de noir, un homme à la figure sévère, qui parlait de choses sombres et terribles ; il racontait avec une affreuse réalité les assassinats de monsieur de Launay et de monsieur de Flesselles. J'en ai été épouvantée, et je suis tombée en faiblesse, comme vous avez vu. Peut-être alors ai-je parlé ; peut-être alors ai-je prononcé le nom de ce monsieur Gilbert.

— C'est possible, répéta monsieur de Charny évidemment disposé à ne pas pousser l'interrogatoire plus avant ; mais à cette heure, vous êtes rassurée, n'est-ce pas?

— Complétement.

— Je vais alors vous prier d'une chose, monsieur le comte, dit la reine.

— Je suis, madame, aux ordres de Votre Majesté.

— Allez trouver messieurs de Bezenval, de Broglie et de Lambescq, dites-leur de faire cantonner leurs troupes dans les positions où elles se trouvent, le roi verra demain en conseil ce qu'il y a à faire.

Le comte s'inclina, mais prêt à sortir il jeta un dernier regard sur Andrée.

Ce regard était plein d'affectueuse inquiétude.

Il n'échappa point à la reine.

— Comtesse, dit-elle, ne rentrez-vous point chez le roi avec moi?

— Non, madame, non, dit vivement Andrée.

— Pourquoi cela ?

— Je demande la permission à Votre Majesté de me retirer chez moi : les émotions que j'ai éprouvées me font ressentir le besoin de repos.

— Voyons, comtesse, soyez franche, dit la reine ; avez-vous eu quelque chose avec Sa Majesté ?

— Oh ! rien, madame, absolument rien.

— Oh ! dites-le si cela est. Le roi ne ménage pas toujours mes amis.

— Le roi est, comme d'habitude, plein de bontés pour moi, mais...

— Mais vous aimez autant ne pas le voir, n'est-ce pas? Décidément il y a quelque chose là-dessous, comte, dit la reine avec un feint enjouement.

En ce moment Andrée envoya à la reine un regard si expressif, si suppliant, si plein de révélations, que celle-ci comprit qu'il était temps de terminer cette petite guerre.

— En effet, comtesse, dit-elle, laissons monsieur de Charny faire la commission dont je l'ai chargé, et retirez-vous chez vous ou restez ici, à votre volonté.

— Merci, madame, dit Andrée.

— Allez donc, monsieur de Charny, poursuivit Marie-Antoinette, tout en remarquant l'expression de reconnaissance qui se répandait sur la figure d'Andrée.

Cette expression, le comte ne l'aperçut point ou ne voulut point l'apercevoir ; il prit la main de sa femme et la complimenta sur le retour de ses forces et de ses couleurs.

Puis, s'inclinant avec un profond respect devant la reine, il sortit.

Mais tout en sortant il croisa un dernier regard avec Marie-Antoinette.

Le regard de la reine disait :

— Revenez vite.

Celui du comte répondait :

— Aussi vite que je pourrai.

Quant à Andrée, elle suivait, la poitrine oppressée, haletante, chacun des mouvemens de son mari.

Elle semblait accélerer de ses vœux la marche lente et noble qui le rapprochait de la porte ; elle le poussait dehors avec toute la puissance de sa volonté.

Aussi, dès qu'il eut fermé cette porte, dès qu'il eut disparu, toutes les forces qu'avait appelées Andrée à son aide pour faire face à la situation disparurent ; son visage pâlit, ses jambes manquèrent sous elle, et elle tomba sur un fauteuil qui se trouvait à sa portée, tout en essayant de faire ses excuses à la reine pour ce manque d'étiquette.

La reine courut à la cheminée, prit un flacon de sels, et le fit respirer à Andrée, qui revint bien plus tôt cette fois encore à elle par la puissance de sa volonté que par l'efficacité des soins qu'elle recevait d'une main royale.

En effet, il y avait entre ces deux femmes quelque chose d'étrange. La reine semblait affectionner Andrée, Andrée respectait profondément la reine, et néanmoins, dans certains momens, elles semblaient, non point une reine affectueuse, non point une servante dévouée, mais deux ennemies.

Aussi, comme nous le disions, cette volonté si puissante d'Andrée lui eut-elle bientôt rendu sa force. Elle se releva, écarta respectueusement la main de la reine, et, inclinant la tête devant elle :

— Votre Majesté a permis, dit-elle, que je me retirasse dans ma chambre...

— Oui, sans doute, et vous êtes toujours libre, chère comtesse, vous le savez bien : l'étiquette n'est point faite pour vous. Mais, avant de vous retirer, n'aviez-vous point quelque chose à me dire ?

— Moi, madame ? demanda Andrée.

— Sans doute, vous.

— Non ; à quel propos ?

— A propos de ce monsieur Gilbert, dont la vue vous a si fort impressionnée.

Andrée tressaillit, mais se contenta de secouer la tête en signe de dénégation.

— En ce cas, je ne vous retiens plus, chère Andrée; vous êtes libre.

Et la reine fit un pas pour passer dans le boudoir attenant à sa chambre.

Andrée, de son côté, après avoir fait à la reine une révérence irréprochable, s'avança vers la porte de sortie.

Mais, au moment où elle allait l'ouvrir, des pas retentirent dans le corridor, et une main se posa sur le bouton extérieur de la porte.

En même temps la voix de Louis XVI se fit entendre, donnant des ordres nocturnes à son valet de chambre.

— Le roi! madame! dit Andrée en faisant plusieurs pas en arrière ; le roi!

— Eh bien! oui, le roi, dit Marie-Antoinette. Vous fait-il peur à ce point.

— Madame, au nom du ciel! dit Andrée, que je ne voie pas le roi, que je ne me trouve pas en face du roi, ce soir du moins ; j'en mourrais de honte !

— Mais enfin vous me direz...

— Tout, tout, si Votre Majesté l'exige. Mais cachez-moi.

— Entrez dans mon boudoir, dit Marie-Antoinette, vous en sortirez quand le roi sera sorti lui-même. Soyez tranquille, votre captivité ne sera pas longue ; le roi ne reste jamais bien longtemps ici.

— Oh! merci! merci! s'écria la comtesse.

Et s'élançant dans le boudoir, elle disparut au moment où le roi, ouvrant la porte, apparaissait lui-même sur le seuil de la chambre.

Le roi entra.

XXX.

UN ROI ET UNE REINE.

La reine, après un coup d'œil donné autour d'elle, reçut le salut de son époux et le lui rendit amicalement.

Puis il lui tendit la main.

— Et à quel bon hasard, demanda Marie-Antoinette, dois-je le plaisir de votre visite?

— A un vrai hasard, vous dites bien, madame ; j'ai rencontré Charny qui m'a appris qu'il allait, de votre part, dire à tous nos belliqueux de se tenir tranquilles. Cela m'a fait si grand plaisir que vous ayez pris une si belle résolution, que je n'ai pas voulu passer devant votre appartement sans vous remercier.

— Oui, dit la reine, j'ai réfléchi en effet, et j'ai pensé que, décidément, mieux valait que vous laissiez les troupes en repos, et ne donniez pas prétexte aux guerres intestines.

— Eh bien! à la bonne heure, dit le roi, je suis enchanté de vous voir de cet avis. Je savais bien d'ailleurs que je vous y ramènerais.

— Votre Majesté voit qu'elle n'a pas eu grand'peine à arriver à ce but, puisque c'est en dehors de son influence que je me suis décidée.

— Bon! cela prouve que vous êtes à peu près raisonnable, et quand je vous aurai communiqué quelques réflexions, vous le serez tout à fait.

— Mais si nous sommes du même avis, Sire, ces réflexions me paraissent tout à fait inutiles.

— Oh! soyez tranquille, madame, ce n'est point une discussion que je veux entamer ; vous savez bien que je ne les aime pas plus que vous ; ce sera une conversation. Voyons, est-ce que vous n'êtes pas aise de causer de temps en temps avec moi des affaires de la France, comme deux bons époux font des choses de leur ménage?

Ces derniers mots furent prononcés avec cette bonhomie parfaite que Louis XVI avait dans la familiarité.

— Oh! sire, au contraire, toujours, répondit la reine ; mais le moment est-il bien choisi?

— Mais, je crois qu'oui. Vous désirez qu'on n'entame pas les hostilités, m'avez-vous dit là tout à l'heure, n'est-ce pas?

— Je vous l'ai dit.

— Mais vous ne m'avez pas exposé votre raison.

— Vous ne me l'avez pas demandée.

— Eh bien ! je vous la demande.

— L'impuissance !

— Ah ! vous voyez bien ; si vous espériez être la plus forte, vous feriez la guerre.

— Si j'espérais être la plus forte, je brûlerais Paris.

— Oh ! que j'étais bien sûr que vous ne vouliez pas la guerre par les mêmes motifs que moi !

— Alors, voyons les vôtres.

— Les miens ? demanda le roi.

— Oui, répondit Marie-Antoinette, les vôtres.

— Je n'en ai qu'un.

— Dites-le.

— Oh ! ce sera bientôt fait. Je ne veux pas engager la guerre avec le peuple, parce que je trouve que le peuple a raison.

Marie-Antoinette fit un mouvement de surprise.

— Raison ! s'écria-t-elle ; le peuple a raison de s'insurger ?

— Mais oui.

— Raison de forcer la Bastille, de tuer le gouverneur, de massacrer le prévôt des marchands, d'exterminer vos soldats ?

— Eh ! mon Dieu ! oui.

— Oh ! s'écria la reine, voilà vos réflexions, et c'est de ces réflexions-là que vous voulez me faire part !

— Je vous les dis comme elles me sont venues.

— En dînant ?

— Bon ! dit le roi, voilà que nous allons retomber sur le chapitre de la nourriture. Vous ne pouvez me pardonner de manger ; vous me voudriez poétique et vaporeux. Que voulez-vous ! dans ma famille on mange. Non seulement Henri IV mangeait, mais il buvait sec ; le grand et poétique Louis XIV mangeait à en rougir ; le roi Louis XV, pour être sûr de les manger et de le boire bons faisait ses beignets lui-même, et faisait faire son café par madame Dubarry. Moi, que voulez-vous ! quand j'ai faim, je ne puis résister ; il faut alors que j'imite mes aïeux Louis XV, Louis XIV et Henri IV. Si c'est une nécessité chez moi, soyez indulgente ; si c'est un défaut, pardonnez-le moi.

— Sire, enfin, vous m'avouerez...

— Que je ne dois pas manger quand j'ai faim, non, dit le roi en secouant tranquillement la tête.

— Je ne vous parle plus de cela, je vous parle du peuple.

— Ah !

— Vous m'avouerez que le peuple a eu tort.

— De s'insurger, pas davantage. Voyons, passons en revue tous nos ministres. Depuis que nous régnons, combien y en a-t-il qui se soient occupés réellement du bonheur du peuple? Deux : Turgot et monsieur de Necker. Vous et votre coterie me les avez fait exiler. On a fait pour l'un une émeute, peut-être va-t-on faire pour l'autre une révolution. Parlons des autres un peu. Ah ! voilà des hommes charmans, n'est-ce pas? Monsieur de Maurepas, la créature de mes tantes, un faiseur de chansons ! Ce ne sont pas les ministres qui doivent chanter, c'est le peuple. Monsieur de Calonne? il vous a dit un mot charmant, je le sais bien, un mot qui vivra. Un jour que vous veniez pour lui demander je ne sais plus quoi, il vous a dit : Si c'est possible, c'est fait; si c'est impossible, cela se fera. Ce mot-là a peut-être coûté cent millions au peuple. Ne vous étonnez donc pas qu'il le trouve un peu moins spirituel que vous ne le trouvez, vous. En vérité, comprenez donc cela, madame; si je garde tous ceux qui tondent le peuple, si je renvoie tous ceux qui l'aiment, ce n'est pas un moyen de le calmer, et de l'affriander à notre gouvernement.

— Bien ! Alors c'est un droit que l'insurrection ? Proclamez ce principe ! Allez ! en vérité, je suis bien heureuse que vous me disiez de pareilles choses en tête à tête. Si l'on vous entendait !

— Oh oui ! oui ! répliqua le roi, vous ne m'apprenez rien de nouveau. Oui, je sais bien que si vos Polignac, vos Dreux-Brézé, vos Clermont-Tonnerre, vos Coigny m'entendaient, ils hausseraient les épaules en arrière de moi, je le sais bien ; mais ils me font bien autrement pitié, eux, ces Polignac qui vous grugent et qui vous affichent, à qui vous avez un beau matin donné la comté de Fénestrange qui vous a coûté douze cent mille livres ; votre Sartines, à qui je fais déjà une pension de quatre-vingt-neuf mille livres, et qui vient de recevoir de vous deux cent mille livres à titre de secours; le prince de Deux-Ponts, à qui vous me forcez d'accorder neuf cent quarante-cinq mille livres pour l'acquittement de ses dettes; Marie de Laval et madame de Magnenville, qui touchent chacune quatre-vingt mille livres de pension; Coigny, qui est comblé de toute façon, et qui, un jour où je voulais faire une réduction sur ses appointemens, m'a pris entre deux portes, et m'eût battu, je crois, si je n'avais fait selon son désir. Ce sont vos amis tous ces gens-là, n'est-ce pas? Eh bien! parlez-en. Eh bien! moi, je vous dis une chose, et vous ne la croirez pas, attendu que c'est une vérité: si, au lieu d'être à la cour, vos amis eussent été à la Bastille, eh bien! le peuple l'eût fortifiée au lieu de la démolir.

— Oh! fit la reine en laissant échapper un mouvement de rage.

— Dites tout ce que vous voudrez, c'est comme cela, répliqua tranquillement Louis XVI.

— Oh! votre peuple bien-aimé, eh bien! il n'aura pas longtemps encore sujet de haïr mes amis, car ils s'exilent.

— Ils partent! s'écria le roi.

— Oui, ils partent.

— Polignac? les femmes?

— Oui.

— Oh! tant mieux, s'écria le roi, tant mieux! Dieu soit béni!

— Comment, tant mieux! Comment, Dieu soit béni! Et vous ne les regrettez pas?

— Non! il s'en faut. Manquent-ils d'argent pour leur départ? je leur en donnerai. Celui-là ne sera pas mal employé, je vous en réponds. Bon voyage, messieurs! bon voyage, mesdames! dit le roi avec un sourire charmant.

— Oh oui! oui! dit la reine, je conçois que vous approuviez des lâchetés.

— Voyons, entendons-nous; vous leur rendez donc justice enfin?

— Ils ne partent pas, s'écria la reine, ils désertent!

— Peu m'importe! pourvu qu'ils s'éloignent.

— Et quand on pense que ces infamies, c'est votre famille qui les conseille !

— Ma famille conseille à tous vos favoris de s'en aller ? Je ne croyais pas ma famille si sage. Et, dites-moi, quels sont les membres de ma famille qui me rendent ce service, afin que je les en remercie ?

— Votre tante Adélaïde, votre frère d'Artois.

— Mon frère d'Artois ! Est-ce que vous croyez qu'il suivrait pour son compte le conseil qu'il donne ? Est-ce que vous croyez qu'il partirait aussi ?

— Pourquoi pas ? s'écria Marie-Antoinette, essayant de piquer le roi.

— Que le bon Dieu vous entende ! s'écria Louis XVI ; que monsieur d'Artois s'en aille, je lui dirai ce que j'ai dit aux autres : Bon voyage, mon frère d'Artois, bon voyage !

— Ah ! votre frère ! s'écria Marie-Antoinette.

— Avec cela qu'il est regrettable ! un bon petit garçon qui ne manque ni d'esprit ni de courage, je le sais bien, mais qui n'a pas de cervelle ; qui joue au prince français comme un raffiné du temps de Louis XIII ; un brouillon, un imprudent, qui vous compromet, vous, la femme de César.

— César ! murmura la reine avec une sanglante ironie.

— Ou Claude, si vous l'aimez mieux, répondit le roi ; car vous savez, madame, que Claude était un César comme Néron.

La reine baissa la tête. Ce sang-froid historique la confondait.

— Claude, poursuivit le roi, — puisque vous préférez le nom de Claude à celui de César, — Claude fut forcé un soir, vous le savez, de faire fermer la grille de Versailles, afin de vous donner une leçon lorsque vous rentriez trop tard. Cette leçon, c'était monsieur le comte d'Artois qui vous la valait. Je ne regretterai donc pas monsieur le comte d'Artois. Quant à ma tante, eh bien ! on sait ce qu'on sait sur elle. En voilà encore une qui mérite d'être de la famille des Césars ! Mais je ne dis rien, parce qu'elle est ma tante. Aussi, qu'elle parte, et je ne la regretterai pas non plus. C'est comme monsieur de Provence, croyez-vous que je le regrette, lui? Monsieur de Provence part-il? Bon voyage!

— Oh! lui ne parle pas de s'en aller.

— Tant pis! Voyez-vous, ma chère, monsieur de Provence sait trop bien le latin pour moi; il me force de parler anglais pour lui rendre la pareille. Monsieur de Provence, c'est lui qui nous a mis Beaumarchais sur le dos, en le faisant fourrer à Bicêtre, au For-Lévêque, je ne sais où, de son autorité privée, et celui-là nous l'a bien rendu aussi, monsieur de Beaumarchais. Ah! il reste monsieur de Provence! Tant pis, tant pis! Savez-vous une chose, madame, c'est que près de vous je ne connais qu'un honnête homme, monsieur de Charny.

La reine rougit et se détourna.

— Nous parlions de la Bastille, continua le roi après un court silence... et vous déploriez qu'elle fût prise?

— Mais asseyez-vous au moins, Sire, répondit la reine, puisque vous paraissez avoir encore beaucoup de choses à me dire.

— Non, merci; j'aime mieux parler en marchant; en marchant, je travaille pour ma santé dont personne ne s'occupe; car si je mange bien, je digère mal. Savez-vous ce que l'on dit dans ce moment-ci? On dit: Le roi a soupé, le roi dort. — Vous le voyez, vous, comme je dors. Je suis là, tout debout, essayant de digérer en causant politique avec ma femme. Ah! madame, j'expie! j'expie!...

— Et qu'expiez-vous, s'il vous plaît?

— J'expie les péchés d'un siècle dont je suis le bouc émissaire; j'expie madame de Pompadour, madame Dubarry, le Parc-aux-Cerfs; j'expie ce pauvre Latude, pourrissant pendant trente ans dans les cachots, et s'immortalisant par la souffrance. Encore un qui a fait détester la Bastille! Pauvre garçon! Ah! que j'ai fait de sottises, madame, en laissant passer les sottises des autres! Les philosophes, les économistes, les savans, les gens de lettres, j'ai aidé à persécuter tout cela. Eh! mon Dieu! ces gens-là ne demandaient pas mieux que de m'aimer. S'ils m'eussent aimé, ils eussent fait la gloire et le bonheur de mon règne. Monsieur Rousseau, par exemple, cette bête noire de Sartines et des autres, eh bien! je l'ai vu un jour, moi, le jour où vous l'avez fait venir à Trianon, vous savez bien. Il avait les habits mal brossés, c'est vrai, la barbe longue, c'est encore vrai; mais, au demeurant, c'était un brave homme. Si j'eusse mis mon gros habit gris, mes bas drapés, et que j'eusse dit à monsieur Rousseau : Allons-nous-en donc chercher des mousses dans les bois de Ville-d'Avray?

— Eh bien! quoi? interrompit la reine avec un suprême mépris.

— Eh bien! monsieur Rousseau n'eût pas écrit le *Vicaire savoyard* et le *Contrat social*.

— Oui, oui, je le sais bien, voilà comme vous raisonnez, dit Marie-Antoinette, vous êtes homme prudent, vous craignez votre peuple comme le chien craint son maître.

— Non, mais comme le maître craint son chien; c'est quelque chose que de savoir qu'on ne sera pas mordu par son chien. Madame, quand je me promène avec Médor, le molosse des Pyrénées que m'a donné le roi d'Espagne, je suis tout fier de son amitié. Riez si vous voulez, il n'en est pas moins vrai que Médor, s'il n'était pas mon ami, me mangerait avec ses grosses dents blanches. Eh bien! je lui dis : Petit Médor, bon Médor, et il me lèche. J'aime mieux la langue que les crocs.

— Soit, flattez les révolutionnaires, caressez-les, jetez-leur du gâteau.

— Eh! eh! ainsi ferai-je; je n'ai pas d'autre dessein, je vous prie de le croire. Oui, c'est décidé, je vais amasser un peu d'argent, et je traiterai tous ces messieurs comme des Cerbères. Eh! tenez, monsieur de Mirabeau...

— Ah! oui, parlez-moi de cette bête féroce.

— Avec cinquante mille livres par mois ce sera un Médor, tandis que si nous attendons, il lui faudra peut-être un demi million par mois.

La reine se mit à rire de pitié.

— Oh! flatter de pareils gens! dit-elle.

— Monsieur Bailly, continua le roi, monsieur Bailly devenant ministre des arts, c'est un ministère que je m'amuserai à créer, monsieur Bailly sera un autre Médor. Pardon de ne pas être de votre avis, madame ; mais je suis de l'avis de mon aïeul Henri IV. C'était un politique qui en valait bien un autre, et je me me rappelle ce qu'il disait.

— Et que disait-il ?

— On ne prend pas les mouches avec du vinaigre.

— Sancho aussi disait cela, ou quelque chose d'approchant.

— Mais Sancho eût rendu le peuple de Barataria fort heureux, si Barataria eût existé.

— Sire, votre aïeul Henri IV, que vous invoquez, prenait les loups aussi bien que les mouches : témoin le maréchal de Biron à qui il a fait couper le cou. Il pouvait donc dire tout ce qui lui plaisait. En raisonnant comme lui et en agissant comme vous faites, vous ôtez tout prestige à la royauté, qui ne vit que de prestige ; vous dégradez le principe : que deviendra la majesté ? La majesté, c'est un mot, je le sais bien ; mais dans ce mot tendent toutes les vertus royales : — qui respecte aime, qui aime obéit.

— Ah ! parlons-en de la majesté, interrompit le roi avec un sourire ; oui, parlons-en. Vous, par exemple, vous êtes aussi majestueuse que qui que ce soit ; et je ne connais personne en Europe, pas même votre mère Marie-Thérèse, qui ait poussé aussi loin que vous la science de la majesté.

— Je comprends ; vous voulez dire, n'est-ce pas, que la majesté n'empêche point que je sois abhorrée du peuple français.

— Je ne dis pas abhorrée, ma chère Antoinette, dit le roi avec douceur ; mais, enfin, vous n'êtes peut-être pas aussi aimée que vous méritez de l'être.

— Monsieur, répliqua la reine profondément blessée, vous vous faites l'écho de tout ce qui se dit. Je n'ai fait de mal à personne cependant ; du bien, au contraire, souvent j'en ai fait. Pourquoi me haïrait-on comme vous dites ? Pourquoi ne m'aimerait-on pas, n'était qu'il y a des gens occupés toute la journée à répéter : *La reine n'est pas aimée !* Savez-vous bien, monsieur, qu'il suffit d'une voix qui dise cela pour que cent voix le répètent ; cent voix en font éclore dix mille. Alors, d'après ces dix mille voix, tout le monde répète : *La reine n'est pas aimée !* Et l'on n'aime pas la reine uniquement parce qu'une personne a dit : La reine n'est pas aimée !

— Eh mon Dieu ! murmura le roi.

— Eh mon Dieu ! interrompit la reine, je tiens fort peu à la popularité; mais je crois aussi qu'on exagère mon impopularité. Les louanges ne pleuvent pas sur moi, c'est vrai ; mais enfin on m'a adorée, et, pour m'avoir trop adorée, voilà qu'il se trouve qu'on me hait trop.

— Tenez, madame, dit le roi, vous ne savez pas toute la vérité, et vous vous illusionnez encore ; nous parlions de la Bastille, n'est-ce pas ?

— Oui.

— Eh bien ! il y avait à la Bastille une grande chambre pleine de toute sorte de livres écrits contre vous. Je suppose qu'on aura brûlé tout cela.

— Et que me reprochait-on dans ces livres ?

— Ah ! vous comprenez bien, madame, que je ne me fais pas plus votre accusateur que je ne voudrais être votre juge. Quant tous ces pamphlets-là paraissent, je fais saisir toute l'édition et engouffrer le tout à la Bastille. Mais quelquefois ces libelles me tombent à moi-même dans les mains. Ainsi, par exemple, dit le roi en frappant sur la poche de son habit, j'en ai un là, il est abominable.

— Montrez-le moi, s'écria la reine.

— Je ne peux pas, dit le roi, il y a des gravures.

— Et vous en êtes là, dit-elle ; vous en êtes à ce point d'aveuglement, de faiblesse, que vous ne cherchiez point à remonter à la source de toutes ces infamies ?

— Mais on ne fait que cela, remonter aux sources : tous mes lieutenans de police y ont blanchi.

— Alors vous connaissez l'auteur de ces indignités ?

— J'en connais un du moins, l'auteur de celui-là, M. Furth, puisque voilà un reçu de 22,500 livres de lui ; quand cela vaut la peine, vous voyez que je ne regarde pas au prix.

— Mais les autres ! les autres !

— Ah ! souvent ce sont de pauvres diables d'affamés qui végètent en Angleterre ou en Hollande. On est mordu, on est piqué, on s'irrite, on cherche, on croit qu'on va trouver un crocodile ou un serpent, le tuer, l'écraser. pas du tout, on ne trouve qu'un insecte, si petit, si bas, si sale, qu'on n'ose point y toucher, même pour le punir.

— A merveille ! Mais si vous n'osez pas toucher aux insectes, accusez en face celui qui les fait naître. En vérité, monsieur, on dirait que Philippe d'Orléans est le soleil.

— Ah ! s'écria le roi en frappant ses mains l'une contre l'autre ; ah ! nous y voilà ; monsieur d'Orléans ! Allez, allez, cherchez à me brouiller avec lui.

— Vous brouiller avec votre ennemi, sire, ah ! le mot est joli.

Le roi haussa les épaules.

— Voilà, dit-il, voilà le système des interprétations. Monsieur d'Orléans ! Vous attaquez monsieur d'Orléans, qui vient se mettre à mes ordres pour combattre les révoltés ! qui quitte Paris et qui accourt à Versailles. Monsieur d'Orléans est mon ennemi ! Vraiment, madame, vous avez contre les d'Orléans une haine inconcevable !

— Oh ! il est venu, savez-vous pourquoi ? parce qu'il a peur que son absence ne soit remarquée au milieu de l'empressement général ; il est venu, parce qu'il est un lâche.

— Bien ! nous allons recommencer, dit le roi ; c'est un lâche qui a inventé cela. Vous, vous qui avez fait écrire cela dans vos gazettes qu'il avait eu peur à Ouessant, vous l'avez voulu déshonorer. Eh bien ! c'était une calomnie, madame. Philippe n'a pas eu peur. Philippe n'a pas fui. S'il avait fui, il ne serait pas de la famille. Les d'Orléans sont braves. C'est connu. Le chef de la famille, qui avait plus l'air de descendre de Henri III que de Henri IV, était brave, malgré son d'Effiat et son chevalier de Lorraine. Il avait bravé la mort à la bataille de Cassel. Le régent avait bien quelques petites choses à se reprocher du côté des mœurs ; mais il s'était battu à Steinkerque, à Nerwinde et à Almanza comme le dernier soldat de son armée. Ne disons que la moitié du bien qui existe, si vous le voulez, madame, mais ne disons point le mal qui n'existe pas.

— Votre Majesté est en train de blanchir tous les révolutionnaires. Vous verrez, vous verrez tout ce que vaudra celui-là. Oh ! si je regrette la Bastille, c'est pour lui ; oui, je me repens qu'on y ai tmis des criminels, quand celui-là n'y était pas.

— Eh bien ! s'il y eût été à la Bastille, monsieur d'Orléans, nous serions aujourd'hui dans une belle situation ! dit le roi.

— Que fût-il donc arrivé, voyons ?

— Eh ! vous n'êtes pas sans savoir, madame, que l'on a promené son buste couronné de fleurs avec celui de monsieur de Necker ?

— Oui, je le sais.

— Eh bien ! une fois hors de la Bastille, monsieur d'Orléans eût été roi de France, madame.

— Et peut-être eussiez-vous trouvé cela juste ! dit Marie-Antoinette avec une amère ironie.

— Ma foi ! oui. Haussez les épaules tant qu'il vous plaira ; pour bien juger les autres, je me mets à leur point de vue, moi. Ce n'est pas du haut du trône qu'on voit bien le peuple ; moi, je descends jusqu'à lui, et je me demande si, bourgeois ou manant, j'eusse supporté qu'un seigneur me comptât parmi ses poulets et ses vaches comme un produit ! Si, cultivateur, j'eusse supporté que les dix mille pigeons d'un seigneur mangeassent chaque jour dix grains de blé, d'avoine, ou de sarrazin, c'est-à-dire deux boisseaux environ, le plus clair de mon bénéfice ; tandis que ses lièvres et ses lapins broutaient mes luzernes, tandis que ses sangliers retournaient mes pommes de terre, tandis que ses percepteurs dîmaient mon bien, tandis que lui-même caressait ma femme et mes filles, tandis que le roi m'enlevait mes fils pour la guerre, tandis que le clergé damnait mon âme dans ses momens de colère.

— Allons, allons, monsieur, interrompit la reine avec un regard foudroyant, prenez une pioche, et allez aider à la démolition de la Bastille.

— Vous croyez rire, répondit le roi. Eh bien ! j'irais, sur ma parole ! s'il n'était ridicule qu'un roi prît la pioche, lorsque d'un seul trait de plume il peut faire le même ouvrage. Oui, je prendrais la pioche, et l'on m'applaudirait, comme j'applaudis à ceux qui peuvent accomplir cette besogne. Ils me rendent un fameux service, allez, madame, ceux qui me démolissent la Bastille, et ils vous en rendent un bien plus grand à vous, madame ; oui, à vous, qui ne pouvez plus faire jeter, selon les caprices de vos amis, les honnêtes gens dans un cachot.

— Les honnêtes gens à la Bastille ! moi, j'ai fait mettre les honnêtes gens là ! C'est peut-être monsieur de Rohan qui est un honnête homme ?

— Oh ! ne parlez pas plus de celui-là que je n'en parle moi-même. La chose ne nous a pas réussi de l'y mettre, puisque le parlement l'en a fait sortir. D'ailleurs, ce n'était point là la place d'un prince de l'Eglise, puisqu'aujourd'hui on met les faussaires à la Bastille ; en vérité, je vous le demande, des faussaires et des voleurs, qu'ont-ils à faire là ? N'ai-je point à Paris des prisons qui me coûtent fort cher, pour entretenir ces malheureux-là ? Encore passe pour les faussaires et les voleurs. Mais le pis est qu'on y mettait les honnêtes gens.

— Les honnêtes gens ?

— Eh ! sans doute, j'en ai vu un aujourd'hui, un honnête homme qui y a été enfermé, et qui en est sorti il n'y a pas longtemps.

— Quand cela ?

— Ce matin.

— Vous avez vu ce soir un homme qui est sorti ce matin de la Bastille ?

— Je le quitte.

— Qui cela ?

— Dame ! quelqu'un de votre connaissance.

— De ma connaissance, à moi ?

— Oui.

— Et comment appelez-vous ce quelqu'un ?

— Le docteur Gilbert.

— Gilbert ! Gilbert ! s'écria la reine. Quoi ! celui qu'Andrée a nommé en revenant à elle ?

— Précisément ; ce doit être celui-là ; j'en jurerais, du moins.

— Cet homme a été à la Bastille ?

— En vérité, on dirait que vous l'ignorez, madame.

— Je l'ignore tout à fait.

Et la reine, apercevant sur le visage du roi une expression d'étonnement ;

— A moins, dit-elle, que quelque raison que j'ai oubliée...

— Ah ! voilà, s'écria le roi ; il y a toujours à ces injustices une raison que l'on a oubliée. Mais si vous avez oublié et cette raison et le docteur, madame de Charny n'a oublié ni l'un ni l'autre, je vous en réponds.

— Sire ! sire ! s'écria Marie-Antoinette.

— Il faut qu'il se soit passé entre eux des choses... continua le roi.

— Sire, de grâce! fit la reine, en regardant avec anxiété du côté du boudoir, d'où Andrée, cachée, pouvait entendre tout ce que l'on disait.

— Ah! oui, dit le roi en riant ; vous craignez que Charny ne vienne et ne s'instruise. Pauvre Charny !

— Sire, je vous en supplie; madame de Charny est une femme pleine de vertus, et j'aime mieux croire, je vous l'avoue, que ce monsieur Gilbert...

— Bah ! interrompit le roi, accusez-vous cet honnête garçon ? Je sais ce que je sais, et, ce qu'il y a de pis, c'est que, sachant beaucoup de choses, je ne sais pas encore tout.

— En vérité, vous me glacez avec votre assurance, dit la reine en regardant toujours du côté du cabinet.

— Oh ! mais, continua Louis XVI, je suis tranquille, je ne perdrai rien pour attendre. Le commencement me promet une fin agréable, et cette fin, je la saurai de Gilbert lui-même, à présent qu'il est mon médecin.

— Votre médecin ! cet homme-là est votre médecin ? Vous confiez au premier venu la vie du roi ?

— Oh ! répliqua froidement le roi, j'ai confiance en mon coup d'œil, et j'ai lu, je vous en réponds, dans l'âme de celui-là.

La reine laissa échapper un frémissement de colère et de dédain.

— Haussez les épaules tant qu'il vous plaira, dit le roi ; vous ne ferez pas que Gilbert ne soit un savant homme.

— Engouement !

— Je voudrais bien vous voir à ma place. Je voudrais bien savoir si monsieur Mesmer n'a pas fait sur vous et sur madame de Lamballe une impression quelconque.

— Monsieur Mesmer ? fit la reine en rougissant.

— Oui, quand il y a quatre ans vous allâtes déguisée à l'une de ses séances. Oh ! ma police est bien faite, allez, et je sais tout, moi.

Et le roi, tout en prononçant ces paroles, sourit affectueusement à Marie-Antoinette.

— Vous savez tout, sire, dit la reine ; alors vous êtes bien dissimulé, puisque jamais vous ne m'avez parlé de cela.

— A quoi bon ! la voix des nouvellistes et la plume des gazetiers vous avaient suffisamment reproché cette petite imprudence. Mais j'en reviens à Gilbert et à Mesmer à la fois. Monsieur Mesmer vous plaçait autour d'un baquet, vous touchait avec une verge d'acier, s'entourait de mille fantasmagories, comme un charlatan qu'il était. Gilbert, lui, ne fait pas tant de façons ; il étend la main sur une femme, à l'instant même elle dort, et endormie elle parle.

— Elle parle ! murmura la reine avec épouvante.

— Oui, répliqua le roi, qui ne dédaignait point de prolonger la petite souffrance de sa femme ; oui, endormie par Gilbert, elle parle, et, croyez-moi, les choses qu'elle dit sont fort étranges.

La reine pâlit.

— Madame de Charny aurait dit des choses fort étranges ! murmura-t-elle.

— Au dernier point, ajouta le roi. Il est même bien heureux pour elle...

— Chut ! chut ! interrompit Marie-Antoinette.

— Pourquoi chut ! Je dis qu'il est même bien heureux pour elle que, seul, je l'aie entendue dans son sommeil.

— Oh ! par grâce ! sire, pas un mot de plus.

— Je le veux bien, car je tombe de fatigue ; et, de même que je mange quand j'ai faim, je me couche quand j'ai envie de dormir. Bonsoir donc, madame ; que de toute notre conversation il vous reste une impression salutaire !

— Laquelle, sire ?

— Le peuple a eu raison de défaire ce que nous et nos amis nous avons fait, témoin mon pauvre médecin Gilbert. Adieu, madame : croyez qu'après avoir signalé le mal, j'aurai le courage de l'empêcher. Dormez bien, Antoinette !

Et le roi se dirigea vers la porte de sa chambre.

— A propos, dit-il en revenant sur ses pas, prévenez madame de Charny qu'elle ait à faire sa paix avec le docteur, si toutefois il en est temps encore. Adieu.

Et il s'éloigna lentement, en fermant lui-même les portes avec la satisfaction du mécanicien qui sent jouer sous ses doigts de bonnes serrures.

Le roi n'avait pas fait dix pas dans le corridor que la comtesse sortit du cabinet, courut aux portes et en poussa les verrous, aux fenêtres et en tira les rideaux.

Tout cela vivement, violemment, avec l'énergie de la démence et de la rage.

Puis, s'étant assurée que nul ne pouvait voir ni entendre, elle revint vers la reine avec un sanglot déchirant, et tomba sur ses deux genoux en s'écriant :

— Sauvez-moi, madame ; au nom du ciel, sauvez-moi !

Puis, après une pause suivie d'un soupir :

— Et je vous dirai tout ! ajouta-t-elle.

 FIN DU PREMIER VOLUME.

TABLE DES CHAPITRES.

I. — Où le lecteur fera connaissance avec le héros de cette histoire et avec le pays où il a vu le jour 1
II. — Où il est prouvé qu'une tante n'est pas toujours une mère. 12
III. — Ange Pitou chez sa tante. 24
IV. — De l'influence que peuvent avoir sur la vie d'un homme un barbarisme et sept solécismes 42
V. — Un fermier philosophe. 49
VI. — Bucoliques 59
VII. — Où il est démontré que si de longues jambes sont un peu disgracieuses pour danser, elles sont fort utiles pour courir . . 70
VIII. — Pourquoi l'homme noir était rentré à la ferme en même temps que les deux sergens. 86
IX. — Route de Paris. 93
X. — Ce qui se passait au bout de la route que suivait Pitou, c'est-à-dire à Paris. . . . 108
XI. — La nuit du 12 au 13 juillet 118
XII. — Ce qui se passait dans la nuit du 12 au 13 juillet 1789. 128
XIII. — Le roi est si bon, la reine est si bonne. . 140
XIV. — Les trois pouvoirs de la France. 154
XV. — M. de Launay, gouverneur de la Bastille. 163
XVI. — La Bastille et son gouverneur 172

XVII.	— La Bastille.	184
XVIII.	— Le docteur Gilbert	201
XIX.	— Le triangle.	210
XX.	— Sébastien Gilbert.	221
XXI.	— Mme de Staël.	233
XXII.	— Le roi Louis XVI.	252
XXIII.	— La comtesse de Charny.	265
XXIV.	— Philosophie royale.	276
XXV.	— Chez la reine.	283
XXVI.	— Comment le roi soupa le 14 juillet 1789.	293
XXVII.	— Olivier de Charny.	300
XXVIII.	— Olivier de Charny.	307
XXIX.	— Scène à trois.	316
XXX.	— Un roi et une reine.	324

FIN DE LA TABLE DU PREMIER VOLUME.

Paris. — Imp. Simon Raçon et Comp., rue d'Erfurth, 1.

www.ingramcontent.com/pod-product-compliance
Lightning Source LLC
Chambersburg PA
CBHW070945180426
43194CB00040B/1039